ソキエタス叢書……………3

THE DECENT SOCIETY

Avishai Margalit

アヴィシャイ・マルガリート〔著〕

森達也＋鈴木将頼＋金田耕一〔訳〕

品位ある社会

〈正義の理論〉から〈尊重の物語〉へ

風行社

The Decent Society

by Avishai Margalit

translated by Naomi Goldblum

ミラ、ヨタム、タマル、そしてルースへ

目　次

はじめに

およそ二〇年も前のことだが、私はシドニー・モーゲンベッサーと一緒に空港にいた。ラウンジで彼の搭乗便を待っているあいだに、私たちはロールズの正義論について議論した。ふたりともその内容にとても感銘を受けていたのだ。別れる間際に、モーゲンベッサーは――ほかの乗客全員にも聞こえるように――こう言い放った。喫緊の課題は、正義にかなう社会ではなく品位ある社会である、と。今まで、彼が何を言おうとしていたのか私にははっきりとわからなかったが、この言い回しは深く心に響いた。本書が存在するのは、モーゲンベッサーのこのひとことのおかげである。私は、哲学的訓練のかなりの部分と社会的信念の少なからぬ部分をモーゲンベッサーに負っている。

私には品位ある社会という考えが魅力的なものであったが、何年ものあいだ、それを具体的なものにすることができなかった。占領地区におけるパレスチナ人の蜂起《インティファーダ》の際に彼らと話し、また旧共産主義諸国から新しくイスラエルに移住してきた人びとと話をするにつれて、私は人間の生においては名誉と屈辱が中心的な位置を占めると考えるようになった――そして結果的に、政治思想においても名誉と屈辱の概念に重要性が与えられるべきだと考えるようになった。このようにして、品位ある社会とは人びとに屈辱を与えない社会であるという考えが生まれた。

しかしながら本書の内容は、インティファーダや共産主義の没落に関するものではない。これらは説明として使われるだけである。とはいえ本書は、イスラエルの読者を念頭において、もともとヘブライ語で書かれたものだ。とりわけデイヴィッド・ハルトマンは、品位ある社会という考えはヘブライ語で読む読者よりも広い範囲の人びとの関心を惹くだろうと私を説得した。彼の積極的な勧めと、彼が責任者を務めるイェルサレムのシャローム・ハルトマン財団によって、翻訳に助成が出た。ナオミ・ゴールドブルムが翻訳を担当し、献身的にそれをやり遂げてくれた。

本書のさまざまな草稿を読んでくれた友人たちにはおおいにお世話になった。マヤ・バル＝ヒレル、モッシェ・ハルバータル、デイヴィッド・ヘイド、ジョセフ・ラズ、マイケル・ウォルツァーである。彼らに感謝したい。妻であるエドナ・ウルマン＝マルガリートは、私の人生のパートナーであるとともに仕事のパートナーでもあるが、本書の大筋についても細部についても手助けしてくれた。彼女には感謝してもしきれないほどである。

さまざまな機関からも援助を受けた。オックスフォード大学のセント・アンソニー・コレッジへの客員フェローとしての滞在は、私に〈品位ある社会〉という環境を提供してくれたことで、本書の大部分を執筆する機会となった。何年ものあいだ私は、起きている時間の大半を、イェルサレムのヴァン・リール・インスティテュートの快適な図書館で過ごしているが、そのおかげでさらに筆が進んだ。ほかにも、イェルサレムのヘブライ大学の「合理性と相互的決定センター」が支援を提供してくれた。本書の仕上げは、ハムステッドに住む友人イレーヌとアルフレッド・ブレンデル夫妻の暖かく素晴らしい家でおこなった。これらすべての人びとに感謝を捧げる。

本書は教科書ではない。各章と節の分量は、その相対的な重要性に応じたものではなく、むしろ、その話題について語らねばならないという私の想いに応じている。私は本書のすべての文章が真実であると思っている。私はまた、本書には誤った文章も含まれているとも思っている。このような状態は、哲学者がいうところの「序文のパラドックス」である。このパラドックスの論理学的位置づけはともかく、私にとって明白なのは、それが私の現在の思考の状態をよくあらわしているということである。

私は確信をもって本書を書き上げた。確信があるからといって誤りを免れているわけではない。どちらかといえば、確信があるからこそ誤りを犯している可能性も高い。私は、本書に誤りがないとは思っていない。ただ、十分な真理もあると期待しているだけである。

イェルサレムにて　一九九五年八月

昨夜、家長《シーク》がランプを手にして町中を歩き回り叫んだ。
「獣と悪魔にはもううんざりだ。〔私の〕望みは人間だ」。

ルーミー

〔一二〇七―一二七三。ペルシアの四大詩人のひとりで、神秘主義詩の最高詩人。代表作品は『精神的マスナヴィー』。〕

序章

品位《ディーセント》ある社会とは何か。私がここに提示する答えは、ざっといえば次のようになる。品位ある社会とは、その制度が人びとに屈辱を与えない社会である。私は、品位ある社会と礼節《シヴィライズド》ある社会とを区別する。礼節ある社会とは、社会のメンバーがお互いに屈辱を与えない社会のことである。これにたいして、品位ある社会とは、社会の諸制度が人びとに屈辱を与えない社会である。したがって、たとえば、共産主義体制下のチェコスロヴァキアを品位にはもとるが礼節ある社会であると考えることもできるし、品位はあるが礼節を欠くチェコ共和国というものがあると想像することも、まったく矛盾することなく可能である。

社会制度はふたとおりのやり方で記述することができる。ひとつは抽象的に、そのルールと法によって社会制度を記述するやり方であり、もうひとつは具体的に、現実における制度の振る舞いから記述するやり方である。これにしたがえば、ニュルンベルク法〔一九三五年にナチスが制定したユダヤ人から公民権を剥奪した法律〕やアパルトヘイトに示されているような、法にもとづいた制度的な屈辱について語ることもできるし、これとは反対に、ロサンジェルスの警官が黒人の運転手ロドニー・キングにたいしておこなった処遇のような、制度的な屈辱にかかわる具体的な行為について語ることもできる。制度を具体的に記述する際には、礼節を欠く社会と品位にもとる社会の区別はあいまいになる。制度にたいする私の関心は、もっぱらその具体的な側面にあるため、本書ではこの区別が多くの場合あいまいなものになっている。しかし、この区別が特定の事例にどのように適用されるかが明白ではないとしても、やはりこの区別をしておくことには利点がある。礼節ある社会という考えは、諸個人のあいだの関係にかかわるミクロ倫理学的な概念である。これにたいして、品位ある社会という考えは、全体としての社会の仕組みにかかわるマクロ倫理学的概念なのである。

品位ある社会の概念は、ほかの評価的用語と比較対照することもできるだろう——たとえば、デュー・プロセスを重視する社会である適正《プロパー》な社会の概念とか、市民の世間体を尊重する社会としての品行方正《リスペクタブル》な社会とである。しかしもっとも重要なのは、品位ある社会と正義にかなう社会との比較である。品位ある社会の概念を明確にするためには、品位ある社会と品位にもとる社会との対比を明らかにするだけではなく、品位ある社会を、それに敵対的なものであれ相補的なものであれ、ほかの社会的観念と比較する必要がある。私は、品位ある社会の観念と、それ以外の社会的諸観念を比較することを——正義にかなった社会の観念は別にすれば——明確にはおこなっていない。しかし、本書をつうじて、品位ある社会の説明になればと思って、比較の可能性について言及している。

第一部では、屈辱を感じる理由について論じている。私はふたつのラディカルな主張を議論の出発点とした。ひとつは、アナーキズムの主張である。それによれば、統治制度の存在そのものが屈辱を感じる理由となる。もうひとつはストア派の主張である。それによれば、いかなる統治制度も屈辱を感じる理由にはならない。このふたつの極端な主張は、統治制度は人びとに必然的に屈辱を与えるわけではないが、屈辱を与えるだけの力をもつという主張によって、拒否される。

品位ある社会の概念は必ずしも権利の概念に結びつくわけではない、と私は考えている。権利の概念を欠いた社会においてさえ、品位ある社会にふさわしい名誉と屈辱の概念をもつことができるからである。品位ある社会にふさわしい名誉の概念とは、自尊心《セルフ・リスペクト》の概念であるが、それは自負心《セルフ・エスティーム》や社会的名誉の概念とは対立するものである。

第二部では、人間を尊重することが正当化されるのはなぜかという問題を扱う。三つのタイプの正当化論が提示される。第一のタイプは積極的な正当化論であり、この議論は人間を尊重に値するものにするなにか共通の人間的特徴があるということに依拠している。第二は懐疑的な正当化論であり、そのような特徴が存在するということに疑問を投げかけ、尊重するという態度そのものが尊重の源泉であると主張する。三番目は消極的な正当化論であり、そこでは人間を尊重するために積極的な正当化論も懐疑的な正当化論も存在せず、ただ、人間に屈辱を与えることを回避するという正当化論だけが存在すると主張される。

第三部では、人間の共同体《ヒューマン・コモンウェルス》からの拒絶としての屈辱、および基本的コントロールの喪失としての屈辱という考え方を論じる。こうした屈辱のふたつの側面が社会的仕組みのなかで、人びとがその人間性を表現するある生の形式を拒絶するものとして、いかに具体的にあらわれているかを明らかにする。

第四部は、福祉や刑罰を含めた主要な社会制度が品位ある社会においていかにおこなわれなければならないかについて論じる。すべての社会制度が扱われるわけではない（たとえば住宅供給は議論されない）が、さまざまな制度が検討される。

したがって本書は、大きくふたつの部分に分かれている。最初の三部は屈辱の問題を扱う。第四部はその制度的なあらわれを論じる。本書の最後で、私は品位ある社会を正義にかなう社会と比較する。すべての正義にかなう社会は品位ある社会でなければならないが、すべての品位ある社会が正義にかなう社会というわけではない。

私は、品位ある社会の候補になる社会的単位に上限も下限も設けなかった。しかし現代世界では、社会の数は自然に民族《ネイション》の数におおよそ対応している。それより小さな社会単位はうまくいかないだろう。その理由のひとつは、今日では屈辱のない生活のための条件として、少なくとも読み書き能力を必要とし、またある程度の基本的な技術的能力を必要とし、それゆえ、相対的に発展した教育システムを必要とすることにある。そのような教育システムを小さな社会が提供することは難しい。別の重要な理由からも、民族には利点がある。国家《ステイト》は力の行使を独占するものとされており、しばしば現実に独占している。したがって国家は、制度的な屈辱を与えるきわめて大きな可能性を、規範的にも実際的にも有する。

はじめに私は、品位ある社会を、屈辱を与えない社会として大雑把に特徴づけた。なぜ品位ある社会は、たとえばそのメンバーを尊重する社会である、というように積極的にではなく、屈辱を与えない社会として消極的に特徴づけられるのか。それには三つの理由がある。道徳的理由、論理的理由、認知的理由である。道徳的理由は、悪の除去と善の促進とのあいだには大きな非対称性が存在するという私の確信に由来している。[1] 享受しうる利益を生みだすことよりも、苦痛をともなう悪をとり除くことのほうがずっと急を要することなのである。屈辱は苦痛をともなう悪であるのにたいして、尊重は利益である。したがって、屈辱を排除することが、尊重を示すことよりも優先されるべきである。

論理的理由は、直接的かつ意識して達成しうる目的と、本質的に副産物であって直接的には達成しえない目的との区別にもとづいている。[2] 自発的でありたいと願う人びとは、たとえば、そうしようと決心することですぐに自発的になれるわけではない。彼らにできるのはせいぜい、自発的に行為しているふりをすることでしかない。自発性とは本質的には、第一義的な目標ではなくむしろなにかの副産物である。人びとを尊重することは、本質的にはある人のほかの人びとにたいする一般的な振る舞いの副産物であるだろうが、これは屈辱を与えないということに関してはあてはまらない。尊重を示す振る舞いとして私たちがそれと特定できるような振る舞いなどおそらく存在しない（敬礼のような、軍事的な敬意を与えるものとみなされている特別な行為は存在する）。おそらく私たちは、ほかのいろいろな目的のための行為をつうじて他者への尊重を示すにすぎないのであり、それゆえその尊重はたんなる副産物である。これとは対照的に、誰かの顔につばを吐くような特定の行為は、ほかの行為の副産物ではなくまさしく屈辱である。

第三に、認知的な理由だが、尊重を示す振る舞いよりも屈辱を与える行為のほうが見わけやすいということがある。それは健康よりも病気のほうが見わけやすいのと同じようなものである。健康と名誉はどちらもなにかからの防御を含む概念である。私たちは名誉を守り、健康を守る。病気と屈辱はなにかへの攻撃を含む概念である。攻撃的な状況のほうが防御的な状況よりも見わけやすい。なぜなら、前者は攻撃するものと攻撃を受けるものとのあいだのはっきりとした対照にもとづいているが、後者は攻撃するものを見わけられなくとも存在するからである。

これらの理由から、品位ある社会を積極的にではなく消極的に特徴づけることを選んだわけである。積極的に特徴づけるとすれば、品位ある社会とは、制度をつうじて、その統治下にある人びとが尊重される社会である。後に見るように、私たちは品位ある社会の消極的な特徴づけから議論をはじめるのだが、この社会を積極的に特徴づけることも必要となる場面もあるだろう。

私は品位ある社会を自由主義とか社会主義といった、おなじみの「イズム」に関連させて分類しようとしなかった。もしラベルがどうしても避けられないとすれば、私の考えに一番ぴったりな品位ある社会のラベルはオーウェル流社会主義ならぬ「オーウェルの社会主義」である。オーウェル流社会主義は、平等な人間からなる人間的な社会ではなく、平等からさらなる平等をもとめる動物農場である。オーウェルはきっと品位ある社会という考えの発想の重要な源泉であり、オーウェルが社会主義者であったという意味で、品位ある社会はオーウェルの社会主義を具体化したものなのである。

第一部　屈辱の概念

第1章　屈辱

屈辱とは、ある人が自分の自尊心が傷つけられたと考える場合に、そう考えることのもっともな理由となるような、さまざまな振る舞いないしは状況である。

これは屈辱の心理学的意味ではなく規範的意味である。一方で、この規範的意味にしたがえば、ある人が屈辱を感じるもっともな理由があるにもかかわらず、実際には屈辱を感じていない場合がある。他方で、屈辱の心理学的意味では屈辱を感じる人であっても、そのような感情を抱くことにもっともな理由がない場合もある。

強調すべきことは、他者の振る舞いの結果として屈辱を感じる、その理由である。感情には原因だけではなく理由がある。うろうろ歩き回る虎を怖いと感じることにはもっともな理由がある。普通の状況では、その辺りにいる家バエを怖いと感じるもっともな理由はない。もちろん振る舞いだけが、人びとに屈辱を与える可能性をもつわけではない。生活条件もまた、屈辱を感じるもっともな理由となることがある。しかしながら生活条件が屈辱的であるのは、それが人間の行為ないしは怠慢の結果である場合である。私の考えでは、自然に帰せられるような生活条件は、人びとに屈辱を与えるものではない。リチャード三世〔シェークスピアの悲劇『リチャード三世』の主人公〕は、そばにいる犬でさえうなり声をあげるほどの奇形であった。彼にはおのれの苦渋にみちた運命を嘆き悲しむ当然の理由があったにしても、彼の奇形が人間によるなんらかの行為ないし怠慢の結果ではなく自然に帰せられるものであるかぎり、屈辱を感じるもっともな理由はもち合わせていなかった。人間だけが屈辱を生みだすのであり、その際には実際に屈辱を与えようという意図がある必要はない。屈辱をもたらす人間なしにいかなる屈辱もありえないが、屈辱を与えようとする者がいなくても屈辱はありうる。それは屈辱をもたらす人びとがそのような意図をもっていないということもある、という意味においてである。

第二に、隠喩的な意味で、老齢、ハンディキャップ、醜さといった人間的な実存の条件そのものを、人びとが屈辱を感じる理由とみなす場合がある。二次的ないし隠喩的意味での屈辱は、私がここで使用する語法での屈辱ではない。二次的な意味での屈辱は、自然的な生活条件の結果としての屈辱を意味するからである。私の屈辱の語法とそれを二次的な意味で用いる人びとの語法の違いは、私の語法では屈辱を与える者が必要であるのにたいして、二次的な意味での語法ではそうではないから、ということではない。その違いは自然観に由来する。この二次的な意味で屈辱という語を用いる人びとは、自然を中立的な主体《エージェント》と考えていない。彼らは自然を神の導きがあるものと考える。したがって彼らの見解では、人びとに屈辱を与えたり称揚したりするために自然の条件を利用できる何者かが存在している。このような見解の背後には、神こそが屈辱を与える者であるという仮定が隠されている可能性がある。

品位ある社会とは、その社会のもとで暮らす人びとが、自分たちは屈辱を受けていると考えるのに正当な理由となるような社会的諸条件とたたかう社会である。ある社会が品位ある社会であると言えるのは、その社会制度が、その統治下にある人びとに、自分たちは屈辱を受けているのだと考えるだけのもっともな理由を与えるようなやり方で活動することがない場合である。

以上が、私が提案する屈辱の説明であり、それゆえ品位ある社会の説明であるが、これはもっと明確にくわしく説明する必要があるだろう。しかしながら、まずは以上の説明を、議論の交通整理のために使うことのできるふたつの正反対の応答と対比することからはじめるのがよいだろう。第一のものはアナーキズムであり、これは支配制度にもとづくいかなる社会も、その定義からして、人びとに屈辱を与える社会であると主張する。この見解は、永続的な制度を有するいかなる社会も必ずや支配する者と支配される者から成り立っているのであり、支配されることは屈辱を感じるのにもっともな理由になると考える。この見方の正反対の極にストア派の考えがある。それは、いかなる社会であっても思考する人間が屈辱を感じるほどの理由を与えるものではないので、人びとが屈辱を受けることはありえないと主張する。このような見解の背後にある推論は、屈辱とはある人間の自尊心を傷つけることであり、自尊心とは、ある人間が自己を尊重するに際して他者の意見を必要としないということと同義である、という考えである。自尊心は、エピクテトス〔ローマ帝政時代のストア派の哲学者〕のように奴隷であれ、マルクス・アウレリウス〔古代ローマの皇帝。ストア派の皇帝〕のような皇帝であれ、その人にたいするほかの誰かのいかなる行為とも不作為とも無関係なものである。

もうひとつ検討すべき見解があり、私はそれをキリスト教的見解と呼ぼう。これは要するに、もっとも重い罪は高慢《プライド》であり、高慢は謙虚《ヒューミリティ》によってのみ正されるという考え方である。屈辱を与える社会に属している人びとは、高慢にたいする戦いのなかで徳性を養う経験をしているわけである。屈辱を与える社会は、謙虚であろうと努めている人びとにとって教育的な経験となる。謙虚な人間には、屈辱を感じるもっともな理由がない。屈辱を与える社会は、屈辱を受けるべき人間、つまり高慢な人びとを傷つけるのであって、より高次の道徳性をそなえた人びと、つまり謙虚な人びとは、他者によって屈辱を与えられることはありえない。イエスのたどった苦難《ヴィア・ドロローサ》の道は、延々と続く屈辱の典型的な例である。

そして、彼らはイエスの着ている物をはぎ取り、赤い外套を着せ、茨で冠を編んで頭に載せ、また、右手に葦の棒をもたせて、その前にひざまずき、「ユダヤ人の王、万歳」と言って、侮辱した。また、つばを吐きかけ、葦の棒をとり上げて頭をたたき続けた。このように彼らはイエスを侮辱したあげく、その外套を脱がせて元の服を着せ、十字架につけるために引いて行った（『マタイによる福音書』二七：二八―三一）。

たとえこのような挑発が、自分は屈辱を与えられているとイエスが考えるに足る理由にはならなかったにしても、彼の頭に茨の冠をかぶせた者たちには、自分たちが屈辱を与えているのだと考えるもっともな理由はあった。イエスの屈辱的な道程からキリスト教が引き出した教訓は、屈辱を与える振る舞いは、屈辱を感じるもっともな理由であるというよりも、ひとつの試練であるというものである。しかしながら、もっともな理由がないという事実によって、屈辱を与えた者の高慢《プライド》と傲慢《アロガンス》という重い罪が赦されるわけではない。なぜなら屈辱を与える行為には、自分がほかの者よりも優れていることを証明しようという意図があるからである。

アナーキズム——統治制度がないことが品位あることである

アナーキストは、認識論の領域で懐疑主義者がはたしているのと同じ役割を政治の領域ではたしている。懐疑主義者は、知ることができるという前提を——つまり、原理的に知識として正当化しうる信念が存在するということ自体を——疑問視する。いかなる信念の正当化論も、信念を知識へと変えることはできない、と彼らは主張するのである。同様にアナーキストは、力にもとづくいかなる統治制度も原理的に正当化することはできないと主張する人びとである。科学においては、この懐疑論的主張はいわゆる帰無仮説（null hypothesis）である——すなわち、説明されるべき現象はたまたま偶然に生起したにすぎないのだから、なにも説明してはいないという主張である。哲学的懐疑主義者とアナーキストはそれぞれの領域で「帰無仮説」を提起している。彼らは、なにも正当化できないと主張するわけである。正当化の候補になると思われるものは実際には正当化できない。もし政治哲学がこの問題、すなわち「政治的権威の正当性の源泉は何か」に答えようとすれば、アナーキストは正当化可能なものは存在しないと答える——政治的権威とは悲しむべき事実であり、正当化しうるものではない、と。アナーキストの帰無仮説は次のようになる。（一時的なものを別にして）永続的な制度をそなえた社会は、品位ある社会ではありえない。

私たちは、品位ある社会の可能性にたいしてアナーキストが抱く疑念の背後にある屈辱の概念をどのように理解することができるだろうか。アナーキストにとって、屈辱とは、強制力をそなえた制度をつうじて個人の自律《オートノミー》を制限することを意味している。統治制度は、その権威に服する人びとにたいして強制力を行使し、各自にとっての物事の優先順序をゆがめてしまう。実際には、人びとの自律を表現するものであるこの優先順序をゆがめることは屈辱である。それゆえ強制は屈辱となる。アナーキストによってなされる主張はもっと強力である。まさしく強制の可能性——つまり、人びとが権威の恩寵に服しているという事実自体——が屈辱となっているのだ。権威のもとにある人びとに屈辱を与えるためには、権威が実際に強制的である必要はない——権威が、その制度の支配下にある人びとに突きつけられた永続的な脅威となっているだけで十分なのである。

サッカーの審判が——たとえば乱暴な選手を退場させるとかいったように——服従を強制する権威をもっていたとして、それが必ずしも屈辱的な制度であるとは言えない、ということにはアナーキストでさえ同意すると私は考える。しかしながら、アナーキストは国家を構成している社会の制度をサッカーの審判と同じようなものと考えることは拒否するだろう。彼らは審判としての国家というリベラルな考え方を受け入れない。マルクス主義者と同様に彼らは、国家は積極的なプレーヤーであると信じている。このアナーキストの主張の背後にあるのは、ある種の「寡頭制の鉄則」[1]にたいする信仰であり、それは制度が存在する場合には必ずや支配する者と支配される者がいるというものである。どの制度にも支配する者と支配される者がいるばかりではなく、どの制度をとってみても支配する者は同じであり、支配される者も多かれ少なかれ同じ人びとである。サッカー——少なくともプロではないサッカー——は、統治制度の典型例とはいえない。むしろ、それは限定的な目的のための自発的組織であって、ほかの支配組織とは（相対的に）切り離すことができる。支配組織——つまり、服従を強いる手段をもつ組織——は、実際には寡頭制である。そして寡頭制は、永続的な支配者の権威にしたがう人びとに組織的な屈辱を与えることを意味するのである。

ここで私が示したアナーキストの見解――私が知るかぎりでは、歴史上実在する思想家でこのように唱えたものはいないが――は、問題をはらんだ諸仮定にもとづいている。そのいくつかは概念的なものであり、ほかのいくつかは事実的なものである。たとえば、概念上の仮定のひとつは、ある人間の自律を縮減させる可能性のあるものはすべて屈辱であるというものである。もうひとつの仮定は、人間の自律はその人にとっての物事の優先順序のなかに表現されているので、この順序をゆがめることは屈辱になるというものである。事実的な仮定のなかには、たとえば、「寡頭制の鉄則」のような仮定が含まれるだろう。

しかし、アナーキストの見解には問題があるにもかかわらず、私たちの議論にとっての「帰無仮説」を示している以上、それを検討しておくことが重要である。この見解にしたがえば、屈辱を与えない制度という観点から品位ある社会を描き出す試みは、内在的な、それ自体が矛盾をはらむ企てである。制度は、まさにその本性からして人びとに屈辱を与えるものなのである。アナーキストの「帰無仮説」をとり扱うことは、本書全体の問題であって、ここで性急に答えを出すような問題ではない。したがって、私は、この見解が私たちの議論に申し立てている異議を明確にするために、若干のコメントをすることにとどめよう。

一見したところ、次のような議論によってアナーキストの見解に反駁することは簡単に思えるかもしれない。すなわち、イデオロギー上のアナーキズムの力はもっぱら、統治制度をもたない社会の代替案を政治的アナーキストが提示することができるかどうかに依拠している――しかし、そのようなオルタナティブな社会は存在していない。オルタナティブがないとすれば、そのような社会は長期間にわたっては存在できないのではないかと疑いが生じてきて、アナーキストが抱いているような屈辱の概念も特に興味を引くものではないと思われるだろう。アナーキストの見解にしたがえば、屈辱は、人びとのあるがままのあり方、いわば社会的存在であるということ――つまり人間という生き物には安定した社会が必要であり、それは制度をもった社会である――に、きわめて単純にもとづくものになる。したがってアナーキストの見解によれば、人間は社会的存在であるという事実そのものによって屈辱を受けるということになる。言いかえると、人間は天使でも孤独な動物でもなく、まさしく人間であるがゆえに屈辱を受けるのである。

人間は社会的存在であるという事実は人間がつくり出したものではない。アナーキストにたいしてはこのように応答することができる。たとえ特定の個人が特定の社会のメンバーであることが人為的な行為の結果――まさにその本人によってもたらされた――であるとしても、彼女がなにかしらの社会に暮らすという事実は、彼女の身体のかたちと同じように自然的事実である。それゆえ、たとえある社会が存在するための必要条件が制度の存在することであるにしても、人間が社会に暮らすという事実を屈辱とみなすべきではない。たんにこれらの制度が存在しているというだけでは、人びとは自分たちが屈辱を受けていると考える理由にはならない。制度というものはまさにその本質上、人間が存在するために必要だからである。これは人間の存在にとって不可欠ではないほかの制度とは対照的である。たしかにそうした制度は屈辱を与える可能性がある。

私たちがアナーキズムと関係づけてきた屈辱の概念とは、以上のように、個人の自律の侵害のことである。目下の文脈では、制度が介入して、各個人にとっての物事の優先順序を入れ替えるように迫ることである。各個人の物事の優先順序はその人の自己性《セルフフッド》を表現しているわけである。このアナーキストの見解にたいするひとつの応答は次のようなものである。すなわち、個人の側からすればその人の個人性《インディヴィデュアリティ》を表現していると思われるものも含め、各個人の物事の優先順序を制度がゆがめる可能性があるとしても、これらの制度はそれら個人自身の利益のためにそうするのである。そしてかりに諸制度が実際に人びとの利益を守っているとすれば、その代償として個人の（主観的な）選好をゆがめているとしても、個人はこのことを、自分が屈辱を受けていると感じるもっともな理由だとみなす権利をもたない。この最後の議論にたいする答えはよく知られている。つまり、個人は自分にとって最善であるものを選択する際に誤りを犯す権利を有する、というものである。個人の真の利益を装って語るパターナリズムは、とりわけ人間に屈辱を与えるものである。パターナリズムが屈辱を与えるのは、人びとが未成熟な存在として処遇されているからである。

アナーキストの見解にもどれば、それが個人の自律の縮減よりもずっと強い屈辱の概念、いわば個人の主権の侵害にもとづいていることがわかる。この後者の屈辱概念は架空のアナーキズムだけでなく、歴史的なイデオロギーの潮流としてのアナーキズムの議論にあてはまる。〔それによれば〕永続的な社会的諸制度——ウィリアム・ゴドウィン〔イギリスの政治思想家、無政府主義者〕はそれを「実定的制度《ポジティブ・インスティテューションズ》」と呼んだ——は、個人の主権を制限するものであるから、まさにその本質において人びとに屈辱を与えるものである。個人だけが主権の保持者として存在するに値するものなのである。

アナーキストの見解では、すべての統治制度は、代議制デモクラシーも含めて、人びとに屈辱を与えるものである。なぜなら、統治制度は個人の代表であるとされている人びとのために個人の主権を奪うからである。制度的機構への個人の直接的で明白な同意だけが個人の主権と両立しうる。オスカー・ワイルド〔イギリスの詩人、小説家、劇作家〕が指摘しているように、アナーキストは王の支配と大衆の支配とを区別しない——いずれの支配も、個人の主権を縮減するものである以上、屈辱を与えるものと考えられるからである。アナーキストの考える品位ある社会は、それゆえ、普遍化された貴族政である。そのメンバーそれぞれが主権者だからである。

主権の概念は、個人より大きなもの——つまり、ある人びとの集団、あるいは君主のようなある集団の代表に適用されるとき、おなじみのものとなる。これはまた、主権にたいする目にあまる侵害を屈辱と考える場合に最初に関係してくる文脈でもある。航空機が隣国の主権がおよぶ空域に侵入し、都市のうえに故意にジェット機の騒音を響かせた場合には——たとえば過去にイスラエルとシリアがお互いにたいしておこなったように——このような行為は敵対する国家に屈辱を与えるものと解釈される。アナーキストの考えによれば、このように拡大された主権は本来の主権ではまったくないが、個人の主権の有効な理念を示すのには役立つ。

個人の主権とは、自分がかかわるいかなることについても、個人が完全な権威をもって行為する至高の権利をもつという意味である。もちろんアナーキストは、個人の権威をなんらかの危害原理——つまり、いかなる危害もほかの個人の主権にたいして加えられるべきではないという原理——によって制限する。しかしこの考え方の意味することは明確である。主権は個人だけに依拠するものであり、いかなる制度であっても個人の権威を侵害すれば個人に屈辱を与えることになる。権威主義的な制度——つまり、特定の目的にたいする直接の同意にもとづいていない制度——は本質的に人びとに屈辱を与えるものである。なぜなら、そうした制度は個人の主権を奪う、あるいは少なくともそれを縮減するからである。

私は本節の最初のところで、イデオロギー的なアナーキズムと、それが〈屈辱を与えない制度をもつ社会として の品位ある社会〉という考え方にたいして提起する懐疑的な異議申し立てを紹介した。アナーキストの主張は、永続的な支配制度は必然的に人びとに屈辱を与えるものであり、それゆえ品位ある社会というものは存在しえないというものである。この懐疑的な主張に重要性があるのは、懐疑的アナーキズムが政治的アナーキズムによって支持される場合だけ——つまり、永続的な制度のない社会を組織化するという提案によって補強される場合だけであるように思われる。というのは、安定した人間社会がそのような制度なしに存在することは原理的に不可能であるとすれば、その場合には人びとはまさに人間の存在条件そのものによって屈辱を受けることになるからであり、人間の条件にはそうした制度の存在が含まれているからである。制度の必要性によって屈辱を受けるという主張は、それゆえ、人びとが人間という存在であるために自分の身体的機能に注意を払わねばならないという事実によって屈辱を受ける、という主張と似たようなものである。機能は機能であって、それは法とは関係のない必要性なのである。同様に、必要な制度は必要な制度であって、それもまた文句のつけようのない必要性なのだ。屈辱とは結局のところ自尊心を傷つけること、つまり、ある人間が人間であるという事実それ自体にもとづく尊重をそこなうことなのだから、人間の存在に必要不可欠な要素を屈辱的だと考えることは的はずれなのである。

したがって懐疑的なアナーキズムによる異議申し立ての威力は、永続的な支配制度がなくても安定して存続する人間社会のあり方をアナーキストが提案できるかどうかに左右される。これは制度なきユートピア社会を提示せよという要求ではない。そのような要求は不公平であろう。なぜならアナーキズムは固定的な生活条件としてのユートピアの専制を、それが開かれた生に反するという罪を犯しているという理由で拒否しているからである。私たちは、政治的なアナーキストに制度なき社会を達成するための提案をするようもとめようともしない。なぜなら、このようないかなる提案も、彼らがユートピアを拒否するのと同じ理由から、アナーキストには疑わしいものだからである。アナーキストに唯一なされる要求は、いかにして支配制度なき社会が可能になるかを示すことである。アナーキストのユートピアは、ウィリアム・モリス〔イギリスの詩人、工芸デザイナー、社会主義者〕の『ユートピアだより』(2)に示されているように、それが実現する可能性はきわめて低いとしても、どうすれば制度なき社会というものが可能になるかを指し示すことに役立つ。

　アナーキズムのふたつの主要な類型を区別することができる。共同体的アナーキズムと、マックス・シュティルナー〔ドイツの哲学者、青年ヘーゲル派の代表的人物〕の言葉を使うと「エゴイストの結合」としてのアナーキズムである。(3)これらふたつのアナーキズムの類型は、永続的支配制度なき社会としての品位ある社会を提示するという課題にそれぞれ応答するものである。共同体的アナーキストは、制度なき社会は可能であると主張するだろうが、それはプラトンが「贅沢な社会《リファインド・ソサエティ》」と呼んだものを「健康な社会《ヘルシー・ソサエティ》」とおきかえるという代価を払うことによってのみ可能である（『国家』三七二―三七三）。言いかえると、制度なき社会は、原初的な関係の枠組み――自発的共同体のような小さくて、親密な社会――の内部で可能になる。そのような社会は、規模の利益、分業、専門化した職業意識をもつ近代の発展した社会の生活水準を約束することはできない。しかしながらそうした社会は、永続的な支配制度の運営につきまとう屈辱から個人を守るという意味で、品位ある社会になりうる。人間の尊厳は売り物ではないとアナーキストは言うのだから、品位はあるが発展していない社会の価値を、経済的観点から評価するのはここでは的はずれである。

品位ある社会のアナーキスト版にたいする反論として、品位ある生活水準を放棄することは名誉ある人間の生存の条件を放棄することにつながる、と主張することができよう。品位ある生存の条件——人間の尊厳として認められる——は、社会や時代に応じて変化するひとつの概念を構成する。制度なき共同体において「健康な社会」のために経済的利点を放棄することは、発展した社会においては、ある人の生活水準の不名誉な低下を意味するものとされる。言いかえると、トルストイ的共同体は、永続的な支配制度がないという事実から考えると屈辱のない社会であるだろうが、苛酷な貧困という生活条件が屈辱を与えていると考えられるかぎりで、品位ある社会ではない。

「エゴイストの結合」型のアナーキズムの目標のひとつは、あらゆる支配制度を廃棄する際に、制度的な制約のない市場をつうじて、可能なかぎり高い生活水準をすべての人びとに約束することである。市場は生産者と消費者の自由な結びつきとして考えられ、個人の主権はなによりも彼が自由な生産者であり消費者であるということにある。かくして、たとえば課税のような、個人の経済的主権にたいする制度的干渉はすべて屈辱である。エゴイスト型の徹底したアナーキストは、一般的に公共財と考えられているような財とサービス——たとえば街灯のようなサービスは強制的な制度的介入なしには効果的に保証されないし、さもなければフリーライダーを利することになるだろう——の存在を認めない。エゴイスティックなアナーキストは、街灯はいうまでもなく、国防や司法制度のようなサービスについても、市場が問題を解決できると信じている[4]。要するに彼らは、いかなる政治的枠組みもなしに——つまり屈辱を与える制度なしに——、純粋な市場社会が存在しうると信じているのだ。品位ある社会の問題にたいするエゴイスティックなアナーキストの解決は、政治制度のない、しかし経済的組織は含む、市場経済である。市場社会が屈辱的制度のない品位ある社会を保証するのは、統治制度がまったくないという単純な理由からである。

統治制度なき市場社会という考え方にたいしてさしあたり反論するならば、それは市場社会は経済組織、特に独占とカルテルを含むものであり、それらは実際のところは支配制度である、ということになる。独占の強制力は政治制度の強制力に劣らない。それゆえ、市場社会は人びとに屈辱を与えるだけの力のある制度をともなわないという考え方は——とりわけ、その社会が市場の活動をつうじて効果的な司法制度と同時に安全をも提供する役割を担うのだとすれば——、ひとつのおとぎ話である。そのような保護を提供する企業はギャングの借金とりのようになって、「いやとは言わせないぞ」とすごむことだろう。

しかし、品位ある社会としての市場社会という考え方には突飛なところがある。民主的な社会における政治制度は、それが社会のメンバーを市場社会が生みだす屈辱から保護することを意図してつくられたというまさにその事実によって正当化されている。これには、貧困、ホームレス、搾取、劣悪な労働条件、そして教育と健康サービスを受けられないことからの保護も含まれる。これらは、そうしたサービスの対価を支払うことができない「主権者としての消費者」のためのものである。発展した社会においては、市場社会は解決というよりもむしろ問題なのである。

かりに、〈人間的な生活水準を放棄することなく制度なき社会を建設する〉という問題にたいするアナーキストの解決が市場社会であるとすれば、これらふたつの反論は、市場社会は強制的制度なしではやっていくことができないし、すべての人に人間らしい水準の生活を提供することもできないということを示している。私たちはこのような議論を心に留めておかなければならないが、同時に、永続的な支配制度をもついかなる社会も品位ある社会ではないという懐疑的なアナーキストの議論も心に留めておかなければならない。

ストア主義——屈辱を与える社会は存在しない

アナーキストの見解の正反対の極にあるのが「ストア主義」の見解であり、それは、いかなる社会でも屈辱を受けたと感じるもっともな理由は存在しない、という見解である。つまり、いかなる外的な理由もそのような感情のもっともな理由にはなりえないので、品位ある社会ではない社会は存在しないのである。

これまで見てきたように、アナーキストの見解では、まさに個人の自律の侵害、さらにいえば個人の主権の侵害こそが、人びとに屈辱を与えるものであった。自律とよく似た、ここで鍵となるストア派の用語は「アウタルキー」である。アウタルキー──自分の必要を自分で充足する能力──は能力概念であるのにたいして、自律《オートノミー》は能力だけではなく機会を必要とする。言いかえると、アウタルキーは充足のための特別な周囲の条件を必要とはしない。周囲の条件は（道徳的な）運にかかわることがらであって、ある個人の自律をその人がコントロールしえないことがらによって判断することはできない。外的な生活条件はたいていの場合コントロールできないが、精神的な自律として考えられるアウタルキーは、奴隷状態のようなきわめて極端な外的条件下においてさえ実現しうる。奴隷は自分の思考を主人にたいして隠すことができるのであり、主人が奴隷の思考を所有することはない。奴隷であるエピクテトスは、このようにして、皇帝マルクス・アウレリウスと同じように精神的な自律をもつことができたのである。思考は人間にとって本質的な属性であるがゆえに、アウタルキーの最高の表現は、物理的自由ではなく、思考の自律である。

このように屈辱は、ある人のアウタルキーを侵害することであり、それはある人がその人の思考において自律的でない場合にだけ生じる──たとえば、ある人が感情に流される場合のように。ある個人がみずからの世界観のせいで、それ自体において善いものと価値がないものとを、つまり、たしかに本質的価値をもつものを実現するための道具としてのみ価値をもつものとを区別できない場合、その人はアウタルキーの状態にはない。したがって、たとえば名誉、金銭、さらには健康でさえもが、本質的価値をもたないのであり、人はそれらについては心の平静に努めなければならない。これは、健康には道具的な価値しかないのだから、自分の健康に無関心でいるべきだという意味ではない。そうではなくて、理性的な理由を欠いた感情的な状態にあるという意味において、健康にひどく夢中になるべきではないということである。ストア的な無関心は、感情が不在なのではなく、理性的に正当化された情動だけが受容されることである。人びとは、おかれている環境の影響によって、世界の事物の本当の価値について誤った見解を抱くとき、アウタルキーを喪失する。

社会がそのメンバーのアウタルキーを失わせる要因となっている場合には、その社会は品位あるものではないが、社会はアウタルキーにもとづいて生を営もうと断固として決意した人びとの方針を妨げることはできない。この意味で、社会は、屈辱を受けたくないと望む人びとの誰ひとりにたいしても、屈辱を与えることは究極的にはできない。理性的な人間は屈辱を与えられることはないが、それは、ある人の社会環境は屈辱を与えるもっともな理由にはならないからである。自分が他者に従属していないということに気づいていない者は誰であれ、たんなる「身体と血」にすぎないとエピクテトスは述べているが、これこそストア派の考えをよく表現している。

ここで述べたようなストア主義によって提起される問題は次のようなものである。もし屈辱があなたの自尊心を傷つけるものだとすれば、そもそもあなたにたいする外部からのなんらかの振る舞いによって、屈辱を感じたと正当化しなければならないのか。もちろん、名誉は社会が人びとに与える名誉である。しかし、社会的名誉とは逆に、自尊心は人間が、自分の人間性を理由にして自分自身に与える名誉である。それではそもそもなぜ、あなたの自尊心はほかの人間があなたについてどのように考えているのか、あなたにたいしてどのような態度をとっているのかによって、決定されたり影響を受けたりせねばならないのだろうか。特に、匿名の社会制度があなたを処遇するそのやり方が、なぜ思考においてアウタルキーを有している人間の自尊心に影響しなければならないのか。なぜほかの人びとの承認が、ある人の自尊心にとって重要でなければならないのか。要するに、私たちはある人間の自負心《セルフ・エスティーム》について語っているのではない。自負心は他者との相互行為をつうじて確認されるものである。自負心とは対照的に、自尊心はもっぱら自分が人間であるという自覚を基礎にして、人間が自分自身に授与するものなのだ。だとすれば、どうして自尊心が他者の評価に影響されることがあろうか。さらに、自尊心という言葉それ自体が意味しているように、それは人間のもつ自己《セルフ》に依拠する尊重にほかならない。自尊心を獲得するためには、評価とか承認というかたちでの外部からの権威づけはまったく必要ではない。それゆえ、いかなる社会もいかなる社会のメンバーも、屈辱を感じるもっともな理由となることはありえない。

品位ある社会の姿を明確にしようとする企てにたいするストア派の異議申し立ては、この企て全体において中心的なものである。自尊心と屈辱の概念をもっと明らかにした後でなければ、私たちはこの異議申し立てに答えることはできないだろう。さしあたり、ニーチェにしたがって、私はストア派の議論に関していくつかの批判的注釈をしておくことにしよう。

ニーチェが指摘するように、自尊心を獲得する過程で他者からの承認の必要を無視することは、自己肯定に内在する崇高な自由にもとづくというよりも、他者へのルサンチマンにもとづくものである。「……奴隷道徳は『外のもの』、『他のもの』、『自己でないもの』を頭から否定する」[5]。このニーチェの主張は要するに次のようなものである。すなわち、ある人の態度を決定するために「外のもの」が重要であることを否定する奴隷のいわゆるアウタルキーは、実際のところ、周囲の人間への復讐を欲するルサンチマンにみちた奴隷の防御メカニズムなのだ、ということである。言いかえると、劣位の社会的地位にある者は誰でも、外から加えられる屈辱を本当の意味で免れることは不可能である。自尊心は社会的信認を必要とするのであり、この信認の欠如から虚偽の独立へと導かれることが奴隷道徳の本質なのである。貴族が他者の意見を本当の意味で無視することができ、また他者の態度とは無関係に自己肯定を達成することができるのは、この基本的な社会的信認を貴族がもっているからにほかならない。奴隷にはこのようなことはできない。ニーチェはさらに議論をすすめて、次のような可能性について考察する。「かりに軽蔑・蔑視・優越の感情が侮蔑された相手方の像を偽造することがあっても、それは常に無力者の心の奥底にある憎悪や復讐心がその敵方に対して——もちろんその《像において《イン・エフィーギエ》》——加える偽造にははるかにおよばないであろう」[6]。

「政治的人間」から、自分の人間性にたいする社会の態度に影響を受けない「内面的人間」へのストア派的移行は、ニーチェの見解では現実的な選択ではない。劣位の社会的地位にある人びと（＝奴隷）は、自分に屈辱を与える主人は自分たちの内面的世界の「外そのもの」であると宣言することによってだけでは、心理学的にいって、屈辱から解放されることはありえない。奴隷の内面的世界には、その内部に主人が含まれているからである。「奴隷道徳」はこの復讐のこもった内面化の結果である。奴隷道徳のゆきつく先はキリスト教的見解であり、それは屈辱を、謙虚を育み形成するための経験へと転換する。屈辱にたいするキリスト教的態度は、別の手段――なるほどニーチェの見解では邪悪な手段である――によってストア派的な態度を継続するものであって、それは屈辱を高徳《セイント》な者を訓育するための手段に変える。キリスト教的に高徳な者はストア派的賢人の末裔であろうとするが、キリスト教的な意味で本当に謙虚な人間とストア派の「内面的《インターナル》」人間とのあいだにははっきりとした違いがある。キリスト教的な意味で謙虚な人間は、たえず自分自身について心を砕く、とりわけ自分自身の動機の純粋さに心を砕くが、その一方で、自分自身を顧慮しないものとされている。これは論理的に不可能なことのように思える。反対にストア派の「内面的《インターナル》」人間は外部にある社会的世界を無視するものとされている――これは簡単なことではないが、論理的に不可能なことではない。

　事実ニーチェは、ストア派とキリスト教とでは、屈辱を評価する方法に違いがあると信じている。ストア派の賢者の思考は自由であり、そのような再評価――すなわち、自分自身を自由で、主人から屈辱を受けない者としてみなすこと――ができるのにたいして、ニーチェの見解では、キリスト教徒はそうすることができない。それは、キリスト教徒がルサンチマンにみたされているからである。キリスト教徒は頬を打って屈辱を加える者を「愛する」ことさえできるだろうが、同時に、内面においては危害を加えた者が地獄に落ちると確信しているのだ。地獄とは、屈辱を与えられたキリスト教徒のルサンチマンにあふれた復讐のことである。

　私は、その制度が人びとに屈辱を与えることのない社会としての品位ある社会というものを特徴づけようとする企てに疑問を呈する、ふたつの対立する見解を見ることから本章をはじめた。そのスペクトラムの一方の端には、屈辱を与えない社会制度などありえないと主張する見解がある。他方の端には、いかなる社会制度も人びとに屈辱を与えるものではなく、この意味では品位にもとる社会など存在しないという見解がある。いまや私たちは、船のマストにしっかりと身を縛りつけ、スペクトラムの両端の見解からのセイレーンの歌声の誘惑にあらがいながら、アナーキストのスキュラとストア派のカリュブディス〔スキュラとカリュブディスの峡間。ギリシャ神話『オデュッセイア』でオデュッセウスが通る、怪物の住む難所〕のあいだを航海しなければならないわけである。

第2章　権利

あるいは品位ある社会は、その社会のもとにある人びとの権利を侵害することのない社会として定義されるかもしれない。この考え方によれば、権利という観念を有する社会だけが、品位ある社会が必要とする自尊心と屈辱の概念を有することになる。それゆえ品位ある社会という企ては、権利の明確な観念を有する社会と関係づけられる場合にだけ、意味をもつことになる。

私はこの提案を次のふたつの問いにもとづいて検討してみたい。

一　権利の概念は、品位ある社会、また品位にもとる社会を特徴づけるのに必要とされる尊重と屈辱の概念を形成するうえで、必要条件であるのか。

二　もしそうであるとすれば、ある社会が品位ある社会であると考えられるためには、どの権利が制度によって尊重されなければならないのか。あらゆる権利を尊重することが、ある社会が品位ある社会であると考えられるための十分条件であるのか。

私は本書の冒頭で、ある社会制度のもとにある人びとが、自分はその制度によって屈辱を受けたと考えるのに十分な理由があるとすれば、その社会は品位あるものとは呼びえないという主張をした。そして、権利、とりわけあなたの尊厳を守るとされている諸権利を侵害されること以上に、屈辱を感じる十分な理由がありうるだろうか。この最後の主張がもつ力は、それが自明であるという印象から生じている。「権利を侵害されること以上に、屈辱を感じる十分な理由がありうるだろうか」。しかしこの自明性の印象は、ウィトゲンシュタイン〔オーストリア出身の哲学者〕が言うところの、「あるイメージの囚人である」ことを示している。それは現実のひとつのモデルが、たんにそれ以外のモデルを想像することができないという理由で、現実そのものとして知覚されている場合である。この自明なものの縛りを解きほぐすには、それ以外の選択肢が提出されなければならない。

ひとつの選択肢は、厳格な義務の観念に基礎づけられてはいるが、権利の概念をもたない社会である。その場合の問題は、そのような義務基底的《デューティーベイスト》な社会が屈辱の概念を形成することができるかどうかである。そのような社会はあるタイプの振る舞いを、屈辱を与えるものとして非難できるだろう。それはまたほかのタイプの振る舞いを、それ自体が人間を尊重するものであると認識することもできるだろう。そして、その社会を構成するメンバーに社会的義務としてお互いを尊重し合って行為するようもとめるだろう。ここまではなんの問題もない。この社会の義務のシステムは、こうした義務に服すべき人びとの側におけるどのような振る舞いが尊重を与え、また屈辱を与えるものと考えられるべきかを定義する。適切な尊重を与えるという義務をみたさない制度は、屈辱を与えるようなやり方で振る舞っている制度だと認識されるのであり、したがってそうした制度が存在する社会を品位ある社会から除外することができる。

こんなふうにすべて簡単であれば、はたして私たちは、権利の概念がない社会が品位ある社会でありうるか、と問う必要があるのだろうか。しかし現実には困難がある。義務基底的な社会においては、屈辱を与える振る舞いによっては、その犠牲となった人が屈辱を感じるもっともな理由が与えられないように思えるからである。その前提からして、犠牲となった人には屈辱から守られる権利はないからだ。屈辱を与える振る舞いに関する社会の禁止事項を侵害した人びとは、犠牲になった人にたいして、ほかの誰かにたいするよりもはるかに大きな程度で特別な罪を犯しているわけではない。彼らの侵犯は特定の誰かの権利の侵害ではなくて、社会の禁止事項の侵害なのである。逆説的なことに、義務基底的な社会では、人びとは屈辱を与えるようなやり方で行為することができるが、誰も屈辱を受けることはありえないのだ。

若者に老人を尊重するように命じる社会、たとえばバスの座席から立ち上がって老人に席を譲るよう命じる義務基底的な社会を想像してみよう。老人たちに席に座る権利があると考えられているわけではなく、若者に席を譲る義務があるのである。さてバスの運転手は、バスのなかでの振る舞いを社会の規範に一致させねばならないという責務を与えられていると考えよう。そのような場合に、ある男の老人が、若者が席を譲ろうとしないおかげで自分は席に座ることができないのだとバスの運転手に訴えたとしよう。しかし彼は、この事態を運転手に指摘したほかの乗客よりも好ましい地位を得られるわけではない。老人一般に当然与えられるべき尊重がこのバスでは否定されているというのは事実だが、この特定の老人のために誰も席を立とうとしてくれないとしても、彼が尊重を欠いた扱いを受けたと考えられるわけではない。「臆病な」(lily-livered)という表現がユリ(lily)と肝臓(liver)に分解できないように(lily-liveredにはもともと「ユリのように白い肝臓をした」という意味がある)、「年長者にたいする尊重」(respect-for-the-elderly)という表現は分解不可能な(共義的な)組み合わせなのである。

さて、義務基底的な社会は屈辱を与える振る舞いの犠牲者に、自分が屈辱を受けたと考えるもっともな理由を与えない、というのは本当だろうか。私はそう思わない。私たちは、義務基底的社会では屈辱を与えることは禁じられていると仮定してきた。だから、そのような社会にいる誰もが、屈辱を与える振る舞いをあるがままに――屈辱的だと――認識することができる。問題は、そのような振る舞いの犠牲者には屈辱を受けたと感じるのに十分な理由があるかどうかということである。彼は明らかにそのように感じているかもしれないが、もし自分の権利が侵害されたという観念を彼がもたないとすると、彼には屈辱を感じる理由がそもそもあるのだろうか。ある特定の振る舞いを屈辱的だと考えるための理由と、この振る舞いが向けられている人間に屈辱感が生じているという事実とが結びつくとき、その犠牲者が〈自分は屈辱を受けている〉と考えるに至る原因ばかりでなく、そう考えるべきもっともな理由も与えられる。ある理由がある特定の感情をもつことを正当化する根拠となるのは、それがそのような種類の感情をもつことの一般的な理由になっていることに加えて、今回の場合では、そのように感じる特定の原因となっている場合である。他人に席を譲ってもらえない老人は、ほかの乗客と同じではない。彼は、年配者にたいする尊重を欠いた振る舞いのたんなる観察者ではない。彼は老齢であるがために尊重を欠いた扱いを受けたのであるから、彼をこのように処遇した若者は、屈辱を受けたと感じる原因だけでなく理由をもこの老人に与えたのである。

この特定の老人が実際には屈辱を受けたと感じないということもおおいにありうる——おそらく彼は自分がどれほど年をとっているか誰も気づかなかった、またバスのなかで立っているほど十分に若く見られたと考えて、ひそかに喜んだかもしれない。しかし、同じバスで座る席があった老婦人は、バスの若者は義務をはたしていないと感じているばかりか、彼女自身の老齢も冷淡に扱われたと感じているということもおおいにありうる。では私たちは、彼女は自分が冷淡に扱われたと感じる原因だけでなく理由もあったと言うべきだろうか。結局、ここでは不快感を抱く一般的な理由が存在しており、そしてこの理由が同時に、この老婦人が不快な思いをしたという特定の感情の原因でもあるのだ。だとすると、これは彼女が不快な思いをしたことの理由ではないだろうか。そう、たとえ彼女自身は座る場所があったとしても、若者が老人に席を譲らなかったという理由で、老婦人は彼女の老齢にたいするしかるべき尊重をないがしろにされたと感じる理由がある。しかし彼女がそう感じる理由は、その振る舞いの直接の犠牲となった者の理由と肩を並べるほど強力なものではない。彼女は心を傷つけられた観察者にすぎないのであって、彼女自身が犠牲になったわけではないからである。

老人にたいする侮辱によって気分を害された老婦人の記述には、少しばかり滑稽なところがある。ここで描いたような場面では、重要な問題は提起されていないという印象を与えるかもしれない。しかし実際には、かなり重要な問題が、心を傷つけられたこの老婦人の物語には潜んでいる。屈辱は、ばつの悪さ《エンバラスメント》と同じように伝染する。屈辱とは、私たちが屈辱を与える振る舞いの直接の犠牲者ではないとしても、他者とたんに同一化した結果として私たちが感じる可能性がある感情なのである。もし私たちが、屈辱を受けるきっかけとなる特徴を共有しているがゆえに犠牲者と自分を同一視するならば、私たち自身が屈辱を受けたと感じる正当な理由をもつことになる。この問題は、後でもっとくわしく論じよう。

義務の道徳《デューティ・モラリティ》においては、屈辱を受けたり侮辱されたりした人間は、自分を傷つけた人間との関係においてなんら特別な立場にあるわけではない、という主張が強調される。屈辱を与える者があれば、〈屈辱とは「けっして屈辱を与えてはならない」("Thou shalt not humiliate")という明確な義務にたいする違反である〉という論拠でもって、誰でも彼に抗議することができる。問題は、裏口から権利の概念を引き入れることなしにこの義務を正当化しうるかどうかである。この義務は、〈屈辱とはその犠牲者の利益にたいする苦痛をともなう侵害である〉という事実に言及することによってのみ正当化できるという主張もあるだろう。義務の道徳は、義務の言語だけを用いることでその要求を特定の道徳的主体に向けるが、こうした要求の正当化は要求それ自体のなかには明白に示されているものではなく、権利の概念を必要とするだろう。

私は、それとなく権利の概念を用いることなしには義務の道徳は機能しないという主張には説得力があることを認めるが、それでも権利の概念が、屈辱を与えてはならないという義務を正当化するうえで必須の役割をはたしているというのは、疑わしく思われる。あるアナロジーによってこの問題を明らかにすることができるだろう。人間主義的《ヒューマニスティック》な義務の道徳には動物にたいする残酷な扱いを避ける義務が含まれると仮定することができよう。私は、この義務を正当化するために動物の権利の概念が必要だとは思わない。この義務を実践する人びとにとって、またこの義務を実践することを認めている社会にとって残酷さが何を意味するかによって、この義務は十分に正当化されるだろう。そのような正当化には動物の権利が含まれる必要はまったくないのであるが、動物が痛みを感じるという事実はおそらくそこに含まれるだろう。同じことは、義務の道徳における屈辱についても真実であるだろう。屈辱を与えてはならないという義務の正当化には、屈辱はその犠牲者に痛みと苦しみを引き起こすという事実が間違いなく含まれる。それにはまた、犠牲者は屈辱を受けないことに明らかな利益があるということも含まれるだろう。しかし、このような正当化が権利の概念に依拠すると主張するためには、犠牲者の利益に注目するだけでは十分ではない——この利益がそれ自体において善いものであるということも明らかにする必要がある。義務の道徳は、屈辱がないことはそれ自体で善いことであるという考え方に依拠することもできるだろうが、他方で犠牲者の利益にこたえることはこの目的のための手段にすぎない。そのような場合、義務社会《デューティ・ソサエティ》における〈屈辱を与えてはならない〉という義務は、権利の概念を必要とすることはないだろう。

ここから導き出される結論は、道徳を義務によって基礎づけている社会は、それにかかわる権利という概念がなくとも屈辱の概念を手にすることができるだけでなく、屈辱を受けたと感じることのもっともな理由を与えることもできるということである。

目的の道徳にもとづく社会もまた、義務と権利の両方の観念を欠いていても、品位ある社会を特徴づけるために必要とされる屈辱の不在という概念を解明するための背景を与えてくれる。最初に明らかにすべきことは、ある特定の社会における道徳を、義務や目的、権利といった単一の重要な概念によって特徴づけるからといって、一般的に必ずしもその社会がそれ以外の概念を欠いていることを意味するわけではないということである。だからカントは、〈定言的命法の絶対的責務をつうじて人びとの人間性を尊重する〉という目的を私たちが実現できると信じるのである。ひとつの中心的概念を用いて特定の道徳を特徴づけるのは、ほかのすべての概念にたいしてその概念が説明上優越することを強調するためである。たとえば義務の道徳においては、義務の概念が権利の概念を説明するうえで本質的な役割をはたしているのであって、その逆ではない。しかし現在の文脈で、私がある中心的な概念によって特定の道徳を特徴づける場合には、この道徳にはほかの概念はまったく含まれていないということを実際には言いたいのである。それゆえ、私が「義務の道徳」という表現を使う場合に、私が言おうとしているのは、義務の概念はそこで使用できる唯一の道徳的概念であり、権利の概念はまったく含まれないということである。そして私が「目的の道徳」について語る場合には、私は、この道徳には権利と義務の概念は含まれないということを仮定している。

目的の道徳は、存在の連鎖における被造物の位置についてのある見方にもとづいている。「人間」は「被造物の王」、つまり、人間が人間であるという理由で特別な処遇をうけるべき被造物である。存在の連鎖における「人間」の特別な位置づけにふさわしくないようなあらゆる処遇は、屈辱となる。この種の道徳は義務や戒律にもとづいているのではなく、この道徳を典型的に示しているようなある個人の人格的模範にもとづいている。この種の道徳にもとづく社会において他者に屈辱を与えるような人びとは、犠牲者の権利を侵害したとか義務をはたさなかったという理由でとがめられるのではない。むしろ、彼らがとがめられるのは、模範となるような人物であればおこなったであろうやり方で行為しなかったからである。アルベルト・シュヴァイツァーであればそのように行為しなかったであろう、と誰かが違反者に言うだろう。そのような社会は明らかに、屈辱に関する十分に成熟した観念を有している。また、この種の社会における屈辱を与える振る舞いの犠牲者は、屈辱を受けたと感じる理由を有している。繰り返せば、そう感じるのは彼らがもっているなんらかの特定の権利ゆえにではなく、彼らが劣った存在として扱われたからである。要するに、目的の道徳にもとづく社会における屈辱に関する議論は、まさしく義務基底的な社会における議論と同じなのである。

自尊心――アンクル・トムの場合

自尊心を欠いた善良な人の有名な例はアンクル・トムである。(1) アンクル・トムは、黒人の人間的尊厳の回復を目的とする運動にとっては否定的なシンボルとなった。この運動にとって、アンクル・トムは聖書にあらわれる奴隷の典型であり、「ご主人様を愛しています」と語り、きっと耳に穴を開けている〔『申命記』一五：一七。自発的に奴隷になることを指す〕に違いない。アンクル・トムの忠誠心に心打たれる点があるとしても、それを主人にたいして犬が抱く忠誠心と解釈することはたやすいように思える。彼に欠けているのは、自尊心である。

アンクル・トムの物語は、さまざまな目的のためにさまざまなやり方で語ることができる。自尊心と権利の関係を明確にするという目的にとって重要なことは、この物語をつうじて例示されるふたつの問題を区別することである。ひとつの問題は、権利という観念がまったく存在しないことである。もうひとつの問題は自分の権利を主張する能力がないことである。権利と自尊心には内的関係があるという主張を支持するための議論としてありうるのは、屈辱はある人の権利が侵害されたことを意味しているわけではなく、ある人が権利を主張することができなかったことを意味している、というものである。アンクル・トムは自分の基本的権利が侵害されているということを自覚しているが、権利が尊重されるべきであると有効に主張できない存在である、と言うことができる。しかしながら、彼の場合には、はっきりした要求というかたちで自分の権利を主張することは、彼と彼の家族に危険をもたらす可能性がある。だから、自分の権利を主張するための最低限の条件として、犠牲者は少なくとも、自分の権利を踏みにじる人びとにたいして憤りを感じていなければならない。犠牲者は少なくとも、悪と悪事をおこなう者たちに黙従しないことを期待される。この意味でアンクル・トムは、何が起こっているかを自覚しながら、実際には黙従した者として理解される。そのような黙従は心理的な受容であり、そうした応答をする者は自尊心を欠いているという主張になる。

しかし、アンクル・トムの物語には別な読み方もある——宗教的な読解である。アンクル・トムは権利の概念をもっていないが、深い宗教的な確信をもっている。その確信は、黒人であれ白人であれ、すべての人は、神の似姿としてつくられたアダムを先祖とするのだ、と彼に教える。それゆえ、トムの人間としての尊厳は、アダムにまでさかのぼる家系図にあるのだ。トムは、アダムの子孫として自分の権利を受け継いできたというふうに、この事実を権利の用語に翻訳することはない。しかし、アダムの子孫としての彼の名誉は、まさしくすべての人間存在に与えられるべき名誉以外のなにものでもない、ということを彼は完全に自覚している。それと同時に、アンクル・トムは主人が要求することはなんであれ神の意志であり、彼は神に試されているのだと信じているがゆえに、すすんで受け入れる。既存の秩序に疑問を抱くことは高慢のあらわれであり、それは彼を虐待している者の罪よりもさらに重い罪である。反抗は誤りである。なぜなら抑圧する者を難ずることができるのは神だけだからである。

宗教的な無垢にみちたアンクル・トムの世界観は、自尊心の概念を欠いているだろうか。それは屈辱の概念なき世界観だろうか。私の主張では、トムの屈辱の観念を指摘することはいっこうに困難なことではない。彼の主人は彼を、彼らの共通の先祖であるアダムの子孫にふさわしくないようなやり方で処遇している。トムは、これは神の似姿としてつくられた者を処遇するやり方ではない、と信じている。したがって問題は、権利の概念を欠いている人間が屈辱の概念をもつことができるのかどうかではない。本当に難しい問題は、ここでも、トムは権利の概念をもっていないにもかかわらず屈辱を受けたと感じる理由があり、その理由を私たちがもっともであると考えることができるかどうか、ということである。さらには、もしも私たちが世界は神によってつくられたということを信じていないとして、それでもなお私たちはトムが屈辱を受けたと感じる理由を正当な根拠と考えることができるだろうかということである。

ジョエル・ファインバーグ〔アメリカの政治哲学者、社会哲学者〕は、権利の概念に結びつけられないような自尊心の理念はありえない、と信じている(2)。あるいはむしろ、彼が信じているのは、権利の概念なしには、私たちが正当なものと考えるであろう自尊心の理念はありえないし、それと同じように、私たちが正当なものとみなすような屈辱の概念もないということである。私たちが関心を抱いているのは、トム自身が正当なものと考えている理由ではなく、私たちにとって正当なものと思える理由である。ここでの「私たち」には、道徳にとって正当化のよりどころとなるのは人間だけだ、という人間主義的《ヒューマニスティック》な仮定によって道徳の構想を基礎づけているすべての人びとが含まれる。それゆえ私はファインバーグの異議申し立てを、人間主義的な道徳の構想をもつ人は、権利の概念がなくとも自尊心や屈辱の概念をもつことができるのか、という問いかけとして理解する。そしてこの問題にたいする答えは、すでに私が答えたとおり、イエスである。義務道徳と目的の道徳の両方とも、自尊心と屈辱の概念を育むための基礎を提供するのである。

しかし、権利の道徳の文脈のなかでさえ、アンクル・トムはひとつの問題を提起している。権利は利益である——特殊な種類の利益ではあるが、それでも利益である。そして、これらの利益の性格がいかなるものであれ、人間を尊重することは彼らの利益を相応に重んじること、あるいは少なくとも適切な種類の利益を相応に重んじることである。自分に与えられる尊重をめぐって人びとが抱く関心は、ある意味で、自分たちの利益が尊重されているか、その結果利益がみたされ、守られているかにかかわる関心である。アンクル・トムはなんらかの利害関係を有している人間であるが、彼にはそうした利害にたいする関心が欠けているように見える。そこで問題は、もしある人間が自分の利害に関心を抱いていない場合に、どうすれば自尊心をもつことができるか、ということになる。

一見したところ、ここにはパラドクスが存在するように思える。もし利益がある個人にかかわる問題であるとすれば、（論理的に言って）ある人間が自分にかかわること《コンサーン》について無関心《アンコンサーンド》でいることなどありうるだろうか。しかし、このパラドクスはみせかけでしかない。誰かが自分にかかわることについて無関心でいられるかという問題は非現実的である。なぜなら、関心事とは人びとが関心をもってしかるべき問題であるが、必ずしも彼らが実際に気にかけている問題ではないからである。関心を選好と同一視してはならないし、ふたつを区別すればパラドクスはなくなる。残るのは、自分が関心をもつべき問題について無関心な場合に、人びとはいかにして自尊心をもつことができるかという問題だけである。そのような人びとは、彼らの関心事と関係するもろもろの重要なイシューに、つまり彼らの利益が尊重されるべきだという点に、関心を抱いていないように見える。この種の二階《セカンド・オーダー》の利害関心をもっていない者は誰であれ、自尊心を欠いている。

アンクル・トムを人間主義的に判断すると、彼には自尊心が欠けているということになるだろう。しかし彼を宗教的信仰の篤い人であると述べれば、かなりの尊厳をもった人間として描くことになる。どちらを放棄すべきなのだろうか。人間主義的な仮定だろうか、あるいは、アンクル・トムは奴隷状態にあるにもかかわらず尊厳をもっていたという考え方だろうか。

アンクル・トムの感動的なキリスト教的内面世界を描くことは、ストア派の賢人であった奴隷の内面世界を描くことに似ている。ストア派的な「内面」世界とキリスト教的「内面」世界はどちらも、苛酷な状況で尊厳を保つための戦略である。しかし、しかしこれらは代用品であって、品位ある社会の基礎として用いられるべきものではない。

尊重の十分条件としての権利

かりに権利が自尊心の、あるいは尊厳と呼べるものの十分条件になるとして、ではどの権利がそれにあたるのだろうか。別の言い方をすれば、どの権利を侵害することが、屈辱の十分条件となるのだろうか。

人権は、十分性《サフィシェンシー》をみたすための当然考えられるべき候補である。人権は道徳的権利である——すなわち、その正当化が道徳的性格をもっているような権利である。権利は利益であり、こうした利益がそれ自体において善である場合には、この権利は道徳的権利である。人権は、もっぱら人間であるという理由だけによって、すべての人びとが平等に所有する権利である。人権を正当化するのは、それが人間の尊厳を守るためのものだからである。たしかに、人権をほかの方法で正当化しようとする試みもあった。たとえばそのひとつの方法は、人権を人びととの行動の自由の最小限の条件であるとみなし、それなしでは人びとを道徳的主体であるとは考えることができないとするものである。しかし、この正当化が用いられる場合には、人権はそれ自体において善いものであるとは考えられていないのであって、それ固有に善であるなにかほかのもの――つまり、道徳的な主体であること――のために不可欠な手段としてのみ考えられている。対照的に、人権が人間の尊厳を構成する利益として直接的に正当化される場合には、これらの権利はそれ自体において善であるとみなされている。ここでの見方によれば、人権は人間の尊厳を守るものとして考えられている。人権は――権利の道徳の文脈では――人間の尊厳を識別するための「しるし《シンプトムズ》」である。

人権を尊重するが、その社会を構成する人びとのほかの諸権利、たとえば政治的権利《シヴィル・ライツ》のような諸権利を侵害する社会については、どのように言えるだろうか。そのような社会は品位ある社会であると言えるだろうか。この問題を考えるために、政治的諸権利の例を考えてみよう。市民であることの一般的権利は人権であるが、このことは、ある人がたまたまそこで生きているある特定の社会においてその人が市民である権利をもっていることを必ずしも意味しているわけではない。その社会において市民として生きる権利をもっている人の市民資格《シティズンシップ》を奪う社会は、その人の人権を侵害している。しかしながら問題は、ある人びとの市民資格を奪うことはないが、彼らの政治的諸権利を踏みにじるような社会をめぐるものである。人権ではないような政治的権利の一例は投票権である。女性の投票権の剥奪は（つい最近までスイスでおこなわれたように）品位ある社会にはふさわしいおこないではない。女性に投票権を与えないことは、彼女たちを成人として処遇しない、それゆえ、完全な人間として処遇しないことを意味している。

さまざまな社会が、さまざまなやり方で、人間であるということはどういうことなのかを表現している。政治的諸権利の侵害は、人びとがみずからの人間性を、彼らが生きる社会によって形成された仕方で表現する能力にたいする重大な侵害になりうるものであり、それゆえ屈辱となるのである。このような理由で、ある社会が人びとの人権を尊重するという事実だけでは、それを品位ある社会であるための十分条件であると考えることはできない。というのも、その社会は人権を侵害していないとしても、市民としての社会のメンバーに屈辱を与えることがおおいにありうるからである。

第3章　名誉

品位ある社会とは屈辱を与えることのない社会である。しかし、屈辱とは対照的な用語として何が使えるだろうか。これまで、私たちは「屈辱」に対立するものとして「自尊心」を使ってきた。だが自尊心の意味するところは明確とは言いがたい。そればかりか、品位ある社会を描き出すために使えそうな、互いに競合する概念がほかにも数多く存在する。これらの競合する概念のなかから、屈辱と対をなす概念としてふさわしいものを探してみよう。

それらの概念のうち、ひとつについては予備的な議論が必要である。それは、語の日常的な意味における名誉という概念である。ここから、品位ある社会とはすべての人が各人にふさわしい名誉《デュー・オナー》を与えられる社会であるという示唆が得られる。私は品位ある社会という概念を社会の制度的な振る舞いの側面に限定して考えているので、そうすると品位ある社会とは、その制度がすべての人びとに各人にふさわしい名誉を与える社会だということになる。ここで私が意図しているのは、名誉をたんなる過去の遺物として考えることではなく、名誉の観念を政治的議論のなかに復権させることである。だが、名誉の観念を復権させるのであれば、品位ある社会を名誉という言葉で直接に定義すればよいのではなかろうか。

「各人にふさわしい名誉」という表現に含まれるふたつの意味を区別しなければならない。ひとつは名誉の分配にかかわるものであり、その際の問題は、すべての人が名誉の公正な分け前を得ているかどうかということになる。「各人にふさわしい名誉」のもうひとつの意味は、私たち自身の目から見たそのような名誉の評価にかかわるものであり、問題は名誉がそれに値する行為に与えられているかどうかである。たとえば、戦争において貢献をした者は誰でも名誉の公正な分け前を奪われないという意味で、戦士の社会はその人にふさわしい名誉を戦士に与える。戦士一人ひとりがその貢献に応じて名誉を分け与えられる。戦士にふさわしい名誉は、戦争で戦わなかった人びとに与えられることはない。硝煙の匂いもかがず、戦闘に参加しなかったにもかかわらず、勲章を胸にたくさんつけて部隊閲兵にのぞむ将軍はいない。誰にでもその人にふさわしい名誉を与える社会であったとしても、だからといって、その社会における名誉の概念は私たちから見て価値あるものだということを必ずしも意味しない。逆に、私たちはそれをまったく誤ったものだと考えるかもしれない。名誉に値しないものを適切に分け合う社会は、公正かつ友好的なやり方で略奪品を分け合うギャングの集団に似ている。分け合い方は公正だが、略奪品は道徳的に価値のあるものではない。

私たちが関心を抱いているのは基本的に、ある社会が、それに値する人に（ふさわしい）名誉を分配しているかどうかということである――つまり、適切な名誉が正義にかなって分配されているかどうかということである。しかし、正義にかなう仕方で名誉が分配されることに関心を抱くのは品位ある社会ではなく正義にかなう社会である。分配に応じて得られる社会的名誉の概念は等級のある概念である。誰にでも平等に与えられる社会的名誉などというものは空虚であろう。

社会的名誉を不正なやり方で分配する社会は、必ずしも品位にもとる社会ではない。品位ある社会をめぐって私たちがおこなう議論のなかでは、名誉の概念――それを傷つけることが屈辱となる概念――は必ずしも等級のある概念ではない。この意味での名誉は、その人が何をおこなったかではなく、その人がその人であることを理由に、すべての人に平等に与えられなければならない。（価値のある）社会的名誉の不正な分配は、たしかにひとつの不正義である。しかしだからといって、そのように名誉の不正な分配をおこなう社会は、品位ある社会でないということを意味するわけではない。

以上のように、品位ある社会の基礎として必要とされる名誉の概念は、社会的名誉の観念ではない。ある社会から品位ある社会の資格を奪う屈辱の概念は、社会的名誉の欠如ではありえない。私たちが平等な尺度ですべての人が受けるべき名誉の概念のうえに品位ある社会を基礎づけたいと思うのであれば、私たちは社会的名誉から人間の尊厳へと移行しなければならない。そのような名誉を与える人びとの観点からすると、私たちは人間にたいする尊重について語っているのだが、名誉を受ける人びとの観点からすると、私たちは尊厳について語っているのである。しかし尊厳の概念を理解するためには、社会的名誉の観念についても理解しておく必要がある。

社会的名誉の概念が品位ある社会をめぐる私たちの議論にとって重要であるのは、人間の尊厳の概念が歴史的に見ると社会的名誉の観念から発展したものであるからだ。人間の尊厳という観念は、比較的最近になって生まれたものである。「尊厳」という言葉はラテン語の dignitas に由来しており、それは社会的名誉を意味している。同じように、人間の尊厳を傷つけるものとしての屈辱の概念は、社会的屈辱の概念から生じたものである。したがって社会的名誉の観念は人間に本来そなわっているものとしての名誉の観念に先立つのだが、この前後関係は歴史的なものにすぎず、概念的なものではない。だから社会的名誉の概念は、人間の尊厳の概念を説明するために論理的に必要だということではない。社会的名誉の概念が先にあるというのは、ヘブライ語での名誉ないし尊重にあたる言葉である kavod が、(なにかを所有していて) 重いという意味がある形容詞 kaved から発展したものであるというのと同じように、一方の概念が他方の概念から発展したという事実に存する。

要するに、品位ある社会にふさわしい名誉の概念は人間の尊厳という概念である。これは人びとが当然もつべき種類の名誉であり、これを侵害されることは自分が屈辱を受けたと考える理由になる。しかし、ここで屈辱という言葉は何を意味しているのだろうか――それは自尊心の侵害、自負心の低下、高潔さ《インテグリティ》の侵害、あるいはたんに人間の尊厳の侵害を意味するのだろうか。これらはすべて名誉の概念の候補である。つまり名誉とは、それが侵害されれば人が屈辱を受けたと考えるなんらかの理由を構成するような概念なのである。

自尊心と自負心

最初に検討されるべき概念の組み合わせは自尊心《セルフ・リスペクト》と自負心《セルフ・エスティーム》である。これらの概念は品位ある社会との関連においては区別できるし、また区別されるべきである。[1]ふたつの概念の関連は、概念的なものというよりは因果的なものである。このふたつを区別することが重要である理由のひとつは、尊重《リスペクト》は人びとを平等に扱うための理由となるのにたいして、評価《エスティーム》は人びとを序列づけるための基礎となることである。多様な道徳理論から、私たちは、純粋に人間性を基礎として人びとを尊重しなければならないと教えられるが、いかなる道徳理論も、たんに人びとが人間であるということを理由にして、人びとを評価しなければならないとは教えていない。

人は自負心なしに自尊心をもつことができるだろうか、また逆に、自尊心なしに自負心をもつことができるだろうか。人びとが自負心――非常に高い自負心さえも――をもっているが自尊心を欠いている事例は、比較的見つけやすい。私たちは、自分が達成したことを基礎として自分自身に非常に高い価値を与えているが、それにもかかわらず、誰であろうと自分にたいして影響力を行使できるかもしれない権力をもつ人の前では、卑屈に振る舞いがちな人びとをよく知っている。卑屈な態度はへつらいの一形態であり、そこにおいて人は、他者ににせの優越感を与えることで自分の利益を図るべく、追従的に行為する。卑屈になる人は自分自身を辱めることによって、自尊心とひきかえにほかの利益――たぶん自負心に役立つことになる利益――を実現する。イシュトヴァーン・サボー〔ブダペスト出身の映画監督〕の映画『メフィスト』に登場する（ナチの）悪魔に魂を売った俳優ヘーフゲンは、その一例である。（ヘーフゲンという人物は、有名なドイツの俳優であった自分の叔父ギュスタフ・グルンドゲンズをモデルとしてクラウス・マン〔ドイツの小説家、評論家〕が描いた人物をもとにしている）。現実の人物としてはリヒャルト・ワーグナーがおそらくもうひとつの例であろう。私のように、制度的な屈辱や、あるいは同じように制度に直面した人間の尊厳のあらわれに関心がある者にとっては、卑屈な態度は注目に値する振る舞いである。というのも、それは典型的には、権力をもつ人びとにたいしておこなわれるものだからである。こうして卑屈な人とは、自尊心を欠いているが高い自負心をもつ者であって、私たちが苦もなく想像したり見つけたりすることができる人物である。

自負心と自尊心が逆方向から見ても相互に独立した概念であるということを示すために、私たちは、自負心は欠いているが自尊心はもっている人の場合を考えなければならない。これはあまり見られない状況である。ある人が自分の達成したものに価値を認めていないので低い自負心しかもっていないのだが、それにもかかわらず自尊心の感覚は維持しているということがありうる。そのような人は、自分の達成したことが他人には評価されているということは自覚しているのだろうが、自分にたいしてとても厳しいので、自分自身を評価することはできないのである。このような完全主義者の場合については、私たちは次のように疑ってみることができる。つまり心の奥底では、彼女は実は自分にふさわしい自己評価をおこなっているだけではなく、さらにそれ以上の自己評価をおこなっているのではないか、と。しかし、この心理学的な疑いによって、自負心は低いが自尊心はもっているという場合もありうるということの概念上の可能性が低くなるわけではない。このような人物も心理学的には可能である。ある人が――その達成が証明されているのにもかかわらず――自負心を欠いているのだが、妥協しえない自尊心をもっているということはありうる。この自尊心はその人が基本的な諸権利に頑固にこだわることによって表現されるかもしれない。あるいは、ミヒャエル・コールハース（ハインリヒ・フォン・クライスト〔ドイツの劇作家、小説家〕の小説の主人公）のようなやり方で自分の高潔さに妥協することを狂ったように拒絶し、自分よりも強い相手であっても、自分に侮辱あるいは屈辱を与えた人びとにたいする戦いに危険を冒して挑むことに、それは表現されているかもしれない。

この主張と本書の冒頭で示した事例とは矛盾しない。その事例のなかで私は、たとえばチェコ共和国においては、人びとが自負心を失っても、より高い自尊心を得るような場合がありうるだろうと主張した。彼らは新しい経済と社会秩序のなかで有用な役割をもっていないがゆえに、自負心を喪失する立場になったことにすぐに気づくだろうが、それでも旧体制でそうであったように、自分たちの高潔さ《インテグリティ》と自尊心について妥協を強いられることはもはやないだろう。問題は、いまここで書いたことが正しいかどうかではなく、矛盾がないかどうかである。私は矛盾しないと信じている。

自負心は序列的《ランキング》概念であるという主張は、自分が達成したことについて人びとが抱く信念というものにもとづいている。しかし、達成したものが努力の結果であるのにたいして、ある人の自負心はなんの努力も要しない特徴によって支えられることもある。たとえば、貴族階級のメンバーがもつ自負心は、自分たちが高貴な生まれであるという事実にもとづくものだろう。したがって、道徳的観点からすれば達成したものは努力に結びつけられるべきであるとしても、これは概念上の要件ではないのだ。私は、貴族階級のメンバーという存在が自負心と達成とのあいだに関連があるという考え方にとって問題となるとは考えない。なぜなら、自負心は実際の達成だけでなく、なにごとかを達成する能力への信頼にも依拠しうるからである。貴族階級のメンバーがみずからの高貴な生まれを自負心の理由であると考えるのは、彼らが自分の家系を栄光ある達成物で彩られたものであるとみなし、家系によって彼らもまた偉業のために生まれてきたことが保証されていると信じるからである。彼らの自負心は、自分たちが立派な家柄に生まれたという事実にのみもとづいているのではない。

私はずっと、自負心は序列的な特徴であるのにたいして、自尊心はそれ以外の特徴にもとづくだろうと主張してきた。しかしこれは本当だろうか。評価と尊重はいずれも自己によって自己に与えられるものである。しかし、ある人の自己性ないし個人性——ある人が自分自身の判断、自分自身の選好、自分自身の原則をもっているという事実——は、それ自体としてひとつの達成物であり、所与のものではない。ある人の自己性は、ひとつの過程——いつも成功するとはかぎらない永続的な過程——の産物である。イプセンの『ペール・ギュント』に登場する「ボタン職人」、カネッティ〔ブルガリア出身の作家、思想家〕が描いた群衆のなかの人間は、個人性をもたない動物である。もしもある人のまさに個人性が序列づけることのできる達成の結果であるとしたら、はたして自尊心は達成されたものではなく、その人の属性である特徴にもとづかせることができるのだろうか。その答えは、人を個人たらしめる能力は、必ずしもそれによって人びとが尊重されるべき特徴ではない、というものである。たとえ私たちが個人性は自尊心に必要とされる達成であるという考え方を受け入れるとしても、それは必ずしも自尊心を正当化する特徴ではない。

いずれにしても、私が示そうとしているのは、自尊心を実際に正当化している特徴は第一義的には属性としての特徴であって、達成としての特徴であるのは二義的なものでしかないということである。そのような特徴の例はある集団に帰属しているということである。帰属しているということはその集団の一員であることしか必要ではないが、その集団の設立メンバーであることはひとつの達成である。アイルランド人であることは帰属の問題であるが、善きアイルランド人であることは達成である。自尊心を正当化する特徴は二義的な意味において達成としての特徴であるだろうが、第一義的な意味では属性としての特徴であるにちがいない。善きアイルランド人は、すべてのアイルランド人がただアイルランド人であるだけで尊重に値すると信じている。さらに、彼は、たとえ善きアイルランド人だけがみずからをアイルランド人として尊重することができるとしても、すべてのアイルランド人はアイルランド人としてみずからを尊重すべきだと信じている。しかしながら、善きアイルランド人は、善きアイルランド人だけがアイルランド人としてみずからを尊重することができるという事実をもってして、善きアイルランド人ではない者を辱めることを他者に許すとは考えない。私たちの例における善きアイルランド人は、彼らが善きアイルランド人であるその善さの程度にしたがって特別な名誉に値すると信じている。善きアイルランド人の評価は序列的な評価である。しかしすべてのアイルランド人がアイルランド人であるという理由で受けるに値する基本的尊重は、平等主義的な概念である。かりに私たちの例における「アイルランド人」をどこにでもいる「人間」におきかえるならば、私が指摘しようとしている要点は明らかである。

高潔さ

もうひとつの主張は、屈辱を与える社会は、その制度が人びとの高潔さ《インテグリティ》をくじくような制度をもつ社会である、というものだろう。これは、そこに属する人びとの高潔さをそこなう社会である。したがってここで私が論じようとしている対比は、屈辱と高潔さである。自尊心と区別していえば、高潔さとは、人が真剣にとり組むべき濃密な概念である。高潔な人間とは、堕落することができない人間である。屈辱を与える社会は、高潔な人びとを脅迫して、彼らに卑しむべき妥協を強いる。たとえば、支配政党に加わることでしか子どもたちを「まっとうな」学校に通わせる資格を得られないというような場合である。また、同僚を告発する訴状に署名しないかぎり、職を守ることができないというような場合である。

私は、高潔さをそなえた人間は堕落することができない人間だと主張した。しかし、これはどのような堕落を意味しているのだろうか。それは道徳的堕落だろうか。高潔さと道徳的堕落の関係は、概念上のものだろうか、それとも連想上のものだろうか。連想的でしかなく概念的なものではない関係の例は、バスケットボールの選手であることと背が高いこととの関係である――背が高くなくてもバスケットボールの選手にはなれる。同様に、高潔さをそなえた人間は一般的には道徳的人間ではあるが、必ずしもそうであるわけではない。バルザックのヴォートラン〔『人間喜劇』に登場するお尋ね者〕のように、冷徹で計算高い犯罪者であっても、高潔さをそなえた人間はいるかもしれない。ヴォートランは市民的あるいは道徳的意味では品位のある人間ではないが、友人にたいする妥協しえない忠誠の原理をしっかりと守っている。ヴォートランはたしかに昼間にはブルジョワの体裁、夜には犯罪者という二重生活を送っているが、だからといって彼は二重の基準をもっているわけではない。考えてみれば、ジョン・ル・カレ〔イギリスのスパイ小説作家〕の小説の主人公であるスマイリーも秘密諜報員として二重生活を送っているが、彼の高潔さについては非の打ち所がない。アドルフ・アイヒマン〔ナチス・ドイツの親衛隊将校。ホロコーストの責任者のひとり〕は熱烈なナチ党員であり、けっして自分の卑劣な原則について妥協したことはなかった――彼を買収することは絶対にできなかった。対照的に、彼の協力者であったクルト・ベッヒャーは堕落しており買収できた。私たちははっきりとクルト・ベッヒャーは堕落していたと言うことができるが、アイヒマンを高潔な人間だったと言うことができるだろうか。私たちがアイヒマンを高潔な人間であったと言うのをためらうのは、なんらかの概念上の考慮が理由ではなく、ただ彼が奉じた原則が強い意味合いで邪悪な性格をもつゆえにでしかない。

しかし、こうした現象には別の解釈も可能である。アイヒマンとヴォートランの違いは、ヴォートラン自身は道徳的人間ではなかったとしても、彼が忠実であった原則は、たとえば友人にたいする忠誠といった道徳的原理であり、それによって私たちは彼を高潔な人間だと考えるのであるが、アイヒマンが奉じた原則はまったく反道徳的なものであった。それゆえ、高潔であることと道徳的であることのあいだにはなんの概念的関係もないにもかかわらず、高潔な人間が奉じる原則と、こうした原則が道徳的なものであるという事実とのあいだには関係がある。しかしながら、高潔な人間が道徳的原則に忠実であるという事実は、彼がこうした原則を奉ずることに道徳的考慮を払っているとか、こうした原則を道徳的に採用しているということを意味するわけではない。友人に忠誠を尽くすならず者は、たとえ彼の忠誠心がコーザ・ノストラ〔シチリア島発祥の犯罪組織〕の処罰にたいする恐怖にもとづくものではないとしても、道徳的考慮からそのように行為しているのではない。

以上のように、その制度が計算高い犯罪者に――たとえば、共犯者についての情報をもらすといったやり方で――高潔さを放棄させる社会は、必ずしも品位にもとる社会ではない。それはこの目的のために社会がどのような種類の手段を用いるか次第なのである。もしもある社会の犯罪者が本当に高潔な人びとであるとすれば、彼らに密告させることは、拷問のような不適切な手段の結果なのではないだろうか――拷問はその社会が品位ある社会であると考えられなくするような手段であろう――、そう疑ってみる理由はある。しかしながら、もし社会が、たとえば「囚人のジレンマ」のような状況に犯罪者をおくというような道徳的に許容できる手段によって犯罪者の高潔さをそこなうとすれば、これは屈辱とはならない。

結論的に言えば、私たちが品位ある社会をそこに暮らす人びとの高潔さをそこなわない社会であるとして規定するとすれば、あまりに狭い定義を採用することになるだろう。この定義では、犯罪者にその高潔さを放棄させるために適切な手段を用いたとしてもなお、社会から品位ある社会の資格を剝奪することになるだろう。しかし、高潔さという言葉が道徳的高潔さを意味しているのであれば、その場合にはこの定義はあまりに広すぎることになる。そこに属する人びとの道徳的高潔さを侵害するような社会秩序は、屈辱を与える社会になる。道徳的高潔さの侵害は、屈辱を与える社会であるというラベルを貼るための、必要条件ではないにしても、十分条件となるのである。

尊厳

検討されるべきもうひとつの主張は、品位ある社会はその制度がその影響力のおよぶ範囲で人びとの尊厳を傷つけることのない社会である、というものである。問題は、この主張が、品位ある社会の制度によって侵害されるべきではないのは人びとの自尊心であるという主張とどのように違うのかということである。尊厳と自尊心の違いは何だろうか。

尊厳は誇り《プライド》に似ている。誇りとは自負心の表現である。尊厳は、人間が人間存在としての自分自身にたいして感じる尊重感情の表現である。尊厳は自尊心の外的な側面を構成している。自尊心は、人間が自分は人間存在であるという事実にたいしてもつ態度である。尊厳には振る舞いとなってあらわれる傾向があり、それは、ある人が自分自身に向ける態度は自尊心という態度であるという事実を示している。尊厳とは、堂々とした態度で振る舞うという傾向であり、それはその人の自尊心を示している。ある人は尊厳をもつことなく自尊心をもつかもしれない。自尊心は消極的に示され、尊厳は積極的に示される。これが意味しているのは、自尊心は、ある人の名誉が侵害された場合に、つまり屈辱を与えられた場合に、典型的には示されるということである。そのような場合の彼の振る舞いは、自尊心のあらわれである。対照的に、尊厳のある人はみずからの自尊心を積極的行動をつうじて示すが、それは挑発への対応ではない。このようにして彼女は、みずからの自尊心を奪おうと誰かが試みるならば、ライオンのように戦うということを知らせているのである。

屈辱と権利の侵害との関係について論じたとき、私は権利の侵害、特に人権の侵害は屈辱の典型例になりうるということを強調した。しかし、権利の侵害以外の屈辱もある。屈辱は、部分的には屈辱を与える身振りの結果であるが、その身振りは本来は権利とは無関係である。つけ加えていえば、権利の侵害は自尊心の減少を意味するのにたいして、屈辱を与える身振りは犠牲者の尊厳を傷つける。尊厳は自尊心を表現するものなのである。

もし尊厳が自尊心の外的側面であるならば、なぜそれは重要なのか。おそらく人びとの尊厳に注意を向けることは、自尊心の役割演技《ロールプレイング》の側面との関連、自尊心をもつ人間として人びとがつけている仮面との関連を意味している。これはアリストテレスの誤謬にもどることを意味していないだろうか。アリストテレスは、「度量」をそなえた人びとについて述べたところで、名誉と不名誉が重要な問題であると主張した。隣人にたいして人びとが身にまとう「外見」(「ゆっくりとした歩調、深い声、落ち着いた話し振りが度量ある人にふさわしいと考えられ、……」『ニコマコス倫理学』一一二五［第四巻第三章］)は、たんなる「名誉ゲーム」と考えられる——つまり、真面目に受けとられるべきものではない。アリストテレスは、度量あるふりをしたいと思う人びとの演出をしようとしているわけではないと、弁解するだろう。さらに彼は、人びとがいかにも度量あるようなふりをした場合に、いかにそれが滑稽なことかを詳細に述べてもいる。彼はたんに、真に度量ある人が実際にはどのように振る舞うかを述べていると考えていただけなのだ。

同じことが尊厳についてもあてはまるように思える。もし尊厳が、ある人の自尊心をその振る舞いにおいて表現するものであるとすれば、この意味での自尊心をもち合わせない人びとは、ただ自尊心があるように装うことができるだけだということになる。しかしながら、尊厳とは自尊心のあらわれ《プリゼンテーション》なのではなく、その自尊心の表象《リプリゼンテーション》なのである。

それでも、なぜ人びとの尊厳は、それを傷つけることが屈辱であると考えられるような、深刻なものとして受けとられなければならないのかと問う人がいるかもしれない。神の崇拝という概念と神聖さの概念との類比が役立つだろう。これらふたつの概念のあいだには内的関連がある。神聖さは、神の崇拝にかかわる戒律と禁止の領域である。戒律を破ることは神聖さを冒瀆することになり、それは神の栄誉を冒瀆することである。神の栄誉は寺院にあり、そこでは——世俗的ではなく宗教上の——特別な行動が要求される。パウロは新約聖書において、神聖な領域としての教会という考えを、人間の身体はひとつの教会であるという考え方に翻訳したが、その考えによれば、すべての人間存在に神の痕跡が宿っているのだ。人間の栄誉は、神の魂が住まう場所を提供する教会の栄誉である。この事実は人びとに、この教会は神の栄誉が住まわれる価値をもつ神聖な場所であるということに関心を抱かせる。人間の身体を傷つけることは教会を傷つけることであり、人間の名誉が神の栄誉に由来するものであるがゆえに、人間の名誉のみならず神の栄誉を冒瀆することを意味するのである。これと同じように、人間の尊厳とは人間の名誉の境界線を定める振る舞いなのである。

第二部　尊重の基礎

第4章　尊重を正当化する

人間のどのような側面が――もしあるとすれば――、すべての人間をただ人間であるがゆえに尊重することを正当化するのだろうか。この問いにおける「もしあるとすれば」という言葉はレトリックではない。つまり、人びとを人間であることだけを理由として尊重することにはいかなる正当性も存在せず、私たちはせいぜいのところ、人間を尊重するための懐疑的な正当化を示唆しうるにすぎないという可能性が存在するのである。

私たちは三つの類型の正当化を考察する。すなわち積極的、懐疑的、そして消極的正当化である。積極的正当化とは、すべての人びとを基本的な尊重に値するものにする、あらゆる人間存在が有する特徴（あるいは複数の特徴）を見いだそうとする試みを意味する。懐疑的正当化とは、人間を尊重する態度に先立って尊重を正当化するような特徴を見いだそうとする努力を放棄することを意味する。そのかわりに、この尊重の態度が出発点となるのであり、人間にあって尊重を引き起こすような特徴はこの態度それ自体に由来するということになる。消極的正当化とは、人間存在を尊重に値するものにするような特徴をもとめることを断念し、かわりに、なぜ人間に屈辱を与えることが誤りであるのかという問いに焦点を合わせることを意味する。

本章では人間尊重の積極的正当化について考察する。この種の正当化は、創造と啓示に信仰の基礎をおく諸宗教によってなされてきた。なぜ人間が尊重に値するのかという問いにたいしてそれらの宗教が示唆する回答は、人間が神の似姿として創造されたというものである。この回答が意味することは、すべての人間が尊重に値するのは、人間に神の栄光が反映しているおかげだということである。人間の尊重を正当化するのは、人びとがたんに人間であることではなく、神性の反映——それが人間の魂であれ、彼の外見であれ、あるいは「神の似姿」の範疇に含まれうるほかのなにかであれ——なのである。無制限かつ無条件の名誉（神の場合にそれは「栄光《グローリー》」と呼ばれる）は、ただ神のみがそれに値するものである。人間は神の栄光が反映しているものとして価値があるにすぎない。この宗教的な回答は、あらゆる人間がひとしく尊重の態度に値するのはなぜかという問いにも答えなければならない。すべての人間はそれぞれ神の似姿である。だが、人びとのあいだの差異についてはどうであろうか。無限級数をとり扱う数学者が無限級数の有限の部分のあいだの差異を無視できると考えることができるのと同様に、神性とのかかわりで人びとの差異について考える者は誰でも、そうした差異を同じように無視できると考えなくてはならないということである。

私たちはこうした宗教的な見解から人間尊重の基礎としての栄光の反映という考えを得るわけであるが、しかし栄光の反映という考えは神の栄光の反映には限定されない。私たちはしばしば「人類」のさまざまな偉業に誇りをもつことがあるが、それらは自分自身が達成したものではまったくない。つまり、「人類」が月に到達した、「人類」がポリオの予防法を発見した、「人類」が飛行機を発明した、などである。これらの偉業は実際には個々の人間の達成（たとえ宇宙飛行のように、多数の個人がそれにかかわっていたとしても）である。類としての「人間」という言葉の使用は、これら個人の達成が人類全体の達成と——たとえこれら個人の業績が分配できないとしても——考えられていることを証明している。たしかに、ニール・アームストロングが月面に降り立ったという事実から、自分もまた月面に降り立ったと私が主張するのはばかげているだろう。だが、月面着陸という栄光はすべての人びとの人間存在のあいだで分配され反映されているかもしれない。栄光の反映という考えは、何のおかげですべての人間が尊重に値するのかという問いをとり除くはずである。成されたことはすべて「人類の偉業」のリストに加えられることになり、これらすばらしいことがらを成し遂げた人が誰であれ、それらはたしかに名誉に値するものであり、ここから、この偉業の栄光は全人類のうえに降りそそぐと主張される。もしブッダ、アリストテレス、モーツァルト、シェイクスピア、ニュートンが人類の頂点を構成する人びとであるとすれば、私たちはそこに至る坂の途中にいるにすぎないとしても、彼らの栄光に参加しているのである。

しかしなぜ、さえずる鳥たちよりも人間のほうがモーツァルトの栄光の反映にふさわしいと言えるのであろうか。よくある答えは、モーツァルトと同じ姿をしているのは人間であって鳥たちではない、というものである。いったい誰が、その栄光――反映された栄光――にふさわしい姿をしているというのか。シェイクスピアは私たちすべてにとって誇りの源である。だが、「私たちのすべて」が共有しているものは何であろうか。相撲の力士、ソーホーのポン引き、ソウェト〔南アフリカ共和国ヨハネスブルク南西の旧黒人居住区域〕の物売り、そして私に共通するものとは何だろうか。つまり何によってシェイクスピアは私たちすべてに彼の栄光の反映を授ける力を与えられているのだろうか。この栄光の反映はより小さな集団に、たとえばシェイクスピアやニュートンを「生みだした《コントリビュート》」イギリス人に与えられるべきであって、ほかの集団、たとえばアルバニア人――ほかのすべての人間に栄光をもたらす力をそなえた人を誰も生みだしていないかもしれない――には与えるべきではないのではないか。

これは栄光の反映という考えにまつわる問題のひとつにすぎない。別の難点が次のような例によって示せるかもしれない。人類の高跳び記録は、跳躍者の身長からおよそ一八インチの高さであるが、ノミは自分の体長の一〇〇倍の高さを跳ぶことができる。私たちはなぜ、きわめて高く跳躍したノミによってほかのノミにも栄光が与えられたのだとして、ノミの栄光について語らないのだろうか。この跳躍に関するノミの驚くべき偉業に鑑みて、なぜ私たちは彼らを駆除しようとするかわりに彼らに跳躍訓練施設を提供しようとしないのだろうか。

私たちはふたつの相補的な困難に直面している。（一）私たちはなぜ、栄光の反映を全人類よりも狭い範囲に制限すべきでないのか。（二）私たちはなぜそれを、ノミ――私たちよりはるかに偉大なことを成し遂げる能力をもつ――のようなほかの生き物を含む、より広い範囲に拡大すべきでないのか。神の栄光の反映からノミの話に移る前に、私は、栄光の反映を人間存在に限定するための弁護論をひとつ提示したい。シェイクスピアと同じ姿をしている存在のなかでもっとも狭い範囲の自然種は人間という種、ホモ・サピエンスである。イギリス人は自然種を構成するものではない。それゆえイギリス人は、私たちが尊重される資格を与えられる原因となる個人〔シェイクスピア〕に似ているところのもっとも狭い範囲の自然種ではない。同時に、霊長類はたしかに自然な種を構成するものであるが、ほかの霊長類がさまざまな面で実際に人間存在と似ているとしても、霊長類というのもまた、もっとも狭い範囲の自然種という条件をみたすものではない。人間という種は、栄光の反映に関してはもっとも狭い範囲の自然種なのである。

だが、この第二の主張にはもうひとつの側面がある。すなわち、たとえ人間の尊重が人類という種に限定されるべきだとしても、それぞれの種がそれ自身の尊重に値するのであれば、人間にたいする尊重だけを特別なものとみなすための理由は存在しないのではないだろうか。こうした主張に私たちはどのように応答できるだろうか。ここでの適切な応答は次のようなものである。すなわち、それぞれの種はたしかにそれ自身の尊重に値するのであるが、人間への尊重は、たとえばヒョウへの尊重と同じではない。もし、ヒョウの栄光が彼らの俊足にあるのならば、私たちは彼らを狭い檻に閉じ込めないことで彼らを尊重できることになる。

これらの擁護論はすべて些末なものに見えるかもしれないが、重要な論点を提起している。なぜ自然種は、誰が人間的な尊重に値するのかという道徳的問題にとって適切なカテゴリーであるのか。自然種は経験的領域〔自然科学〕において説明力をもつひとつの集合《クラス》であり、一般化や予測を可能にするものである。しかしなぜそれが道徳的問題にとって適切なのだろうか。かりに、ほかの人びとに尊重される資格を授ける集団が成人男性の集団であり、彼らがもっとも狭い自然種を構成するという発見がなされたとするならば、私たちは尊重に値する集団に制限を加えてそこから女性を除外するであろうか。女性を「神の似姿」のクラスに含めるためには、私たちはマザー・テレサを、尊重される資格を人びとに授与する者の殿堂に列しなければならないのだろうか。だが、私たちがもっとも狭い自然種をホモ・サピエンスであると仮定しても次の問題が残る。なぜ自然種は人間への尊重という道徳的問題に有意に関連すると言えるのであろうか。そのような尊重は、なんらかの「自然な」達成というよりも、むしろ道徳的に有意ななんらかの特徴にもとづかねばならない。道徳的にというよりも自然的に重要な特徴に基礎をおく栄光の反映は、たとえそれが彼らに社会的名誉を授けることを正当化するとしても、人びとを尊重するための理由とはなりえない。

動物の尊重に関して言えば、これは明らかに擬人的な尊重の観念である。私たちはホタテ貝やサソリに特別な尊重を認めることはない。それは彼らが特別な「達成」をしていないからではなく、彼らの達成を私たちが「人間化」する術をもたないからである（冷血動物は私たちの目にはより「人間らしく」ないように映る）。私たちが名誉を与えようと感じる動物は、私たちの文化において傑出した人間の象徴となるような動物である。ワシを例にとると、それは自由や主人であることの象徴であり、ワシを檻に押し込めて飛翔する能力を制限するのはその本質を侵害することであり、それはオウムを鳥かごに入れるのとは異なる意味をもつ。動物の尊重について語るとき、私たちは本当のところは私たち自身の尊重について語っているのだ。動物園で見物人があざけるようにその真似をしているチンパンジーを尊重すべきかどうか心を悩ませるとき、実際は私たち自身の尊重について悩んでいるのである。

人間尊重の正当化という問いにたいする宗教的な応答からはじまった本節における議論の動機は栄光の反映である。このような考え方は、仲間に名誉を与えるとされる存在を何と考えるかに応じて、さまざまな、ときには奇妙なかたちをとりうる。すなわち神が人間に名誉を与える場合、優れた人間がそれ以外の人類に名誉を与える場合、そして人間が「ヒトに似た動物」に名誉を与える場合では、それぞれ異なるのである。

人間への尊重を正当化する特徴

すべての人間を尊重をもって処遇せよという要求を正当化するための候補となるようないかなる特徴も、以下の諸制限をみたすのでなければならない。

一　この特徴には程度の差があってはならない。なぜなら尊重はすべての人間に平等に与えられねばならないからである。

二　この特徴は濫用されうるようなもの——すなわち、嫌悪や軽蔑の理由を提供しうるようなもの——であってはならない。

三　この特徴は人間を尊重することに関して道徳的に有意でなければならない。

四　この特徴は尊重の人間主義的《ヒューマニスティック》な正当化を提供するものでなければならない。言いかえれば、この正当化は神的な存在に訴えることなく、もっぱら人間に関する言葉でなされねばならない。

カントは、ルソーが人間本性を尊重する仕方を教えてくれたことに感謝の言葉を述べている。これは、とある興味深い種類の動物への注目をうながしてくれたことについて、ひとりの動物学者がほかの動物学者に示す感謝のようなものではない。ルソーはカントにたいして、人間がただ人間であるそれだけの理由で内在的価値があることを示す人間の諸特徴への注目をうながした。実際にカントは人間性の諸特徴を、人間に価値を与える諸要素に分解している。

一　〔人間が〕諸目的を決定する被造物である、すなわち、事物に価値を与える被造物であること。
二　〔人間が〕自己立法の能力をもつ被造物であること。
三　〔人間が〕自己を完成させる――すなわち、徐々に偉大な卓越性《パーフェクション》を獲得する――能力をもつこと。
四　〔人間が〕道徳的行為者としての能力をもつこと。
五　〔人間が〕理性的であること。
六　〔人間が〕自然的因果性を超越する能力をもつ唯一の被造物であること。(1)

これは完全なリストではないが、人間にたいする尊重を正当化するための基礎としてカントが列挙した諸特徴が、〔先の四つの条件における〕道徳的有意性の要求（条件三）と人間主義的な要求（条件四）をみたすのは間違いない。しかしながら、これらの特徴は最初の〔四つの制限のうち〕ふたつの条件――程度の差があってはならない、濫用されうるものであってはならない――をみたさない。カントが列挙した諸特徴をどの程度そなえているかは人によって異なる。ある人が有する自己立法者としての道徳的能力はほかの人のそれと同じではない。カントのリストにおける諸特徴は程度の差を含むものであり、彼が正当化することを望んだもの、つまり人間が人間であるただそれだけの理由ですべての人間存在が平等に尊重されることを正当化しないのである。

だが、これらの特徴が程度の差を含むことよりも悩ましいのは、これらが濫用されうるという事実である。もし誰かが道徳的な生活を営む能力といったカント的特徴をそなえているにもかかわらず、明らかに不道徳な生活を送っているならば、はたしてその人には尊重が与えられるべきなのだろうか。反対に、その人が道徳的な生活を営む能力に背いているという事実があるならば、それは彼を尊重する理由であるよりも、与えられた仕事の神聖さを汚す者として彼を軽蔑し、さらには屈辱を与える理由となるのではないか。この見解にしたがえば、道徳的能力をそなえた犯罪者は尊重に値しない。というのも、彼らはみずからの人間性を――すなわち、彼らにたいする尊重の源泉としての役割をはたすと考えられるまさにその本性を——汚したからである。同様に私たちは、たとえばナチスのように、みずから邪悪な目標を設定した人びとを尊重する義務を負わない。ほかの人間を絶滅収容所に送りこむことで自分たちの目的を達成する人びとは、可能なかぎり貶められるべきである。自分自身の目的の決定者として人びとを尊重するための理由は、同時に、人びとが卑しむべき目的を選択した場合に彼らを尊重しない理由にもなる。目的を決定する能力は、それ自体またそれだけで尊重に値するものではない。それは目的が価値あるものである場合にのみ尊重に値するのである。私は、ある特徴を尊重することは、それを道徳的に肯定的なものとして評価することを意味すると考える。人はまた、人間のとある特徴を悪のために用いること——たとえばジョン・デリンジャーのようなギャングスターの勇気と大胆さ——にも強く印象づけられるかもしれない。だが、印象づけられるという言葉は、ここでは尊重の気持ちを感じることを意味しない。マーロウ〔小説『闇の奥』の登場人物〕——ジョゼフ・コンラッド〔イギリスの小説家〕が創作したすばらしい語り手——は、クルツの催眠術にかかった悪魔のような現地人たちに強い印象を受けるが、彼はクルツたちにたいして道徳的な尊重の気持ちをまったく抱いてはいない。

これらの特徴には程度の差があるので万人への平等な尊重を正当化できないという批判にたいして、カントが掲げる諸特徴のリストの精神に則って人間への尊重を正当化する者は誰でも、明快な弁護論を用意している。この弁護論の理路は次のようなものである。すなわち、ある特徴に程度の差があるとしても、人びとのなかにその特徴が存在するための閾《しきい》がある、つまりすべての人間存在にたいする基本的な尊重を保障する限界が存在すると言いうるのである。この閾を超えるものはなんであれ、特定の個人におけるその特徴の程度と強さにしたがった社会的評価の基礎となる。この限界はあらゆる人間がひとしくその資格を有するところの基本的な尊重を保障する一方で、この限界を超えるものはすべて平等主義的ではない——それはたしかにそうである。たとえば理性という特徴について考えてみよう。私たちは、ほかの動物と対比して人間を尊重することを正当化するこの閾が、ある理由にしたがって行動する能力のことだと決めることができる。この閾は、もろもろの理由にもとづいて行動する能力のあるすべての人間の尊重を保障する。これらの理由の質は人びとにたいする序列的な評価の基礎を提供すべくランクづけされるかもしれないが、この序列は基本的な人間の尊重という論点からは分離されなければならない。

このような議論の展開は、もしも、尊重を正当化する特徴がすべての人間のなかにプラスの程度差として存在しており、ただ各人にそれを十分に保障することだけが問題であるのならば、納得できるものである。だが先に指摘したように、このカント的な諸特徴は濫用されるおそれもある。したがって、この能力の存在は否定的な評価をしりぞけるための保証とはならないのである。

先のカント的な諸特徴は、人間の尊重を正当化するかもしれない諸特徴のすべての含意を網羅しているわけではない。ここからたとえばバーナード・ウィリアムズ〔イギリスの哲学者〕は次のような興味深い提案をおこなっている。すなわち、すべての人間存在は彼自身の観点をもつのであり、それはほかの人間の観点によってとり換えがきかないがゆえに比類《ユニーク》ない価値を有する。(2) 問題は、ある観点がなぜ、指紋――これもまた各人に独特《ユニーク》のものである――よりも大切であり、かつ道徳的に有意であるのかということである。だが、かりにこの問題にたいする答えが見つかるとしても、否定的な観点が存在しないかどうかという問題が依然として残っている。イアーゴ〔シェイクスピア『オセロー』の登場人物〕の邪悪な観点のなかに、基本的な尊重に値するものがなにかあるだろうか。彼の観点はそうした悪意あるものなのだから、それは彼にたいする侮辱を正当化するのではなかろうか。たとえイアーゴの観点が人間の本性について私たちに非常に多くのことを教えてくれると認めたとしても、その教育的価値は純粋に手段的であって内在的な価値を提供しないのである。私たちが学ぶもののすべてに内在的価値があるわけではない。どう考えてみても、たとえ双子にたいするヨーゼフ・メンゲレ〔アウシュヴィッツで人体実験をおこなった医師〕の恐ろしい実験が人間の耐性について私たちになにごとかを教えてくれるとしても、それが実験の極悪さを弱めることにはならないであろう。邪悪な情報源からの情報は、たとえそれが教育的でありうるとしても、内在的価値をもちえない。たとえイアーゴやリチャード三世の観点が保存に値するものであるとしても、基本的な尊重ゆえにそれらの保存を正当化するという意味ではないのである。

もうひとつの問題は、観点の独特さが基本的な尊重を正当化するという考えが、道徳的有意性という条件をみたさないことである。数多くの観点をもつということは、人間的経験における多様性――それは人間の本性について私たちになにごとかを教えてくれる――の源泉のひとつとして人間的見地から重要である。それゆえ、観点の多様性を維持することは星々やはるかかなたの銀河系の観測所を複数維持することよりもおそらく重要である。このことはしかし、それらの観点の保持者が星々を観察するための強力な望遠鏡よりも尊重に値するということを含意するものではない。

内在的価値による制約

私たちは依然として人間尊重を正当化する特徴を探しもとめている。カントはそうした特徴――すなわち、すべての人間存在に内在的な価値を認めることを正当化すべき特徴――の選択における追加的な制約について述べている。だが、そうした特徴によって正当化されると考えられている当の内在的価値とは何であろうか。

使用価値と交換価値の区別は少なくともアダム・スミスにさかのぼる。使用価値とは、人間的目的の達成に際して、ある物から得られる便益の価値のことである。交換価値とはその物がもつ力、その物を得るためにほかの人びとがほかの価値ある物を手放す気持ちにさせる力のことである。交換価値の別名は価格である。使用価値と価格との区別の背後にある考えは次のようなものである。すなわち、使用価値はその物にたいする人びとの主観的な評価だけに依存するのではないし、もっぱらそれに左右されるのですらない。使用価値はむしろ人間の諸目的の達成にたいするその物の客観的な貢献にもとづく。たとえばダイヤモンドはその希少性ゆえにきわめて高い交換価値を有するが、その使用価値は交換価値よりはるかに低いのである。

ある物の交換価値というのは、その名前が示すとおり、その物がとり換え可能であるという考えにもとづいている。だが、使用価値もまた代替の可能性にもとづいている。というのも、ある物の使用価値は人間の諸目的のための道具としてそれがもつ価値のことだからである。道具は常にとり換えることができる。場合によってはとり換えが、私たちが望む目的を達成するのに効果的でないこともあるかもしれないが、とり換え自体は依然として可能である。

内在的価値はこれとは対照的に、価値あるものはとり換えがきかないという考えにもとづく。神は、ヨブが失った財産の埋め合わせをすることができるかもしれない。だが神が、死んだ子どもたちの二倍の数の子どもをヨブに与えたとき、これは埋め合わせやとり換えとなるものではありえない。ヨブの子どもたちは内在的価値をもっていた。神でさえも、ヨブに新しい子どもを与えることでは元どおりにできないのである。

カントの中心的な主張は、すべての人間が内在的価値をもつということである。この主張は、とり換えの観点から人びとを判断することを許容できる状況がまったく存在しないことを意味するのではなく、いくつかの文脈においてはそうすることが受け入れられないことを意味するにすぎない。したがってカントにしたがうならば、人びとの尊重を正当化する特徴にたいする主要な制約は、この特徴によって人間の内在的価値——交換価値でないのはもちろん、使用価値でもない——の承認も正当化されなければならない、というものである。

よく知られた多様な形態の功利主義はこれを受け入れない。彼らが否定するのは、〈人びとをその人間性のゆえに尊重に値するものとする特徴は、同時に、人びとのとり換えがきかない状況が存在するという条件規定を正当化するような特徴でもあらねばならない〉という命題である。功利主義はこの要求が人間尊重の構成要素であることを否定する。この見方によれば、内在的価値という概念を道徳に適用することはできないのであり、それは、あるなにかが私たちにとって非常に重要でありそれゆえとり換えがきかないと言うための、ひとつのレトリックの道具にすぎないのである。これら代替不可能性のすべてが意味するところは、普通の状況においては、私たちにとってそれほどに重要なものを取引することを私たちは拒むであろう、ということである。だが、恐ろしい人間的状況においてはどこでも、それを回避するためにまだましな悪（the lesser evil）を選ぶことを――たとえこの選択が（ウィリアム・スタイロン〔アメリカの作家〕の小説における）ソフィーの選択と同じぐらい狂気にみちたものであるとしても――正当化するようなさらに悪い状況がつきものである。そうした状況において選択を避けることは道徳的な臆病さであり、人びとの「内在的価値」の承認のあらわれではないと功利主義者は言う。内在的な価値の正当化はこのような選択をいっさい認めない。その主張はこうである。すなわち、人びとのとり換えを議論する必要のあるなんらかの状況において、人はそれに賛成であるとか反対であるとか論じてはならない。というのも、その決定に命運が託されている人びとには値札はつけられないし、一方を他方とおき換えるという観点からは――たとえ一方がひとりであり、そのひき換えとなる「他方」には多くの人びとが含まれているとしても――評価できない内在的価値をもつからである、と。

カントによる正当化の諸特徴は、内在的価値という制約を実際に守っているのであろうか。たとえば理性という特徴を見てみよう。その「もっとも純粋な」あらわれにおいて、つまり天使たちにおいて、あらゆる個性は消滅する。ガブリエルがミカエルにとり換えられたとしてもそれは悲劇ではない。この直観は次のようなアリストテレス的な言葉で定式化することができる。すなわち、人間の個性は、ある人とほかの人を区別する質量によって決定されるが、他方で人びとの理性の形式は人間の多くに共有されている。ここから人間の理性は、同じ（理性の）形式を共有する者同士のとり換えを許容するということになる。この意味で、ウィリアムズの言う視点の唯一性《ユニークネス》は、カント的な諸特徴よりも代替不可能性の要求によく適合する特徴である。

私は、人間への尊重を正当化する諸特徴にたいする制約のリストにカント的な内在的価値の制約――つまり、内在的価値を与える特徴だけが人びとを人間として尊重することを正当化するのであり、他方で手段的価値をもつ諸特徴はこの種の正当化を可能にするものではありえないという主張――を含めていない。尊重を正当化する諸特徴にたいしてこの要求を課すならば、代替不可能性という制約はそうした特徴の探究の幅を相当に狭めることになるだろう。

正当化する特徴としての根源的な自由

さて、人びとを尊重することを正当化する特徴または諸特徴の探究を続けることにしよう。私たちはこれまで、能力に関する特徴と達成に関する特徴との区別をしてこなかった。能力的な特徴とは、望ましい目的を達成するための人間の潜在能力のことである。他方で達成的な特徴とは、そこにおいて人間のある能力が役立てられるような特徴のことである。能力的な特徴と達成的な特徴はいずれも序列化される特徴でありうる。達成は人びとに平等に分配されるわけではないし、諸能力の分配も平等ではない。

人間尊重を正当化するために私がここで提示したいと思う特徴は、ある能力にもとづくものである。その能力とは、その時々において人が自分の生活を再検討すると同時に、それを契機として自分の生活を変化させる能力である。ここで関係するのは、人間が自分の罪を――概念の世俗的な意味において――後悔する能力、つまり自分の邪悪なやり方を放棄する能力である。私が主張したいのは、この能力を人間はもつということである。たとえ人びとのあいだで自分を変える能力に顕著な違いがあるとしても、まさにこの変化の可能性があるがゆえに、彼らは尊重に値するのである。最悪の犯罪者でさえも基本的な尊重に値する。彼らが過去の人生を根本から再検討し、もし機会が与えられるならば、残りの人生を価値ある仕方で生きるかもしれない、その可能性ゆえに彼らは尊重に値するのである。私たちはここでは、なにかの達成によって人びとが受ける名誉について語っているのではない。変化の可能性にもとづいて尊重を与えることは、人びとが過去になしたことよりも、むしろ将来においてなしうることに向けられている。人びとは将来において自分の生き方を変えるべきその力の程度に応じて尊重に値するのではなく、変えられるかもしれないというまさにその可能性によって尊重に値するのである。ここから、人間の尊重とは、どんな人も見放さないことを意味することになる。というのも、あらゆる人間は、それまでの自分の生き方とは劇的に違ったかたちで生きてゆく能力をもつからである。

まさしくカントは人間について、自然の因果の網の目から自由であるがゆえに尊重に値するものとして語っている。だがカントは「経験的人間」について語ったのではなかった。これにたいして、真に根源的に自由である人が尊重に値するというのがここでの主張である。根源的な自由が意味するのは、ある人の過去の行為、性格、環境は、その人の将来の行為にたいする一連の制約を構成するけれども、それにもかかわらず、それらは将来の行為を決定づけるものではないということである。人はみな、過去とは切り離されたかたちで将来を生きる能力がある。ここで人が尊重に値するということはまさに次のような事実にもとづいている。すなわち、かりに「自然」が、ある人の行動を決定づける一連の性格上の特徴を意味するとすれば、人は自然をもたないということである。動物は自然をもつが、人間はそうではない。

言語の意味という概念と人生の意味という概念のあいだには深い意味において類似性《アナロジー》が存在する。言語の意味というのは、ある言葉の過去における一連の用法が将来におけるその用法を決定づけない可能性を容認するものである。言葉の用法はあらかじめ敷かれた線路のようなものではないし、機関車がそこから脱線する可能性だけを心配していれば良いというようなものでもない。同じことが人生の意味にもあてはまる。つまり、ある人の過去の行為の総体はその人の将来の行為の道筋を決定づけることができないだけでなく、ある人が過去の自分の行為に与える解釈さえも、いついかなるときにも再評価されうるということである。それまでの進路が新しい進路よりも楽なものである場合でさえ、人生という機関車は運転手の意志によって進路を変更することができるのである。

自分の人生を熟考する機会が与えられたにもかかわらず、みずから自由に選択した自分の悪しき人生を肯定する邪悪な人について、私たちは何を言うべきであろうか。このことは私たちの第二の基準である〈尊重を正当化する特徴は濫用されうるものであるべきではない〉に違反することになるだろうか。ニコラエ・チャウシェスク〔ルーマニアの大統領、共産党書記長〕は、あたかも自国を発展させる愛国者であるかのように振る舞った。彼が自由に選択したという事実になにか価値があるだろうか。アイヒマンはイェルサレムでの裁判ののち、ナチ党員としての彼の人生が彼自身の選択によるものであることを認めた。たんなる選択の可能性ではなく、ある人の選択の内容が尊重の源泉であるべきではないのか。私が挙げたこれらふたりの悪人、チャウシェスクとアイヒマンは悪党として人生を送り、そして死んだ。彼らの最期は彼らの人生の罪を償うものではなかった。だがこれまで強調してきたように、私がここで語っている尊重は過去の業績にたいするものではないし、またそれは将来において変化する能力の程度をよりどころとしない。この尊重の源泉は、未来は選択に開かれているという事実にある。人びとを尊重するということは、未来は選択に開かれており、人びとは行為または過去の再検討を通じて自分の人生をより良いものに変えられるという考えを保持することである。

根源的な自由による人間尊重の正当化というこの提案にまつわる問題として、人間存在が根源的な意味において本当に自由であるかどうかという問いがあることは明らかである。B・F・スキナー〔アメリカの心理学者〕が、尊厳の概念と自由の概念を——彼の見方においては尊厳の概念のために必要な自由の概念を弁証できない点を除いて——結びつけているのは正しい。彼の見解では、自由と自由の欠如の違いは、隠れた条件づけと明示的な条件づけの違いである。前者の場合は外部の観察者が刺激と反応の連関を見ることは比較的困難であるが、しかしいずれの場合も人間の反応は条件づけによってコントロールされている。刺激によるコントロールからの解放としての尊厳の感覚は、スキナーの見方においては、ひとつの幻想である。人がなしうるのはせいぜい、否定的で嫌悪すべき刺激を明示的で肯定的な刺激におき換える努力でしかない。これは『一九八四年』〔ジョージ・オーウェルの小説〕のディストピアと『心理学的ユートピア』〔スキナーの書いたユートピア小説。原題 *Walden II*〕のユートピアのあいだにある唯一の相違である。

スキナーの見解では、尊厳は幻想的な観念であり、それゆえこの幻想のうえに社会理論を基礎づけることは危険である。そのかわり、望ましい社会は肯定的な条件づけにもとづくものでなければならない。自由な人間と奴隷の違いは、彼らを動かす刺激の性質の相違にある。つまり前者は価値ある刺激を享受し、後者は罰すべき刺激をこうむっている。罪深い人生を送ってきた人間が「生まれ変わる」のは、自由な選択行為の結果ではなく、条件づけの結果なのである。アルベルト・シュペーア〔ナチスの建築家〕が彼のあやまちを後悔することと、『時計仕掛けのオレンジ』〔イギリスの小説家アンソニー・バージェスによる小説〕のアレックスが巧妙な装置により冷酷な条件づけを経験することのあいだには原理上はなんの違いもない。両者の違いは、シュペーアの場合はその刺激を明示的に見ることができない一方で、アレックスの場合には見ることができるという事実にある。しかしこれが唯一の違いである。ある人の将来の行動が根本的に変化する可能性は条件づけにあるのであって選択にあるのではない。かくして選択は人間の尊厳の正当化には役に立ちえない、というわけである。

人間存在としてのすべての人間にたいする尊重を正当化するものとして私がここで提示している特徴——原理上、自分の人生を変える能力——は、人間が実際にこの能力をもつかどうかという問いに依存している。だが次のように言うこともできる。人間尊重を正当化することの探究の全体は、人間が選択能力をもつことを前提としている。というのも、賞賛と非難にかかわる種類の正当化は人びとが別様に行為しうることを前提としているからである。したがって、もし人びとが尊重を正当化するのに必要な自由を有していると想定している点で私が間違っているとすれば、私の誤りは正当化する特徴の選択のみならず、道徳の領域においてそもそもなにかを正当化することの可能性自体にかかわることになる。

後悔する能力を基礎として人間への尊重を正当化することにはさらに深刻な批判が存在する。すなわち、この正当化は、〈悪のために用いられうる能力にたいして尊重が与えられてはならない〉という要求をみたしていないという批判である。だが、もしこの正当化する特徴が後悔のプロセスのなかで自分の人生を根本から変えるための能力——すなわち、自由に行為する人間の能力——であるとすれば、これは悪から善に変わる能力であるのみならず、同時に善から悪に変わる能力でもあることになる。トルストイが描いた神父セルギーは、人が生涯においてこの両方の方向に変化する可能性を例示している。良い方向に変化する能力という一面のみに注目することは、人間への尊重を正当化する特徴を発見しようとして、そこに潜在する悪しき結果を無視してきた人びとが犯す重大な間違いである。

後悔する能力を人間尊重を正当化する特徴とみなすことにたいするこの批判には、かなりの真実が含まれている。だが、この特徴には、ほかのカント的な諸特徴——道徳的生活への適合性という特徴を含む——から区別されるなにかが含まれている。後悔の能力はそれ自体、人間の尊重という論点がもっとも鋭く立ちあらわれる文脈に——すなわち、人間が悪しき人生を送る場合に——直接向けられている。ここでの問題は、なぜ悪人でさえも尊重に値するのかというものである。

まず、道徳的生活を送り、明らかにそれが理由で尊重されうる人という簡単なケースを考えてみよう。そうすると、彼女が道徳的な生活をやめ、かわりに悪しき生き方を選ぶ能力をもつ、という理由だけで彼女を尊重するのをやめるのは奇妙である。道徳的な生活を送っている人は、潜在的な能力よりもむしろ、すでに達成したことによって尊重に値するのである。ある人が道徳的生活を送ることに成功している場合、その人に有利となるひとつの仮定が生じる。すなわち、その逆が真実であることが明らかにならないかぎり、彼女が道徳的な生活を続けるであろうという仮定である。そのような仮定は、実際に道徳的生活を送ることで得られるものである。それは、道徳的生活を送る能力というカント的な特徴のような生まれながらに存在する仮定ではなく、むしろ努力をつうじて人が獲得するひとつの仮定である。

さて他方、悪しき生活を送り、この不幸な生き方を続ける可能性が非常に高い悪人についてはどうであろうか。

可能性を仮定と混同してはならない。たとえ彼女がそのように生き続ける可能性が高いとしても、この可能性は仮定におき換えてはならない。なぜなら悪人は変化し後悔する能力を原理上はもつからである。この能力は次のことを暗示している。すなわち、彼女は、けっして「見放される」べきでないひとりの人間存在として基本的な尊重に値する。なぜなら、たとえわずかであっても、彼女が後悔する可能性は存在しているからである。

かくして一方において、道徳的生活を送る人間の能力は、それが将来にわたって道徳的生活を送るであろうと仮定することを許すような、すでに獲得された能力であるという点で尊重に値するが、他方において、尊重は人間がみずからの生活を変える能力があるという仮定にもとづくべきだということになる。

第5章　懐疑的な応答

人びとを人間として尊重することを正当化しうるようなひとつの特徴の発見という問題にたいする懐疑的な応答は、そのような特徴は存在しないのではないかという懐疑論からもたらされる。懐疑的な応答はニヒリズム的な応答ではない。ニヒリズム的な応答は次のように主張する。すなわち、尊重を正当化する特徴が存在しないということは、人びとがなんの価値も有していないのだから尊重されるべきでないことを含意している、と。懐疑的応答はこれとは対照的に、私たちの生活のあり方においては、人びとは人間が尊重に値すると信じている、という事実に依拠する。懐疑論者はこの事実を、ほかのいかなる人間の特徴にもまして、人びとを人間として尊重することを最終的に正当化するものとみなす。懐疑的応答においては、人びとを尊重する態度が、人間をこうした尊重に値するものにしうるあらゆる特徴に優越するのである。

ここでひとつの類比を用いるのがよいかもしれない。ここに古い、時代遅れの経済理論があるとする。それは、魅力的で有用な財やサービスを（貨幣として知られている）紙切れ——それが紙として有する価値は、人びとがそれら財やサービスを手放すことを正当化しない——と交換することを人びとが望んでいるという、困惑すべき事実の説明を試みている。このありふれた、しかし奇妙な習慣にたいする説明は、かつては次のような議論によっていた。すなわち、紙幣が価値をもつのはそれが金《ゴールド》に裏づけられているからである。つまり、人は必要なときにいつでも紙幣と交換で金を要求できる。紙幣とは、必要に応じて金と交換する旨を定めて発行者から振り出された約束手形にすぎない。たしかにこの説明は歴史的な事実にもとづいている。だが、貨幣の価値はその貨幣が実際に有している裏づけの効果ではない。それはむしろ、人びとがすすんで貨幣を受けとるという事実から帰結するものである。ここから、貨幣がもつ価値は、人びとが貨幣に与える価値であることになる。つまり貨幣の価値は、人びとがそれをすすんで受けとることとは別の、貨幣自体に内在するなんらかの特性にもとづくわけではない。

懐疑的応答によれば、人間の価値はこれと似たやり方でとらえられる。ある人間が価値をもつのはほかの人びとが彼らを評価するからであって、この評価に先立ってこれを正当化するなんらかの特徴によるのではない。なぜならば、私たちの生活様式においては現に人間に価値が賦与されているのであり、その結果、人間であることの特徴――それが尊重を正当化すると考えられている――は、実際には、人間を評価する私たちの態度に依存しているのである。懐疑的応答は正当化の関係を逆転させる。つまり、人びとを人間として尊重する態度を正当化するのはなんらかの人間の特徴ではなく、人間存在にたいする尊重の態度なのであり、それが人間を人間たらしめる特徴に価値を与えるのである。

この懐疑論的な提案にたいする直接的な批判は次のようなものである。すなわち、もし「私たちの」生活様式のなかに、人びとを人間として尊重する基本的態度が実際に含まれているならば、これは人間が神に似せてつくられたと考える宗教的な見解の名残りである。この宗教的な見解では、すべての人間存在はアダムの末裔として尊重される。だが、たとえこの主張が、啓示宗教の影響を受けた社会において人間への尊重の態度がどのように生まれたのかについての正しい描写であるとしても、このことは、私たちが今日において人びとを尊重する理由が、「〔人間が〕神に似せてつくられた」という主張であることを意味しない。人びとが紙幣をすすんで受けとるひとつの理由が、過去においてこれらの紙幣が、その所持者が要求すればいつでも相当量の金を得られる約束手形の役目をはたしていたという歴史的事実にあることは間違いない。大部分の経済圏で金本位制が放棄された後でさえ、多くの人は紙幣がまだこの特徴をそなえていると信じていた。だが、こうした事実が、人びとが紙幣をすすんで受けとることに関する歴史的な説明を提供するとしても、それはこれらの紙幣の現在の価値を理由づけるものではない。というのは、現在の紙幣の価値は、人びとが紙幣をすすんで受けとることだけに依拠しているのであって、それ以外のことには依拠していないからである。同様に、人間への尊重があらわれてくる歴史的コンテクストは、その正当性を支えるコンテクストではない。

もうひとつの、より的を射た批判は次のようなものである。すなわち、もし「私たちの」生活様式が実際に人間への尊重を保護するものであるならば、私たちの生活様式にもとづくすべての社会は屈辱を排除しており、そして定義からしてそれらは品位ある社会である。それゆえ、品位ある社会を定位するために人間尊重の根拠という問題を探究する必要はない。そうした社会はすでに存在しているからである。正当化の必要が生じるのは、そこになんらかの問題があるときだけである。もし、品位ある社会がすでに存在しているのがほぼ既定のことであれば、なにかを正当化する必要はないのである。私たちが実際にその必要を感じるのは次の理由による。すべての社会ではないにせよ、多くの社会は品位ある社会ではなく、私たちと生活様式を共有していると言われてきた社会においてさえ、人間の尊厳が踏みにじられている。そうであるとすれば、私たちの生活様式に存在するとされる態度——人間への尊重を保護するとされる態度——のうちに、尊重の根拠をもとめるのは不可能である。

いずれにせよこの批判によれば、人間への尊重を正当化する必要はないことになる。もし懐疑的応答が正しいとすれば、そもそも正当化というものが必要とされない。なぜならこの応答は、正当化を必要としないような品位ある社会が存在することを前提としているからである。だが、もし人びとが実際に人間として尊重されていないがゆえに懐疑的な応答が成立しないのであれば、ここで提出された正当化論も役に立たない——それは懐疑的正当化論だとしても空虚であるから。いずれにせよ、懐疑的正当化論は的はずれである。

この最後の批判を解決する方法は、人びとを尊重をもって遇するという行為と、尊重の観念自体との区別に関係している。たとえばある社会は、そのもとで暮らす人びとの具体的なとり扱いにおいては屈辱をともなっているかもしれないが、それと同時に、人間としてすべての人びとに認められるべき尊重に関して明確な観念をもち合わせているかもしれない。そのような社会の偽善――人間の尊厳に関して彼らが言うこととおこなうこととのあいだにあるギャップに内在する――は、彼らが人間の尊厳という観念とその尊重の必要を認識していることの良い証左である。人間尊重の正当化という問題にたいする懐疑的応答に必要なものは、実際に人びとを尊重をもって遇するという強い要求ではなく、ただ、尊重の一般的な理念――すなわち、この種の原理上の立場ないしアプローチ――だけである。さらに言えば、意図的な屈辱――制度によるものであれ、個人によるものであれ――が存在する社会は、屈辱を与える者とその犠牲者の双方に人間の尊厳という観念が共有されているという想定にもとづいている。さもなければ屈辱を与えるという行為は意味をなさない。

懐疑的応答に関するさらなる悩ましい批判については別個の議論が必要である。その論旨は次のようなものである。すなわち、現に存在する（つまり理由づけの必要をともなわない）なんらかの態度にもとづいた尊重の正当化は、「優れた」人種のメンバーだけを尊重して「劣った」人種のメンバーに屈辱を与えるようなレイシストの態度を正当化するものとして容易に機能しうる、というものである。

レイシズム的応答としての懐疑的応答

懐疑的応答によれば、人びとを価値あるものとして尊重することを正当化するのは、私たちがすべての人間を尊重する態度をもっているという事実である。だが、この尊重の態度がすべての人間存在にたいするものではなく限定的であったというのが事実であるならば――たとえば、もしギリシア人がギリシア人だけを尊重して異邦人《バルバロイ》を尊重せず、ユダヤ人がユダヤ人だけを尊重して異教徒を尊重せず、ドイツ人がアーリア人だけを尊重してユダヤ人を尊重せず、白人が白人だけを尊重して黒人を尊重しなかったとすれば――そうしたコミュニティでは、それぞれのメンバーだけを尊重してよそ者を尊重しない態度に関して懐疑的正当化が成り立つであろう。よそ者が尊重に値しないのは、彼らが尊重されてこなかったという事実によるのである。この議論はふたつの問題を提起する。すなわち、（一）なぜ一部ではなくすべての人びとが尊重されるべきなのか、（二）私たちはなぜ、人間に与えるのと同じ尊重をほかの生き物、たとえばノミに与えず、それを人間だけにとどめておくのだろうか。

このレイシズム的応答——「人間の尊厳」を、全部ではなく一部の人間存在だけに認める解答——を考える際には、特徴によるレイシズム（trait-racism）と態度によるレイシズム（attitude-racism）を区別することが重要である。特徴によるレイシズムとは、自分自身の（広い意味における）人種のメンバーだけになんらかの特徴——その特徴を有する被造物だけが基本的な尊重に値するのであり、それを欠く者は普通の人間以下の人間《サブヒューマン》であって、そうした尊重にふさわしくないと考えられる——を認める見解である。一般的には、特徴によるレイシズムは人間の尊厳に関する懐疑的正当化の問題を構成するものではない。なぜならば、彼らが自分たち自身の人種の特徴であり、ほかの人種にはそれがないとするものは、経験的に誤った人種理論にもとづいているか、または道徳的な有意性を欠いているからである。したがって特徴によるレイシズムは懐疑的なレイシズムではない。

特徴によるレイシストが示すハード・ケース——必ずしも経験的な誤りにもとづくわけではない——は、知的障碍者の場合である。この場合の特徴によるレイシストの誤りは経験的であるよりもむしろ道徳的である。だが、知的障碍者のケースは、合理性や道徳的能力などといったカント的な正当化の諸特徴に則って人間を尊重する態度に依拠すべきでない重大な理由を構成するように私には思われる。また、このケースは懐疑的正当化を好ましいものとみなすひとつの重要な議論を提供するものでもある。

特徴によるレイシストはしばしば知的障碍者から議論をはじめて、ほかの人種のメンバーに関する議論に移る。ユダヤ人やジプシーにたいする「最終的解決」に先立っておこなわれたのは「安楽死作戦」であり、そこでは知的障碍者たちが最初にガス室で殺害された。絶滅収容所で用いられた方法は、最初は知的障碍者たちを絶滅させるために考案されたのである。

態度によるレイシズムを採用しているグループは私の知るかぎり存在しないが、概念上は可能なひとつの立場である。態度によるレイシストはこう言う。「あなたがた普遍主義者はすべての人間がなんらかの理由で尊重に値すると信じているわけだが、私は、自分の集団のメンバーだけがその尊重に値する理由を説明できない。けれども、私の集団においてメンバーだけに尊重の態度を示すというのはひとつの事実であって、人間と呼ばれるほかの被造物にたいする私たちの態度は、あなたがたがペットに接するときの態度と異なるものではない。そして〈これが私たちの態度である〉というのがひとつの事実であるがゆえに、このことは、自分の集団のメンバーだけを尊重してほかを尊重しないことの懐疑的正当化を構成する。私たちのメンバーでない人はすべて価値がない、なぜなら私たちはかれらに価値を認めないからである。私は、『人間の価値』をすべての人びとに認めるあなたがたのインフレ的態度が、自分の集団のメンバーだけに尊重を限定する私たちの生活様式のデフレ的態度と比べてどのような利点があるのか理解できない」と。この、態度によるレイシストは以下の主張をつけ加えるかもしれない。すなわち、レイシズムのおなじみの形式は特徴によるレイシズムであるが、これはまったく成功しない合理化——レイシズムの態度をいわゆる客観的な特徴と結びつける試み——である。正直なレイシストであれば、自分たちの限定的な尊重の態度は自分たち自身の生活様式に現に存在する態度である、という主張によって自分のレイシズムを——そのような軽蔑的なレッテルを貼らなくとも——正当化できるかもしれない。この態度は、尊重の対象を自分たちの集団のメンバーに限定することの正当化を構成する、と。

レイシズムに反論するひとつの方法は、次のように主張することである。すなわち、現存するタイプのレイシズムはすべて特徴によるレイシズムであるので、レイシズム理論でさえ、すべての人びとがその資格をもつ人間の尊厳というものを肯定するひとつの仮定を有していることになる。レイシストはこの仮定を退けようとして、ほかの人種のメンバーの人間の尊厳を否定するために、彼らの欠陥と思われるものについて貧弱な弁明をおこなう。だが特徴によるレイシズムは唯一現存するレイシズムであるので、私たちは態度によるレイシズムを現実には無視してよいだろう。その重要性は純粋に概念的なものである。同時に、態度によるレイシズムは、すべての人間存在を人間として尊重することの懐疑的正当化にたいして実際上の問題を提示するものでもある。態度によるレイシズムが提起するこの概念上の問題は、レイシズムをこのやり方で正当化した者が歴史上誰もいないという議論によって払いのけることはできない。

人間の尊重にたいする懐疑的正当化――すべての人間存在への尊重を認めることを正当化するための有意な特徴を発見することをあきらめ、人びとを尊重するのは私たちの生活様式の一部だという事実で間に合わせる――は、次のような補足的な側面を有する。すなわち、どのような集団に属するかにかかわらず人びとを尊重するというのは、私たちの道徳的判断にもっともよく合致する態度であること、言いかえると、整合性に関する考察が考慮される場合には、現存する尊重の態度にもとづく正当化はまた最善の正当化でもあると私たちは感じていることである。レイシストの態度は人間の尊厳を人間存在のなかのある下位集団に制限するものであるが、こうした態度は私たちがおこなうほかの道徳的諸判断と整合的ではない。「私たちの道徳的判断」という表現における一人称複数は、私たちの生活様式に属するすべての人を含む。私が話しているのはいくつかの道徳理論との整合性のことではなく、私たちの生活様式における諸判断との整合性である。これらの判断は必ずしもすべて互いに整合的ではないが、すべての人間は尊重に値するという仮定は、ほかのいかなる選択肢よりもこれとよく調和する。

整合性の観点からの正当化はレイシストの見方に反対する場合だけでなく、人間存在に帰せられる尊重の態度をすべての生き物を含むところまで拡張する考えに反対する場合にもあてはまる。私たちは、私たちが動物に向ける態度とは異なった態度をとる生活様式を想像することができる。たとえば、ウォルト・ホイットマン〔アメリカの詩人〕の描写に表現された以下の態度がある。

かれらはおのれの境遇のことであくせくせず、泣きごとも言わず、
闇のなかで眠れぬままにおのれの罪を泣くこともせず、
神へのつとめを論じたててぼくをうんざりさせることもない、
一頭たりとも不満をいだかず、一頭たりとも物欲ゆえに気のふれる者はなく、
一頭たりとも他者に跪《ひざまず》く者はなく、幾千年をへだてた父祖にも跪く者もない。(1)

だが、ホイットマンが――私たち人間にたいする少なからぬ批判と共に――動物たちに帰した無比の特徴を動物たちが所有しているとは考えないとしても、私たちは依然として、私たち自身のものとは異なる生活様式が、すべての、あるいは一部の生き物への尊重の輪のなかに包摂されうる様子を想像することができる。したがって問題は、基本的な尊重を認める対象をなぜ人間だけにとどめるのかということである。ここでも懐疑的な回答はこうであるにちがいない。すなわち、尊重の対象を人間存在に限定することは、この態度を生き物一般に拡張することよりも、私たちの生活様式における道徳的判断の総体とよく整合するがゆえに正当化されるという回答である。このことは、動物にたいする私たちの態度を改善する喫緊の必要を否定するものではない。しかしながら、この態度における問題は屈辱ではなく残酷さであり、その解決は動物の苦痛を考慮することである。これにたいして私たちの生活様式においては、ほかの人びとにたいする私たちの関係における主要な問題は屈辱であり、その解決は尊重である。尊重の態度をすべての生き物に拡張することを説くような、私たちとは異なる生活様式を有する社会にたいして、私たちは「尊重と懐疑」の態度をとらなくてはならない。そうした社会は、人間を尊重することについて必ずしも特に優れた業績を残しているというわけではないのである。

人間の尊厳の消極的正当化

人間の尊厳の消極的正当化とは、人びとへの尊重を正当化する理由の提供を熱望することではなく、ただ人びとに屈辱を与えないことの正当化理由を希求することを意味する。ある意味では、これこそ私たちが品位ある社会の概念を明らかにするために必要なことのすべてである。というのも、品位ある社会は、人間の尊厳を守護する社会として積極的に定義されるよりも、むしろ屈辱を与えない社会として消極的に定義されてきたからである。

消極的正当化は懐疑的正当化と同じではない。むしろ、消極的正当化は次のような事実にもとづくものである。すなわち、人間存在は身体的に苦痛をともなう行為のみならず、象徴的な意味をともなう行為の結果として、痛みや苦しみを感じる能力のある存在であるという事実である。エルンスト・カッシーラー〔ドイツの哲学者。精神史家〕の言葉によれば、人間は象徴的動物――すなわち、象徴〔の網の目〕のなかに生きる動物――である。身体的な苦しみに加えて象徴にもとづいて苦悩するこの人間の能力は、屈辱を与えないことを正当化する人間の特徴のひとつである。その議論の全体は以下のとおりである。残酷さは究極的な悪である。残酷さの回避は至上の道徳的命令である。屈辱は、残酷さを苦痛の身体的領域から心理的領域へと拡張したものである。屈辱は精神的な残酷さである。品位ある社会はその諸制度において身体的な残酷さの根絶のみならず、これらの制度が引き起こす精神的な残酷さの除去にも責任を負わねばならない。

精神的な残酷さに耐える能力は、身体的な痛みをこらえる能力と同じように、人間のあいだで均等に配分されているわけではない。なかには屈辱への感受性が高く、屈辱の表現に直面すると精神の全体が揺さぶられる人もいる。ほかの人びとはそうした表現に免疫があるかもしれないが、その理由は彼らがとても鈍感であるか、あるいはつばを雨粒とみなすことができるような自己欺瞞のメカニズムを非常に発達させているかのいずれかである。このことは、屈辱のないことを正当化する特徴を、程度の差を含む特徴にしてしまうのではなかろうか。また屈辱の潜在的な犠牲者にたいする態度を、苦痛や侮辱にたいする感受性に応じた、程度の差を含む態度にしてしまうのではなかろうか。

この最後の問いは、人間の尊重を正当化しうる諸特徴に私たちが加えた制約と関係するものであり、この制約には、尊重を正当化する特徴によって尊重に程度の差を設けることが正当化されるべきでないという要求が含まれている。だが、これらの制約は消極的正当化にはあてはまらない。なぜなら、屈辱のないことという要求の正当性は、残酷さを避ける必要から生じるものであって、ここで屈辱とは残酷さの一側面と考えられるからである。人びとを残酷に扱わないことが本質的なのであり、したがって平等をめぐる論点は生じてこない。本質的なのは屈辱がないことであり、〔みなに〕ひとしく屈辱がないことである。人びとの苦しむ能力による序列化という論点は、消極的正当化においては生じないのである。

以上の分析にたいするひとつの可能な批判はこうである。〈屈辱はそれが精神的な残酷さであるがゆえに不正なものであり、残酷さが悪であることの証明は不要である〉という議論は、おなじみの種類のカテゴリー錯誤を犯している。「精神的な残酷さ」という表現は、「精神的な絶滅」や「精神の病」を含む諸表現のファミリーに属する。これらはすべて、この名詞がふたつの側面をもつなにかを指示することを想定している。肉体的な絶滅と精神的な絶滅というものがある。肉体的な病と精神的な病というものがある。これと類比的に考えると、肉体的な残酷さと精神的な残酷さというものがある。つまり一方は肉体的な苦痛にもとづき、他方は心理的な苦痛にもとづく。ゴルダ・メイア〔イスラエル第五代首相〕がユダヤ人の同化を「精神的絶滅」――彼女はこれをガス室における肉体的な絶滅よりもさらに悪いものと考えた――として語るとき、そして人びとが「精神的に病んでいる」という理由で精神病院に幽閉されるとき、同じ種類の誤りが犯される。ここには名詞と形容詞からなる表現があり、それは「円卓《ラウンド・テーブル》」や「長方形の机」といった表現と同じように作用する。だが、「円卓」という表現が「対等な人びとによる議論」という慣用表現をもち、この用法においてそれは「丸い」と「テーブル」の組み合わせではないのと同様に、「精神的絶滅」は精神的な観点からの絶滅ではなく、「精神の病」は精神的な観点から見た病気ではない。批判者は、このことは「精神的な残酷さ」においても同じように真であると主張するだろう。屈辱は屈辱であって悪いのはたしかであるが、別の手段による肉体的な虐待とは似ていないし、それを構成するものでもない。一七世紀の書簡作家マリー・ド・セヴィニェによる警句はこれを次のように表現している。「激しい肉体的な苦痛を除けば、人生には真の病というものはない。ほかはすべて想像力の子どもである」。批判者が言うには、これは警告として心に刻まれるべき句である。肉体的な残酷さは実際にあらゆる悪の生みの親であり、そのとなりにある屈辱は、ひとつのありふれた悪（an ordinary vice）である、と。

この批判にたいする私の応答は、屈辱においてあらわれるたぐいの精神的な残酷さはまさに文字どおりの残酷さである、というものである。屈辱を与える行為は非常にしばしば、侮辱のうえに傷害が加えられるといった仕方で、肉体的な苦痛を加える行為をともなう。マリー・ド・セヴィニェの警句は疑いなく真理の核を含んではいるが、それを覆う殻は人を誤らせるものである。真理の核となるのは次のことである。すなわち、たいていは肉体的な苦痛の範囲のことであるが、大部分の人びとはさしあたりはその苦痛をどんな代償を払ってもとり除こうとするのであり、その代償には屈辱を受けることも含まれる。だがこのことは、人びとのこの選択が長期的に見ても明らかに同じであることを意味しない。屈辱が残す心理的な傷は、肉体的苦痛だけを受けた者の肉体的な傷よりも癒やすことが難しい。これはたんに隠喩的誤謬のもうひとつの例にすぎない、と批判者は応答するかもしれない。つまり、「屈辱による傷」は傷ではなく、「心的な苦痛」は苦痛ではない。このような語の結びつきが意味をなすと考えられるならば、屈辱は残酷さではない、と。だが私は、屈辱は象徴的な行為に限定されるものではなく、肉体的な苦痛を生みだすことをともなうかもしれない、とさらに応答したい。心理的虐待とは残酷さのもつ意味の一部分であり、したがって屈辱の根絶は、あらゆる残酷さのあらわれの根絶という至上命令のなかに含まれる。身体的残酷さと屈辱の連続性は、軍事基地における新兵への屈辱を論じた次の新聞記事（「泥にまみれ辱しめを受ける」、『ハアレツ』紙、一九九一年一二月二九日）のなかで例示されている。

マニー・モア軍曹は、兵卒のヤーコブ・イェヘッケルにたいしてどんどん水を飲むよう命令した。この哀れな兵卒が嘔吐をはじめても、軍曹は彼に水を飲み続けることを強制し、残りの隊員たちを呼びつけて彼らの友人の嘔吐をまねしてからかわせた。しごきである。伍長のヨセフ・ゴージャンのほうはといえば、地面に横たわっている兵卒たちの顔に砂を蹴りかけ、手を怪我しているある兵卒にたいしては、怪我をしているほうの手で重い物をもち上げることを強要した。さらなるしごきである。そしてモアとゴージャンはどちらも、吃音のあるほかの兵卒をからかった。公の場で彼をまねしたのである。

人間の尊厳にたいする消極的で間接的な正当化――それは屈辱のないことを正当化するものであるが――は、人間や獣に向けられるいかなる類の残酷さも誤りであるという考えにもとづいている。だが、人間だけがこうむる種類の残酷さは屈辱――たとえば自分の吃音をまねさされる――であり、そして品位ある社会とは虐待を根絶する社会であり、そこにおいて屈辱はある特定の形態の虐待である。屈辱を含むあらゆる残酷さを根絶せよという要求は、それにたいする道徳的正当化をなんら必要としない。なぜなら道徳的な行動の範例となるのが残酷さを避ける行動だからである。これは正当化が終わりとなる地点である。

第6章　人間を獣のように扱う

本書で繰り返される「人間を人間として扱う」という表現はきわめて古いものだが、その意味は必ずしも明らかではない。これを明らかにすることは屈辱の概念を解明する試みの重要な一部である。というのも、誰かに屈辱を与えることはしばしば人間を人間でないものとして扱うことだからである。だが、人間を人間でないものとして扱うことは何を意味するのか。それは実際に可能であろうか。

この問題を明確にする手段は対比的方法である。言いかえると、私たちは、人間を人間でないものとして扱う仕方のうち屈辱をともなう可能性があるものとの対比において、人間を〔人間として〕扱う仕方を明らかにしなくてはならない。この〈屈辱をともなう可能性がある〉という条件は、人間を人間でないものとして扱うことのうち、屈辱を与えない場合――たとえば、彼らを神や天使として扱う――を除外することを意図している。

人間を人間でないものとして扱うさまざまな仕方がある。（a）彼らを物として扱う、（b）彼らを機械として扱う、（c）彼らを動物として扱う、（d）彼らを普通の人間以下の存在として扱う（大人を子どもとして扱うことを含む）。

もうひとつ、人間を人間の共同体《ヒューマン・コモンウェルス》から排除する歴史的に重要なやり方がある――ある個人や人間集団を、絶対的な悪を拡散して人間性を破壊する悪魔として扱うことである。一六世紀から一七世紀にかけてヨーロッパを席巻した魔女狩り――すなわち不幸な人びと、たいていは女性を、悪魔の領分と結びつけること――は、悪魔化の文字どおりのあらわれである。ナチスによるユダヤ人の悪魔化は文字どおりに悪魔の領分と結びつけられたわけではないが、ナチスは悪の非人間的特徴および破壊への願望をユダヤ「人種」のせいにした。

悪魔化の悪しき点はその悪の側面である。神格化――（ファラオの場合におけるように）ひとりの人間を神に変える――もまた、人を人間の共同体から排除するひとつの方法ではある。だが神格化は、ある人物に高貴な超人間的特徴を付与するものであるのにたいして、悪魔化は悪しき超人間的特徴を付与する。悪魔化は屈辱のふたつの意味――人間の共同体からの拒絶とコントロールの喪失――のあいだの緊張関係にかかわる。悪魔化は前者を含むが後者は含まない。反対に、悪魔化はしばしば世界的な陰謀論をともなう。

社会はしばしば、自分たちの社会のメンバーや彼らに直接服従している人びとよりもむしろ外部の敵を悪魔化する。本書において私は、社会の権威に服従する人びとに社会が屈辱を与えるかどうかという問題に議論を限定してきた。私は、品位ある社会がその外敵に屈辱を与えることも（たとえばその戦争プロパガンダにおいて）慎まねばならないかどうかという問いについて論じない。それゆえ私の定義にしたがうならば、品位ある社会はそのもとで暮らす人びとを悪魔化するためにその社会の諸制度を用いてはならない。また、私はなんら追加的な論証なしに次の命題をつけ加えたい。品位ある社会は外部の敵に屈辱を与えることを慎まねばならない――たとえば、外敵を悪魔化することで非人間化してはならない。

私たちは、人間を物であるかのように（*as if*）扱うことと、人間を物として（*as*）扱うことを区別しなければならない。最初のケースでは、「（相手を）モノ化する人」は、自分が関わっている人びとがモノだと実際に信じているわけではないが、ただ彼らをそのように扱っている。第二のケースでは、「（相手を）モノ化する人」は、「モノ的な《シングウィッシュ》」振る舞いが向けられる対象となる人がある種の物であると実際に信じている。これと類比的なかたちで、人間を機械であるかのように扱うことと人間を機械として扱うこと、あるいは人間を動物であるかのように扱うことと人間を動物として扱うことを区別せねばならない。

人間存在は明らかに物でもあり、動物でもあり、あるいは機械でさえもある。だが人間はたんなる物や動物ではなく、またたんなる機械でもないのは当然である。「人間を物として扱う」というのは、彼らをたんに物として扱うこと、また似たようなかたちで、人間以外のカテゴリーに含まれるものとして扱うことを意味する。

人間は他人を物であるかのように、また機械や動物であるかのように扱うことができるが、人間は他人を——病理的なケースを除いて——実際に物や機械として扱うことはできず、動物として扱うことすらできないと主張する人がいるかもしれない。人間がほかの人間を物として扱えないことの意味は、通常の状況において人間がサルを見てそれをモンキーレンチとみなすことができないことの意味に似ている。これは正確には概念上の不可能性の主張ではないが、たんなる実際上の能力の欠如でもない。

この主張は別の区別によって精緻なものにされなければならない。それは人間存在の長期的なとり扱いと短期的なとり扱いである。列車に乗ろうと急ぐとき、私たちは切符を、自分たちと同じような人間から買ったのか、それとも販売機から買ったのか気づかないかもしれない。だがそうした状況においてさえ、自分が自動販売機にありがとうと言ったと気づいたならばそれを恥ずかしく思うだろう。たとえこの短い時間を、切符を買うのにかかる時間から外科手術にかかる時間に引き伸ばしたとしても、文字どおりの意味で人間をひとつの機械として扱うものとして無理なく描写されるような振る舞いを、私たちは難なく見つけだすことができそうである。外科医が手術台のうえで患者を（生物学的な）機械として扱うのはもっともなことである。医者たちが最善を尽くしているときにモニターをとおして人体の機能上の諸側面に意識を集中させるのは、宇宙センターの技術者たちがロケットの不具合に際して意識を集中させるのとまったく同じである。だが私たちはこれらの場合でさえ、麻酔をかけられた手術台のうえの患者を外科医がとり扱う仕方は、獣医が牛に手術を施すときのやり方とは異なることを期待するし、また双方にたいして、ロケットを操作する技術者の態度とも異なったものを期待する。これらの違いは、たとえば手術が失敗した場合に明らかとなる。

いずれにせよ、私たちの議論の第一歩は、人間を長期的に文字どおり物や機械として見ることの可能性にかかわる。私たちはすでにこの可能性を――おそらく自閉症の場合がそうであるように、観察する側の人物に疾病がある場合や、意識と認知機能を回復できないほどに喪失しており、医療機器で人工的に生命を維持している「植物状態」のように、観察される側に疾病がある場合を除いて――否定した。「植物状態」という不幸なケースではおそらく私たちは、長期的にも、機械につながれた肉体を人間存在というよりもむしろ動かない物体として見ることが許されるであろう。そしておそらくこのことは長期的な観点にかかわる場合にのみ真である。というのも、患者が昏睡状態にあるとき、彼女の周囲にいる人びとはまず、なんらかの可能な人間性の兆候を探そうとするからである。後になってはじめて、この状況に関するモノ的な見方がとって代わる。

これらの病理学上のケースは、〈人びとの人間的な側面が見えない《ブラインド》〉とは何を意味するのかに関する私たちの理解に役立つ。人びとがほかの人間に向ける長期的な態度において〈人間的側面が見えない〉という言葉で私が意味しているものは、色覚障碍《カラー・ブラインド》の文字どおりの意味に近い。誰かが、自分は色覚障碍だと主張することで非レイシズム的態度を公言する場合、彼女は文字どおりに白と黒が見わけられないという意味ではなく、ただ、黒人と白人にたいする彼女の人間的な態度はその肌の色に影響されないという意味でそれを言っているのである。しかしながら私がここで話しているのは文字どおりの知覚のことなのであって、したがってここでの問いは、人間存在における人間的な側面を認識できないとはどういう意味かということになる。

これに先行するのは、人間存在における人間的な側面を見ることができるとは何を意味するのかという問いである。もっと正確に言うと、長期的な側面において人間存在を人間として見るとはどういう意味であるのか。すなわち、私たちは人間をどのように見ているのか。この問いを論じたのちには、私たちが人間を扱う仕方という論点がより明確になるであろう。これらの問いにたいする答えはそれらの内部で相互に関連している。

人間を見ること

青の時代におけるピカソの絵画は文字どおり青である。それは悲しい絵でもある。それは必ずしも私たちを悲しくさせる絵ではなく、また、それが描かれた亜麻布の画布には悲しみを感じる能力はもちろんない。この絵は悲しみを表現している。もしある絵画が「悲しみ」というラベルを文字どおりではないかたちで例証しているのであれば、それは悲しみを表現しうる絵である。絵画は感情を経験するなにかではなく、それゆえそれは文字どおり悲しいわけではないが、それは文字どおりでない意味において悲しいものではありうる。この区別を初めて導入したネルソン・グッドマン〔アメリカの哲学者〕なら、絵画における悲しみの表現は、言語論的な言葉である「悲しみ」のひとつの隠喩的な例証であると言うであろう。[1] ここで「隠喩《メタファー》」という言葉を用いるのはためらわれるので、私は一般的な言葉である「文字どおりでない《ノンリテラル》」を用いる。私のためらいはある論争に由来する。すなわち、ある隠喩の必要条件はそれが原理上言い換え可能であることであるが、私たちがピカソの絵画が悲しいと言うとき、これを言い換えるほかのいかなるやり方も存在しないように思われるからである。

悲しい絵画は必ずしも私たちを悲しくさせる絵画ではない。その絵画が悲しいものであることを見て理解するために私たちは悲しくなる必要はない。ピカソの絵画は文字どおり悲しいものでも隠喩的に悲しいものでもないが、それは文字どおりでない意味において悲しい絵である。ウィトゲンシュタインの用語において、この絵は二次的な意味において悲しいのである。[2] ある表現の二次的な意味とは、文字どおりではないが言い換えもできない意味のことである。

葬送演説におけるミハイル・ゴルバチョフ〔ソ連の政治家〕の悲しい面持ちは文字どおりの悲しみではなかった。文字どおりには、悲しいのはゴルバチョフ自身であって、彼の顔ではなかった。ゴルバチョフの顔を悲しいと見ることは、それを悲しみの表現と見ることを意味する。ウィトゲンシュタインが示したように、人間存在を人間として見ることは、魂を表現するものとして肉体を見ることを意味する。言いかえれば、これは人間の肉体とその部分を、文字どおりではないかたちで（二次的または隠喩的な意味で）例示するような精神的な観点から見ることを意味する。私たちが人びとの表現を人間的な観点から見るとき、私たちは彼らを人間として見ている。この人は友好的な、あるいは思慮深い面持ちをしているとか、悩みあるいは幸せを表現している、等々。私たちが人間の顔を見るとき、私たちは唇が下方に曲げられているとか、眉が下がっているとか、頭が胸のほうに垂れ下がっているとか、頬が灰色をしているとかにまず注目し――続いてこの顔をどう解釈すればよいかと自問したりはしない。私たちは唇が下方に曲げられているのを見るのと同時に、その顔を悲しい顔と見る。仮説のテストの結果や証拠からの演繹としてではなく、直接にそうするのである。解釈は意志をともなう問題であるが、私たちが見るものは意志的なものではない。私たちはゴルバチョフの額にある赤いあざを見るのと同時に、彼の面持ちの悲しさを見るのである。いずれにおいても私は、彼をこのように見ようという私の側の決断の結果としてそのように見ているのではない。私が人間を人間的な相《アスペクト》のもとで見るのは選択や決断の行為としてではない。私が別様に見ることができないがゆえにそうするのである。たしかに私は自分が見るものに関して――私がなにかを物理的な（文字どおりの）ラベルのもとで見ているのにせよ、それとも心理的なラベルのもとで（二次的な意味において）見ているのにせよ――間違うことがありうる。たとえば、ゴルバチョフのあざは赤ではなく青黒いかもしれず、彼の表情は悲しみではなく絶望なのかもしれない。しかしながら誤りの可能性によって、私が見るという行為が推測に変わるわけではない。

この一般的な考えはきわめて明白であるはずである。私はあなたの目がブラウンであるとかあなたの腕がしなやかだと見るのと同時に、あなたの目があざけりであるとかあなたの手が緊張していると見る。私はただそれらを見る。だが、私があなたの目をあざけりと見たりあなたの手が緊張していると見たりするとき、私はあなたを人間として見ており、あなたを別様に見ることはできない。ある人を人間として見るためには、私たちが彼の肉体に見ているものを精神のラベルで（二次的な意味において）見ることが実際に必要であるが、このことは、知覚する側の人が自分の見たものを精神的な観点から描写できなければならないことを意味しない。知覚する側の人は口がきけないかもしれず、自分の見たものを言葉であらわすかわりに絵であらわしたり、身ぶり手ぶりをしたり、あるいは、彼女が他者を人間的に見ていることを、私たちがそこから推測できるようなほかの間接的な言語表現をおこなったりすることで描写するかもしれない。

もし人間を人間として見ることが人間を人間心理のもろもろのラベルでタグづけされたものとして見ることであるとすると、人間を人間でないものとして持続的に知覚することを可能にするものは何であろうか。人間的な相が見えないとはどういうことなのか。物事を見る諸相という論点を深く掘り下げて考察しているスティーヴン・ムルホール〔イギリスの哲学者〕は、人間的な相が見えないことを、色とかたちの観点から描写できるものだけを人間のなかに認めるようなケースとして解明することを提案している。[3] 人間性が見えない人は、人間を心理的な描写のもとで見る能力を欠いており、もっぱら物理的な描写のもとで見ている。このような人は必ずしも人間の心理に感受性がないわけではないが、人間性が見えない人にとって人間存在の人間的な諸相は、直接的な知覚によって与えられるよりもむしろ推論によって導かれる。こうしたハンディキャップをもつ人は、車が信号のところで止まったのは信号が赤であるからだということを知っており、そこから、自分には見えないが信号は赤にちがいないと推論する目の不自由な人に似ている。人間性が見えない人は必ずしも他者にたいして非人間的な態度をとるわけではない――それは、人間性が見えないことを彼らが推論によってどのように埋め合わせるかによる。

かりにこれが人間性が見えないことの意味であるとすると、これを色覚障碍と似た病理的状態だと考えるべきなのは明白である――この人に見えないものが人間存在における人間的な相であることを除いて。色覚障碍が意志の問題ではないのと同様に、人間性が見えないことは選択や決断の問題ではない。しかしながら、ここで提起されたような、人びとを人間として見ること、および人間性が見えないことに関する解釈を受け入れるとしても、私たちは依然として、人間にたいする私たちの一般的な態度におけるその重要性を否定することができる。いずれにしても、人間をその人間的な相において見ることを私たちに喚起することに関してはレンブラントの絵画に並ぶものはないのであるが、だからといって私たちは、レンブラントのカンバスのうえに載せられた絵の具のかたまりが人間であるとか、それを人間として扱わねばならないとかいうことを信じないのである。私たちはレンブラントによるエレミアの肖像を美術館の壁に掛け、これをこの絵画にたいする適切な態度であると考える。もっとも、エレミア自身をこれと同様に扱えば、穴に投げ込むのに劣らず彼を辱めることになるであろうが。絵画をその人間的な相において見ることは、人間の肉体をその人間的な相において見るのとはまったく別のことである。見ることは信じることではない。私は水中の棒が折れ曲がっているように見ることしかできないが、だからといってそれが折れ曲がっていると信じるよう強いられるわけではない。そうすると、もしこの種の知覚がカンバスのような動かない物体にもあてはまることがあり、人間に限定されないのであれば、人間的な相を見ることの要点は何であろうか。もし人間的な相を見ることが必ずしも人間存在にのみあてはまるなにかではないとすれば、人間を人間として見ることと、彼らを人間として扱うことを結びつけるものは何であろうか。

絵画における人物像は（絵画におけるほかの対象と同じように）ふたつの相異なる仕方で――絵画に内在する像として、また外部への参照をともなう像として――知覚されうる。レンブラントの母を描いた絵はふたつの異なる仕方で評価されうる。ひとつは彼の母親自身とのいかなる結びつきもなくその絵の像について考えることによって、もうひとつはその絵画の外部にある人物と関連づけることによってである。ある絵画における像は、絵描きが彼の想像力で描いた場合やモデルを見ずに描いた場合のように、いかなる外部とのつながりもないことがあるかもしれない。問題は、私たちが絵の外部に存在する人物――その絵における像の外部の対応物である――として同定するものは何かということである。レンブラントの絵画と結びつけられる外部の人物とは歴史上のエレミアなのか、それとも彼がエレミアの絵を描いたときに用いたモデルの人物なのか。その人間的な相を見ることに有意に関連する外部の人物は、そのモデルの人物である。

ある絵の外部の人物の人間的な相を絵のなかのその表象をとおして見ることと、絵の内部の人物の人間的な相を見ることのあいだにはひとつの相違がある。外部の人物の場合には、その絵はその人物の魂を、その人物自身の肉体的な表現の自然な延長として見ることができるような仕方で表現している。葬送演説のあいだのゴルバチョフの表情でさえ、私たちの大部分はテレビで見ることができたにすぎない。だが、私たちがゴルバチョフを直接見ることができなかったとしても、私たちが見たものは間違いなくゴルバチョフの表情である。絵の外側に存在する人物を描いた絵画の場合のオリジナルと観察される像のあいだの差異は、オリジナルとテレビ画面に映る姿との差異よりも大きいが、両者は依然として同じ連続体のうえにある。たとえ絵のなかの人物像がオリジナルとなる外部の人物と結びつくなんらかの反応を引き起こしたとしても（恋人が相手の写真にキスする）、絵の内部の人物を外部の人物と混同するおそれはない。娘の美しさをほめられて、「あら、たいしたことはないわ。あなたは彼女の絵を見たのね」と返答した母親は、滑稽ではあるが混同はしていない。いずれにせよ、ある人間存在への外部参照をともなった絵に保持されている人間的な相は、絵をとおして見られた絵の外部の人物なのである。その点で絵は鏡に似ている。

残る問題は、その外側に人間存在への参照がない絵のなかだけの人物が描かれた絵にかかわる。そうした場合、誰または何が人間として見られるのだろうか。この問いは、解明されるべきひとつの潜在的な疑問を提起する。偶像崇拝の反対者はしばしば、神性を偶像という手段で表象することが次のような状況をもたらすかもしれないと危惧する。すなわち、そこにおいて偶像が神性のたんなる表象ではなく、むしろ神性自体と認識される状況である。これが偶像の禁止を正当化するためのひとつの根拠である。だが、ある絵画や彫像を人間として見ることによって、人間存在にのみふさわしい態度がそれらの像のほうに向けられ、その結果、人物とその像との区別が失われるなどと本気で危惧する者がいるだろうか。神が偶像にとって代わられるかもしれないという怖れが、これまでになにか具体的な根拠をともなってきた——言いかえれば、その偶像を神だと考える誤りを犯した者がこれまで存在した——と信じる理由はない。私はこの論点を別のところで詳しく検討している。(4)だが、人物の絵を人物とおき換えることに関するかぎり、シャルロッテンブルクのエジプト博物館にあるネフェルティティの像に執着する熱狂的なフェティシストのような真に病理的なケースを除いて、人間の絵は人間ではないように見えるだろう。たとえ私たちが絵のなかの人間を人間として見ているとしても、通常の諸条件のもとでは、私たちはそれらの絵の非人間的な相を同時に見ることを避けられない——たとえばその絵を成り立たせている形態と素材、それが血と肉からできているわけではないという事実、それが文字どおりの意味では生命をもたないという事実である。すなわち、人間を描いた絵の人間的な相は、その絵の非人間的な相を覆い隠すことができないのである。

さらに興味深いのは、人間を文字どおりの意味で獣とみなすことは可能であるかどうかという問いである。私たちが人間を見る際の一部の心理学的なラベルは獣にもあてはまるが、私たちは通常、人間だけに認められる(心理的な)述語のもとで人間を見る。ほほえみはそのような相のひとつである。ウィトゲンシュタインが指摘したように、ライオンはほほえまない。たとえライオンの口元がわずかに上を向いており目が輝いているとしても、私たちはライオンがほほえんでいると言うことはできない。

ある人は、病理的なケースにおいてのみ人びとはほかの人を持続的に人間でないものとして見るという主張に反対するかもしれない。「野郎ども《ガイズ》」が「女たち《ドールズ》」をどういうふうに見つめているかを知っている人なら誰でも、人間をその非人間的な相において見ることが例外的ではなく、むしろありふれたものだと知っている。女性をもっぱらその胸のサイズとお尻の曲線、日焼けの程度、髪の色によって見ている男たちは、彼女らの人間的な相を見ていない。彼らは女性を純粋に色とかたちの観点から見ている。言いかえれば、彼らは人間性が見えないのである、と。

だがこれは本当であろうか。「女たち」をちょうど今述べたように見ている「野郎ども」がいることを私は否定しないが、もっとも粗野でマッチョな男たちでさえ、女性を性的なラベルだけで見てはいないと私は主張したい。彼らは女性にたいする自分たちの性欲を表現する際に、色やかたちといった観点から見た性的な外見に非常に重きをおいているかもしれないが、しかし私は彼らが人間的なほほえみを見ることができないとは思わない。「女たち」を眺める「野郎ども」の光景は多くの点で気がめいるものかもしれないが、私たちがここで考察しているところの文字どおりの意味における人間性が見えないことの例として考えることはできない。

人間を無視し、普通の人間以下の存在と見ること

他者を人間でないものと見ている人の目からすれば屈辱はすでに起きている、という見解を私は否定してきた。もし人間を貶める者が他者を人間でないものと見る能力を本当に——文字どおりの意味で——そなえているとしたら、このことは、一見したところ、他者が屈辱を受けたと感じるかなり有力な理由であろう。だが実際問題として、人間を貶める者は必ずしも他者を人間でないものと見ているわけではない。人間は他者を人間として見る。この人間的な相は必ずしも人間主義的なものの見方——すなわち、人間を共感をこめて見ること——ではない。人間的なものの見方とは、他者を人間心理に関する記述のもとで見ることを意味する。それは人間の肉体、特に顔や目が心理状態を表現しているものとして見ることを意味する。人間を見ることは色を見ることと同じく選択の問題ではない。部分的あるいは完全な色覚障碍の人びとが存在するように、他者の人間的な相が見えない人びともまた存在する。オリヴァー・サックス〔イギリス出身の神経学者、作家〕の興味深い症例研究における、妻を帽子と間違えた男はこの種の障碍をもつ人である(5)。この男は重度の病だった。

人間を人間でないものと見ることは例外的である。しかし、ある人を完全に無視することはたやすい。意図的にせよ、そうでないにせよ、それは簡単なことである。見過ごすというのは、自分が見たくない人びとを見まいとし

て目をそらすことを必ずしも意味しない。人間を見過ごすとは、とりわけ、彼らに注意を払わないことを意味する。つまり見てみぬふりである。人間を人物ではなく背景として見るのは、彼らを無視するひとつのやり方である。誰かをこういうふうに見るのは、〈人間を物として見ること〉と私たちが時々言うのと同じ種類の忌避であるが、この場合は当該の人間を本当にモノとみなしているわけではない。それはむしろ、その人間を見ないというケースであり、あるいはもっと正確に言うと、その人間に注意を払わないというケースである。詩人のデニス・シルク〔ロンドン出身のイスラエルの詩人、劇作家〕が、振りかけられた「姿を消す粉」について書いているが、それはいわば、占領地域からきてイスラエルで働くアラブ人たちに振りかけて彼らを見えなくする粉である。「善いアラブ人は働いているはずだが、見あたらない[6]」。

他者の存在を見過ごすことは、屈辱に関する反植民地主義文学に繰り返しあらわれる主題である。先住民が受ける屈辱は、彼を見るというよりもむしろ彼が透明であるかのように見「過ごす」といった、知覚的な言葉で表現される。誰かを見「過ごす」とは何を意味するのか。その重要な意味のひとつは、〔あることがらを〕普通のことと見ることの何が道徳的に間違っているのかにかかわる。なにかを普通のこととして見るということは、あたりまえのものとして了解できるものとしてそれを見ることを意味する。それは物事を「問題ない」、保障された、安定したものとして見ることを意味する。それは私たちの意識のなかで、事物はこのようにあると私たちが考えるようなものの見方と混ざり合っている。私たちは普通のことがらの細部に注意を払わなくてよいし、特別な吟味を要しない馴染みの風景として自分の周囲を見ることができるが、それは、それが物事の本来のあり方だと思いこんでいるからである。自尊心をもつ先住民たちにとって植民地支配の経験が屈辱的であるのは、屈辱を与える支配者たちが自分たちの状況を普通だとみなしている事実——すなわち、誇り高い先住民の目からすれば、支配者たちによる抑圧が原因で、先住民たちが彼らに向けて発する威嚇の兆候にみちているのが当然の環境において、支配者たちがそうした警告に気づかないという事実——である。誇り高い先住民たちは、支配者たちがこれを脅威として受けとり、そして自分たちが、彼らの支配者の目にそのような脅威を与える存在として映ることを望む。先住民たちの視点からすると、支配者たちは脅威にさらされるべきであり、さらには脅威を感じるべきなのである。もし彼らが脅威を感じず、万事がいたって普通であるように見えるならば、これは先住民たちの屈辱的な無力さの証拠である。

ほかの人びとを正確に見て、彼らの表現の変化に注意を払い、それによって彼らの感情や気分に注意を払う試みは、その大部分が私たちの決定に服している——すなわち、意志的な問題である。したがってほかの人びとを無視することもまた意志的な行為であって、それは、ある人が相手のことを見ないように顔をそむけたり、手で顔を覆ったりする場合のような極端なものばかりではない。忌避というのは、他者をつぶさに見る試みを意図的にしないというかたちをとることもできる。そうした試みが（規範的に）期待されているような状況においては、その欠如は他者を物として見るような意味を帯びる。これは大宮殿の主人が召使いたちを見るときの姿勢である。主人は召使いたちをつぶさに見てはいない。召使いたちをつぶさに見ないというのは、彼らが主人の行動にたいする障害や制約として主人の目に映ることはないということを意味する。主人は彼らの前で姦淫するかもしれない——要するに、人は彼らの目の前でなんでもすることができる。彼の召使いたちもまた、主人たちが彼らを安全に無視しやすくするのに必要な努力をすることが期待されている。彼らは、その場で起こっていることになんの関心も抱かない——すなわち、彼らはなにも見ていないかのように振る舞い、結果として彼らの視線が誰にもばつの悪い思いをさせないであろうような——うつろな表情をすることを期待されている。テレビシリーズ「上の階、下の階」(Upstairs Downstairs）のなかで、ベラミー一家の新しい召使いにハドソンが教える内容は、召使いがなすべき振る舞いに関する細かな指示を含んでいる。すなわち、彼らがあたかも自分たちのかぎられた仕事だけを意識してほかのすべてを無視しているかのように、また主人が彼らを簡単に見過ごすことができるように振る舞うことである。

このように、人間を見過ごすことは厳密には人間をモノとして見ることではなく、むしろ彼らを完全に、あるいはまったく見ないことを意味する。だが、人びとは通常は他者を物体として見てはいないけれども、人びとが他者を普通の人間以下《サブヒューマン》の存在と見ている場合がある。人間を普通の人間以下の存在と見ることは、彼らをスティグマ化されたものと見ること――すなわち、彼らの肉体的「特異性《アノーマリー》」を人間性におけるなんらかの欠陥と見ること――を意味する。この特異性は必ずしも彼らの身体の部分にあらわれているとはかぎらず、ある種の服装の特徴にも見いだされるかもしれない。超正統派のユダヤ人たちを許容できない人びとは、彼らの髭とそのカールばかりでなく、毛皮をあしらった帽子をもスティグマとみなす。同様に、ガラビア〔エジプトの民族衣裳〕とターバンがアッシリア髭と一緒になれば、それはイスラム原理主義者のスティグマとみなされる。人びとが普段着る服装の目立った特徴は、身体上のしるしと同じようにスティグマの徴候として機能しうる。そして、視覚はスティグマを定義するのに用いられる唯一の感覚ではない。においもまた、人びとを普通の人間以下の地位に貶めるための強力なツール――汗のにおいから、彼らが食べる玉ねぎ、ニンニク、カレーの香りまで――である。しかし私はここでほかの感覚よりも視覚に焦点を合わせたい。

　スティグマは、人びとの人間性そのものにたいするカインのしるし〔『創世記』四：一五〕として機能する。スティグマをもつ者は、その周囲の人びとに彼が人間以下のものであるように見せるラベルをもつ者としてあらわれる。彼らは周囲の人びとに依然として人間とみなされるけれども、スティグマ化された人間として見られるのである。アーヴィング・ゴフマン〔アメリカの社会学者〕はスティグマ化された人びとに関してその社会的アイデンティティに加えられる傷を強調したが(7)、重要な点は彼らの人間性そのものに加えられる傷であると私には思われる。スティグマ化された人は人間として見られてはいるが、ひどく欠陥のある人間――言いかえれば、普通の人間以下の存在――とみなされる。スティグマは、人間存在の「普通の外見」というステレオタイプからの重大な逸脱を指示している。小人、手足のない人、顔面を火傷した人びと、アルビノ〔色素異常〕、そして極端にふとった人びとは、ほかの人びとを人間として見る私たちの視線をゆがめるスティグマをもつ人びとのごく一部である。スティグマが〔私たちの視線を〕支配するとき――すなわち、私たちが他者を人間として見ることを可能にしているところの諸特徴が、たとえば彼が小人であるという事実に私たちの注意がすべて集中するようになるところまで覆い隠されるとき――、私たちの視線は他者を普通の人間以下の存在と見るように変化する。ナチスの強制収容所における「回教徒」（Muselman）〔生きる希望をなくした囚人を侮蔑的に呼んだ言葉〕の場合のように、攻撃の犠牲者たちを人間でないものとみなしうる状態をつくるために意識的な努力がなされる場合もしばしばある。このように、屈辱をもたらす外見は他者を物や機械として見ることにあるのではなく、他者を普通の人間以下の存在と見ることである。

人間をそのように見ることは実際に可能である。これは、ある人または集団が人間の共同体から排除されることという、屈辱の中心的な観念とも符合する。この観念は第八章で検討される。ここでの論点は拒絶の認知的な側面である。普通の人間以下の存在とみなされている人びとは、自分たちが屈辱を受けていると考える理由が――おそらくは十分な理由が――ある。この最後の点はひとつの道徳的問題を提起する。すなわち、もし人間を普通の人間以下の存在と見ることが、実際に解釈よりもむしろ知覚と関係があるとすれば、屈辱を与える者を、彼らが制御できないことがら――すなわち、彼らがものを見る見方――を理由として非難することがどうしてできようか。それは近視の人をその欠点ゆえに非難するようなものではないのか。

この問題は、たとえそれが制度による屈辱よりもむしろ個人間のレベルにおける屈辱に属するものであるとしても、厄介である。人間を普通の人間以下の存在とみなすことの非道徳性についての問いに答えるには、見ることと解釈することとの関係を明確にする必要がある。この論点について私がここでとり上げている論旨の輪郭は、より大きな説明理論の一部分を構成するものであるが、この説明理論は、私たちが一般に受け入れている説明理論の論旨とは根本的に異なっている。人間の振る舞いに関して私たちが一般に受け入れている説明のなかでは、人びとが常に決断の問いに――道路を渡るといった非常にささいな決断から、生涯の伴侶を選ぶといったきわめて重大な決断にいたるまで――関与しているように描かれる。これらはすべて、願望（「効用」）と信念（「主観的な蓋然性」）にかかわる決断だと認識されている。この見方によれば、私たちはけっして決断することをやめず、常に吟味し、評価し、計算していることになる。

あらゆる行為の背後にそうした決断を見いだすこのような見方に反して、私はもうひとつの説明理論を手にしている。人びとは概して決断をしていない。反対に、彼らは決断を回避するためにかなりの努力を費やしている。彼らは大部分において習慣から——すなわち、標準的な手続きの枠組みのもとで——行動する。道路を渡ることはごくまれにしか決断を要する問題とならない。決断の必要は一般に、習慣的な手順が失敗した場合か、あるいは賭け金が特に高いがゆえに考える努力が正当化される場合のような異常事態としてのみ生じる。決断は原則ではなく例外である。ほとんどなんの決断もせずに人生を送っている人たちも存在する。彼らはさまざまな行為をなにげなくおこなうが、それらのなかにはおそらく、原理のうえでは熟慮と決断を実際には必要とする重要なものも含まれている。私の主張は、私たちの人生にはなんの決断もないということではなく、意思決定者としての行為者というイメージによって私たちが信じこまされているほどには、決断は頻繁には生じていないということである。

人びとを解釈者として描くような説明は、これと同様に誤りを導くものである。なぜなら解釈とは決断を基礎とした特別な種類の行為であると思われるからである。理解は決断ではなく習慣に基礎をおくが、他方で解釈は仮説、推論、証拠の整理に基礎をおく——要するに、意識的で意志的な活動に依拠する——というのが私の主張である。私たちがここで議論しているのは、認知という文脈における、見ることと解釈することとの対比である。この対比は、事物を素朴な、「裸の」眼で見ることと、事物を知性的な、解釈の眼で見ること——すなわち、見るという行為にその人の知性を用いること——との対比ではけっしてない。見ること、特に〔事物の〕相《アスペクト》を見ることは、知覚と思考の結合である。私たちが見るものは私たちが習慣的に見ることを期待するものに影響を受けている。レイシストの社会で育った人びとは、「肌の色に無頓着な《カラー・ブラインド》」人びとには見えないようなスティグマを見る。また同時に、レイシストとして育てられた人びとは、「肌の色に無頓着な」人びとが実際に見たり気づいたりする諸相を見ようとしない。見ることの習慣、特にもろもろの相を見る習慣も、文化や歴史によって形成される。もろもろの相を見ることが、その行為がおこなわれるところの社会に影響されるという事実によって、それが解釈の問題となるわけではない。相を見るというのはおそらく、習得によって自動的に生じるタイプの視覚であろう。このことは、相を見ることがすべて習得によるものだということを含意しない――たとえば、人間を人間として見るのは習得ではなく先天的なものである。だが、人間を普通の人間以下の存在と見ることは習得に帰せられる――たとえばナチスの教育は、人びとがユダヤ人やジプシーを普通の人間以下の存在とみなすことを可能にした。

人びとは自分が見たものに直接コントロールされることはない。彼らはそれを、自分たちが見ているものごとにたいする態度を意識的に変化させることをつうじて、間接的におこなうのである。彼らの眼は、スティグマを無視して人びとをまさしくその人間的な相において見るように訓練されうる。このことが直接の決断の結果としてはなされえないという事実は、それが間接的に達成されねばならないことを端的に意味する。

水中で棒が折れ曲がって見えるといった錯覚の場合には、私たちは棒をそのように見ることを回避する力を、直接的にせよ間接的にせよもたない。私たちにできるのはただ見たものを信じないことだけである。これとは対照的に、人間を普通の人間以下の存在と見ることはこの種の認知的な錯誤ではない。ここでは私たちは自分の認知自体を変えることができるが、上述のようにそれは間接的にのみなしうる。ある人を屈辱的な、普通の人間以下の相において見る場合には、私たちは自分の眼を信じないよう注意するのみならず、他者を――見ることの認知的な意味において――普通の人間以下の存在と見ないよう努めねばならない。必要なのは「非‐スティグマ的な」視覚なのである。

「人間をあれこれのものとして見る」（seeing humans as one thing or another）という表現は、人びとをあれこれの仕方で扱うという熟語的な意味をもつ。だが、私は以上のふたつの節でこの表現を文字どおりのものとしてとらえようと――すなわち、「見る」という語を厳密な意味で用いるよう努めてきた。

人を普通の人間以下の存在として扱うこと

屈辱とは、ある人間を「人類という家族」(Family of Man)(8)から除外すること――すなわち人間を人間でないものとして扱うこと、あるいは彼らが人間ではないかのようにかかわること――であると私は主張した。屈辱に関する儀礼やしぐさの重要な役割は、屈辱が「かのように」――あたかも彼らが動かない物体であるかのように、たんなる道具であるかのように、獣であるかのように――人びとに向けられる行為にかかわるという事実に由来する。しかしこれらの屈辱的な態度は本来的なものではない。排除の本来的な態度とは、人びとを普通の人間以下の存在《サブヒューマン》として、人間のなかの劣った種として扱うことにもとづく。対照的に、人びとを物や動物として人間の共同体から排除する態度は、これらの人びとにたいする本来的な〔排除の〕態度をあらわしていない。この態度は彼らを物であるかのように、獣であるかのように扱う。

この議論が螺旋を描くように展開されている理由は、ここで論じている態度がたんにほかの人間に関する誤った信念の――たとえば、一部の人間が本当は人間ではないといった――問題ではないという事実に由来している。ここで鍵となる語は「姿勢《ポスチャー》」であろう。この語は信念よりも基本的な態度をあらわす。態度のほうが基本的である、と私が言うとき、私はそれが非反省的な反応であると言おうとしているわけではない。私たちが「姿勢」の内容を言葉で定式化する場合、姿勢を表現する文は信念を表現する文と同じではない。姿勢を表現する文の役割は、枠組み文(framework sentence)の役割と同じである。枠組み文とは、世界に関する私たちの表象の規則を構成する文である。他者が魂をもっており機械ではないと言うことは、他者を表象するための枠組みを提供することである。これにより、私たちはほかの人間存在についての信念――彼らが何を望み、何を感じ、何を考えるかについての信念――を抱くことが可能になる。ある信念を表現する文は二極的である。つまり、いったい何がその文を真とするであろうかを私たちが知るだけでは十分でなく、その文が偽であることが何を意味するのかも知らなくてはならないのである。「彼女は魂をもつ」といった枠組み文は二極的ではない。私たちはその文が偽である場合にそれが意味するであろうことを知らない。ほかの人間存在が魂をもつということ――すなわち、彼らが心理学的な述語の主語であること――はひとつの仮説ではなく、人間をそのようなものとして表象するための枠組みの提供なのである。枠組み文は私たちが対象を表象する仕方を叙述する。枠組み文を支持するのは、決断の結果ではないひとつの態度である。このことは、枠組み文の支持がひとつの不変の姿勢であることを意味するのではなく、姿勢の変化は決断の結果として生じるのではないということを意味している。

この分析は、他者にたいする姿勢から他者についての枠組み文にたいする姿勢へと私たちの議論を移動させる。文にたいする姿勢という論点は脇において、他者を人間として扱うことにもどるとしよう。

私の中心的主張は、屈辱というのは一般的に、屈辱を受ける者の人間性を前提としているということである。屈辱を与える振る舞いは他者を人間でないものとして排除するが、この排除の行為は排除される者が人間であることを前提としている。この主張は主人と奴隷の弁証法に関するヘーゲルの説明に近い(9)。主人は奴隷にたいする絶対的な権力を欲するが、彼は同時に奴隷が自分の絶対的な権力を承認することも欲している。これらふたつの欲求は互いに対立する。ここでの主人の態度は、敵方を決定的に打ち負かしたいが、その勝利をひとつの偉業として承認してほしいとも思っているサッカーチームの態度と似ている。圧倒的な勝利は勝利の価値を減少させる。なぜならそれは敵方が価値ある対抗者ではないことを証明するからである。ここには矛盾がある――彼は自分のライバルを打ち負かしたいと同時に打ち負かしたくないと望んでいる。彼は自分の決定的な優越を示すために相手を派手に倒したいが、自分の優越を価値あるものにするために、相手をあまりに圧倒的に打ち負かしたくはないのである。

もし私たちが主人と奴隷の関係を屈辱と尊重の言葉におき換えるとすれば、主人が奴隷に与える屈辱は自滅的である。その犠牲者は意識をもつ何者かと受けとられねばならず、ここから暗に人間的価値を有するものと受けとられるのであるが、それは——彼の人間性を否定するところの——屈辱の行為が生じるために必要なのである。屈辱を与える行為は絶対的な優越の証明と承認を勝ちとることの両方を意図しており、それは概念上不可能である。絶対的な優越は人間でないものに関してのみ達成されうる一方で、承認はほかの人間からのみ獲得されうるのである。

この主人 - 奴隷関係は、屈辱が依拠している諸前提をテストするシンプルな方法を与えてくれる。奴隷制度について——たとえば古代ローマやアメリカの南部に存在したような——明らかにされていることがらは、それがいかに苛酷で残酷であったとしても、そうした奴隷がたんなる物や荷馬であるという前提にはもとづいてはいなかったことを証明している。これは、奴隷たちがその人間性ゆえにより大きな慈悲をもってとり扱われたという意味ではない。南部奴隷の子どもたちが教会で洗礼を受けていた一方で、鋤やポニーが洗礼を受けられると誰も信じていなかったのは明らかである。奴隷たちが奴隷市場で売られていたのはもちろん事実であり、買い手となる人が奴隷たちの健康状態を見るために、ちょうど馬の購入を検討する際におこなうのと同様に、彼らの歯を調べていたのも事実である。奴隷の売買は、彼らが交換価値をもつものと考えられていたという事実を際立たせるが、彼らがキリスト教徒でなければならないという要求は、彼らの人間性にたいする認識のかすかなあらわれ以上のことを証明している。

古代ローマに関して、ポール・ヴェーヌ〔フランスの歴史家〕は正しくも次のように主張している。すなわち、主人たちが彼らの奴隷たちをどのように考えていたかを叙述する方法は、それを先天的に未成熟であるがゆえに成人になる能力がないものとすることである、と。[10] これをあらわすものとして、多くの言語において男の奴隷をあらわす言葉が「男の子」（ラテン語では“puer”、ヘブライ語の聖書では“na'ar”、南部では“boy”）であるという事実がある。私はこの言語表現を、人間ではないもの《ノンヒューマン》よりもむしろ普通の人間以下《サブヒューマン》の存在に接する態度を図らずもあらわにするものと見ている。一方で奴隷は心理的な述語のもとで見られているが、他方でそれらは子どもだけにあてはまる述語なのである。プラウトゥス〔古代ローマの喜劇作家〕が彼の観客を楽しませたいと思うとき、彼は恋におちた奴隷を描いたとヴェーヌは指摘している。[11] すべての人間的な感情を奴隷に帰することは、彼の聴衆にとっては滑稽なものに見えた。それは幼稚園でおこる複雑で情熱的なラブストーリーが私たちに受けるのと同じことである。たしかに、私たちの文化における大人は子どもたちを普通の人間以下の存在としては扱わない。しかしながら、奴隷や「原住民」を子どものように扱うのはまさしく、彼らを普通の人間以下の存在として扱うこととみなされる。それは彼らを、けっして成長せず、自分たちの行動に責任をもてるようにならない子どものように扱うことを意味する。おそらく私たちの社会でこれに相当するのはダウン症の人たちにたいする態度である。そうした人びとは、そのスティグマ的な「モンゴロイド的」外見によって認識されることで、多くの人には普通の人間以下の存在であるように見える。この外見は、ダウン症の人びとはけっして完全には成長しないという見解と結びついている。

その残酷さの点で恐るべき状況でさえも、責めを負うべき人びとが人間をとり扱っていることを十分に承知しているという事実を、図らずもあらわにしているのだと私は主張したい。戦時捕虜用に日本が設けた強制労働収容所はその恐るべき残虐性で知られているが、これらおぞましい収容所のひとつでは、司令官が囚人たちに桜の花を見せるために山に登らせたという報告がある。彼は、たとえ責任を問われるかもしれないとしても、この驚くべき光景を知らせないでおくことはできないと感じた。ナチスのプロパガンダではユダヤ人が頻繁にネズミと比較された。ネズミは井戸を汚染し、他方でユダヤ人は「文化の汚染者」と受けとられた。だが、ナチスのプロパガンダが両者を等置したにもかかわらず、文化の汚染者はネズミではありえない。最悪のレイシストであるハインリヒ・ヒムラーでさえ、ポズナンにおける彼のSS司令官たちを前にした有名な演説のなかで、収容所で人びとを殺すことはネズミを殺すことと同じではないと認めないわけにはいかなかった。かくして、哀れな人びとにたいする自然な感情を押し殺して殺害する者たちの努力は、彼らがたんにネズミを殺した場合と比べてはるかに「英雄的」であった。強制労働や絶滅収容所の犠牲者に向けられる特別の残酷さ——とりわけそこでおこなわれる屈辱的行為——がそのような仕方で生じたのは、そこに人間がかかわっているからであった。動物はこれと同じようには虐待されないであろう。なにしろ動物には人を告発する目がないのである。

ここから、基本的な主張は次のとおりである。屈辱の鍵概念は人間の共同体からの拒絶である。だがそうした拒絶は、拒絶される人がたんなる物や動物であるという信念や態度にもとづいてはいない。この拒絶は、その人があたかも物や動物であるかのようにとり扱うことに存する。こうした拒絶の典型例は、人を普通の人間以下の存在として扱うことである。

第三部　社会的概念としての品位

第7章　屈辱のパラドクス

屈辱には人間社会からの拒絶という意味のほかにも、これと競合する観念が存在するように思われる。それは、〈ある人の死活的な利害にたいする自由とコントロールを完全に喪失させることを意図する行為〉という意味での屈辱の観念である。しかしながら、拒絶としての屈辱という考えにはコントロールの喪失としての屈辱という考えが含まれている、と私は主張したい。それでも、これらふたつの考えが強調する観点は異なる。拒絶としての屈辱は加害者の視点を強調するが、他方でコントロールの喪失としての屈辱は屈辱を受ける者の立場に注意をうながしている。だがまず、私たちは屈辱がいかなる意味でコントロールの喪失に関係するのかを明らかにしなくてはならない。

病人や老人はしばしば身体的機能にたいするコントロールを喪失する。このことは彼らに尊厳の喪失という痛ましい感覚を与える。自分自身にたいする誇りの感覚の中心的な要素は自己制御《セルフ・コントロール》の感覚である。自己制御の尊重は、他者が私たちに命じる尊重のなかでも重要な要素である。完全に自己制御され、落ち着いた口調で語る、アメリカ西部のインディアンの酋長は、彼が自分にたいして強い誇りをもっているという印象を私たちに与える。社会的名誉が示される場合には、個人の尊厳があらわされる場合と同じく、自己制御の身ぶりが重んじられる。

自己制御は自己規律《セルフ・ディシプリン》と区別しなければならない。自己規律は、ある人が特定の領域において、特定の目的のために、自分の行動にたいして行使するコントロールによって示される。芸術家は、プロフェッショナルとしての卓越性を獲得するために、眼前の欲求の満足を――あるいはそこまで差し迫っていない欲求の満足を――断念せねばならぬような苦境に直面するときでさえ、自分の仕事に関しては厳格な規律を守ることができるだろう。だが、この同じ芸術家がその専門以外の生活においては自己制御の完全な欠如を示すことがあるかもしれない。冷静に復讐心を育む人びとが示すのは、自己制御よりもむしろ自己規律である。自己制御は特定の目標とは結びつかない――それは、なんらかの定められた行為というプロクルステスの寝台《ベッド》〔杓子定規な規定〕に限定されるものではない。

自己制御の喪失としての自尊心の喪失は、アウタルキーとしての自尊心という考えと関係している。自己を制御している人は外部からの刺激に影響されていないように見える。しかし、外部刺激と内部刺激との区別は問題をはらんでいる。ある意味で、ドン・キホーテは風車――外部からの刺激――に反応している。しかし彼は、頭に血がのぼったおかげで風車が騎士の馬に見えて――つまり「内部刺激」――のもとで、それに反応したのである。だが、難しい点はあるものの、それでも基本的な考えは明らかである。つまり自己制御は外部の環境にたいして遅れて反応することのなかに――反射的（reflexive）というよりも反省的（reflective）に――あらわれるのである。それは、ある人がもっぱら原因や動機によってではなく、理性にもとづいて行動することによって、彼の「内的衝動」を乗り越える際に表現される。もっとも屈辱を与える身ぶりの大部分は、その犠牲者たちが自分の運命にたいするごくわずかなコントロールですらも欠いていること――彼らが無力であり、彼らの加虐者たちの善意に（あるいは、むしろ悪意に）服従していること――を彼らに示すような身ぶりである。

だが以上のことと、コントロールの欠如は人間を人間存在として拒絶するという意味での屈辱という私たちの中心的な構想にかかわりがあると考えることとのあいだには、どのようなつながりがあるだろうか。サルトルは、コントロールの欠如としての屈辱――すなわち自由の欠如――と、人間を人間として拒絶するという意味での屈辱とのつながりを議論するための有用な枠組みを提供している。

サルトルによれば、人間を人間的な相において見ることは、みずからの生にかかわる決定をなす自由をもつ存在として彼らを見ることを意味する。人間をひとつの物として、「肉体」として見ることは、彼を自由でないものと見ることである。ある人が自由に振る舞う自分の能力を否定する（サルトルが「自己欺瞞」と呼ぶもの）とき、私たちは彼を、外側から彼につけられた操り紐によって動いているものと見る。サルトルの有名な例におけるウェイターは、操り人形のウェイターように振る舞う。(1) 彼は人間的な相のもとで振る舞うのではなく、ひとつの役割を演じるかのように――彼の魂が彼の役割にとって代えられたかのように――振る舞う。私たちは肉体の所有者や役割の演技者を完全に人間的な相のもとでは見ない。私たちは肉体の所有者や役割の演技者を、たんに彼の肉体や役割の観点から見ているかぎり――言いかえれば、私たちが彼を、みずからの生活のあり方について決定する能力のある自由な行為者として見ないかぎり――、完全に人間的な相のもとでは見ていない。

私はすでに、人間はなんら本性をもたないというサルトルの見解に言及したが、この主張にはただし書きをつけなくてはならない。人間は、その人生の道筋をそれ以外ないかたちで決定づけるような一連の「性質的」特徴や傾向をなんらもたない、という意味では本性をもたない。すべての人間存在は、それまでの人生の道筋がいかなるものであれ、いつでも人生を新たにはじめる根源的な可能性を有している。この人生をかたちづくる自由は、別の意味において、ほかの動物や物とは対照的に人間だけが有する本性である。人間は性質をもたないが、たしかにこの意味における本性をもっている。

「本性」という概念の意味にまつわるこうした両義性は新しいものではない。マルクスもまた人間が本性をもつことを否定し、人間が反抗する能力をもつことを常に強調していた。言いかえると、人間の反抗的な本性を根絶することは不可能である――それは一時的に麻痺させることができるのみである。人間が自由な存在であるということの主張は存在論的な主張であり、デカルトが物体は延長をもち魂は思考するものだと規定したのと似ている。自由である能力を否定するような仕方で誰かをとり扱うことは、彼女が人間であることを拒絶することである。サディストは彼の犠牲者をただの肉体としてとり扱い、自由の相のもとで見ない――言いかえると、彼女を人間的な相のもとで見ない。これと対応するかたちで、マゾヒストは自分自身を完全に自由でないものとして加虐者に示す者である。二者のあいだでおこなわれるゲームの名は屈辱である。

サディストとマゾヒストの、特に性的なたぐいの関係は、変質者が自分は全能であるという幻想を実行する際に、拘束された犠牲者に向ける非人間的な態度に見られる。主人‐奴隷関係と同様に、これは自滅的な態度である。全能たらんとする者は、自分の絶対的な優越を認めてもらう必要がある。そうした承認は、それが自由な行為者、すなわち十全な人格からなされた場合にのみ価値をもつ。もしそうであれば、人間を人間ではないものとする扱いの多くは「かのように」なされるものである。これは、そのとり扱いによって存在論的なレベルにおける他者の人間性が本当に否定されているわけではないことを意味する。それは両者のあいだの具体的関係性のレベルにおいて他者の自由を否定するものである。他者の自由を切り詰め、彼女のコントロールが厳しい制約下にあることを示すのを目的とした身ぶりをすることは、他者を人間として拒絶することに該当するかもしれない。こうしたことが拒絶としての屈辱とコントロールの完全な欠如としての屈辱のつながりである。

この、人間から自由をとり上げるという意味での屈辱の観念――すなわち、人びとがみずからの死活的な利害に関する決定をおこなうのを妨げること――は、決断を避けるためにあらゆる努力をする人間という、先に示した人間像とどのように調和するであろうか、と問われるかもしれない。その答えはこうである。すなわち、なんら決断を要しない習慣や標準的な手続きにもとづいて日常生活を送る人間の姿と、そうした習慣やルーティーンの存在にもかかわらず、彼女がそうすることを選ぶならば、また選んだ場合に、決定する自由をもつ人間の姿のあいだには、論理的にも実践的にも矛盾はなんら存在しないということである。

私たちの主要な関心事にもどろう。本節の基本的な主張は、人間の自由とコントロールにたいする厳しい制約という意味での屈辱は、人間を人間として拒絶するという意味での屈辱の観念のもとに包含されるというものである。このことは、人間を人間として拒絶することが、彼らが自由の能力をもつ存在であることを拒絶することを意味する、という仮定のもとで真である。というのも、人間をたんなる物ではなく人間にするものは自由だからである。

私はふたつの屈辱概念のつながり――人間の共同体からの拒絶としての屈辱と、他者の自己制御の極端な毀損――について論じてきた。だが、これらの概念のいずれが採用されたとしても、屈辱の観念はひとつのパラドクスを導く。私は次節でこのパラドクスを論じたい。

侮辱と屈辱のパラドクス

「侮辱《インサルト》」と「屈　辱《ヒューミリエイション》」という言葉は連続性をもつ。屈辱は侮辱の極端なケースであるが、両方とも誰かの名誉を傷つけることを指し示している。しかしながら本書では両者のあいだに質的な区別を設ける。「侮辱」は、ある人の社会的名誉の毀損を意味する。「屈辱」は、ある人の自尊心《セルフ・リスペクト》を傷つけることを意味する。侮辱はこれを受けた人の自負心《セルフ・エスティーム》を傷つける。屈辱は人の内在的価値の感覚を傷つけるのである。

屈辱のパラドクスは次のように図式化できるかもしれない。もしカインのしるしがカインの額に押されたならば、そこに不正なものはなにもない。なぜならカインはこれに値する者だからである。そしてもしカインのしるしが間違ってアベルの額に押されたならば、アベルはそれを気に病むべきではない。なぜなら彼は、自分が殺したのではないことを非常によく知っているからである。カインのしるしは間違って彼の額に押されただけなのであるから、アベルは自分のことを悪いと考える必要はないのである。

侮辱が社会的な悪であるのは、それが他者のまなざしのなかで被害者に引き起こされる病理のゆえである。だがこれとは対照的に、もし屈辱がその犠牲者にたいして、自分の自尊心が傷つけられたとみなすのにもっともな理由を提供することにかかわるのであれば、屈辱はまったく存在理由を欠いているように思われる。というのも、先に述べたように、もし、その屈辱が実際にはただの正当な批判にすぎないことが判明したならば、人びとは自尊心を害することなく自己評価のやり方を変えるはずだからである。そしてそれが正当でない批判であるならば、それが彼らの自尊心は言うまでもなく、自負心すら低下させることもまずないからである。要するに屈辱のパラドクスは、屈辱を感じることは合理的ではありえないというストア派の批判に私たちを連れもどす。言いかえると、人びとは心理学的な意味では屈辱を受けるかもしれないが、それは規範的な意味におけるものではないということである。

バーナード・ウィリアムズは「赤」と「白」の感情——すなわち、顔を赤らめる感情と青ざめさせる感情——を区別している。恥は赤の感情であり、罪は白の感情である。赤の感情は人が他者のまなざしをとおして自分自身を見る際の感情であり、それゆえ赤面する。白の感情において人は彼女の良心という「内なるまなざし」によって自分を見る際の感情であり、それがときに彼女を青ざめさせる。このふたつのタイプの感情における視点はそれぞれ異なっている。屈辱のパラドクスとは次のようなものである。すなわち、一方で人は他者のまなざし——いじめをする人びと——をとおして自分自身を見るが、他方で規範的な意味における屈辱とは、彼女が自分自身の視点から反応してしかるべきものだ、ということである。屈辱は赤の感情であるが、その犠牲者は白の感情に適合した反応が当然だと思いこむのである。人間の顔が完全に赤くなると同時に完全に白くなることはありえない。

侮辱はその定義からして他者の態度に依存する。なぜならそれは人の社会的な名誉の毀損にかかわるからである。もし、侮辱が誤った非難にもとづいているが、侮辱を受けた者が自分の社会的名誉をきっと失うことになると信ずる理由が——それが誤ったものであるかどうかはともかく——ある場合には、彼には侮辱を受けたと考える十分な理由があることになる。だが、正当化されない行為による屈辱の場合——そして人に屈辱を与えるいかなる試みも正当ではないのであるが——には、問題は、その犠牲者は自分自身が屈辱を受けたと考えるもっともな理由があるかどうか——すなわち彼自身の視点から、彼の自尊心が低下したと考えるもっともな理由があるかどうか——

ということになる。

この問いをさらに精査してみよう。屈辱は人間存在を人間として拒絶すること、すなわち人びとを人間ではなくたんなる物、道具、動物、普通の人間以下の存在、もしくは劣等な人間であるかのようにとり扱うことである。そうした「かのような」とり扱いがなぜ侮辱や恥の原因となるかを見てとるのはたやすい――すなわち、人びとの社会的名誉を過度に害するからである。だが、そうしたとり扱いは一体なぜ、自分が人間に値するところの価値を引き下げられたと犠牲者自身が考える理由を提供するのだろうか。犠牲者たちはなぜ、この屈辱的ないじめが犠牲者に受け入れさせようとしている視点を受け入れねばならないのだろうか。犠牲者が加虐者と同一化する傾向があることはひとつの心理学的な事実とみなされているが、私たちの問いは規範的なものであって心理学的なものではない。

屈辱は、ある実存的な脅威にかかわる。それは加害者――特に制度的な屈辱を与える者――が、彼の攻撃する犠牲者にたいして権力をもつという事実にもとづいている。それは、このいじめによって犠牲者にもたらされる完全な無力感と非常に重要なかたちでかかわっている。この無防備さの感覚は、犠牲者が自分の死活的な利害を守る能力がないことへの怖れのなかにあらわれる。たとえ犠牲者が立場を逆転させて、加虐者を――文字どおりの意味ではなく――獣として見ようとしても、それによって彼女の屈辱感がやわらぐはずはない。メンゲレのような怪物的人間による屈辱は、まぎれもない屈辱である。犠牲者は屈辱を与える行為のなかに実存的な脅威を感じ、この脅威に直面する自分自身の無力さに気づいている。たとえ彼女が、プラットフォームにたたずむ「ハンサムな悪魔」――メンゲレが犠牲者たちの眼にそう映ったように――が本当に悪魔であって人間ではないと確信することに成功したとしても、彼女は自分がおかれた状況において、その正当な屈辱の意識から抜けだすことはない。屈辱はたしかに存在しており、その感覚は正当なものである。なぜなら犠牲者はメンゲレを人間とみなさざるをえないからである。メンゲレを野獣とみなし、そうすることで彼の行為を屈辱の理由とみなさないという戦術は、ひとつの戦術にすぎない。たとえこの戦術が機能するとしても屈辱的な状況は残る、というのが私の主張である。人間として拒絶することとしての屈辱は、たとえそれがいかなる肉体的な残酷さをともなわず、儀礼的または象徴的にのみ遂行されたとしても、実存的な拒絶――それは象徴的なものではまったくない――のシグナルとして機能する。そこには人間にふさわしからぬ生を送らざるをえないという恒常的な脅威が存在するのである。

長いディアスポラとしての生き残りをかけた歴史のあいだ、ユダヤ人たちはしばしば異邦人たちを「吠える犬」と考える態度を身につけてきた。彼らから侮辱や屈辱を受けたと考える必要はない。そもそも吠える犬から侮辱されたり屈辱を受けたりする人はいないのである。犬は人を怖がらせようとはしないだろうし、けっして屈辱を与えたりしない。屈辱の犠牲者が加虐者を非人間化するこの試みは、それ自体としては理解できることだが、いじめをおこなう者がその犠牲者を非人間化しようとするのとまったく似ていないわけではない。

何世紀にもわたってユダヤ人たちが使ってきたもうひとつの手法は「善良な兵士シュヴェイク」(チェコの作家ヤロスラフ・ハシェクの未完の小説。邦題『兵士シュヴェイクの冒険』)のテクニックである。これは潜在的な加虐者に向けて、冷やかで何食わぬ態度――いじめる者を滑稽な人物にすることで、いじめを深刻に受けとるのを回避する態度――をとることである。この方策はいつでも用いることができるが、しかし問題は、いったいなぜ屈辱が深刻に受けとられるべきなのかということである。屈辱に暗示される実存的な脅威は深刻に受け止められねばならないが、それは屈辱それ自体ではない。犠牲者が自分の人間的価値に欠陥を見いだすべき理由はなにもないのであって、あるのは彼の実存にたいする、もしくは彼の基本的な人間的条件にたいする危険である。

屈辱的な状況におけるこうした弱者による防御的な芸当――「吠える犬」の戦術、「善良な兵士シュヴェイク」、「ブラック・イズ・ビューティフル」のように、恥のバッジを名誉のバッジに変えること、あるいは「彼が私につばを吐いたのではない、ただの雨だ」という否定の戦術――は、屈辱的な状況を根絶やしにすることはできない。せいぜいのところ、それらは状況を若干ましなものにしうるだけである。

だがもう一度問うが、なぜそうなのであろうか。なぜあなた自身が屈辱を受けたと考えるのが理にかなっているのか。社会は社会的名誉の前提条件であるが、あなたに自尊心を授けるのに必要なのはあなただけなのだ。もしそうであれば、あなたが自分自身を尊重するべきかどうか、また尊重するのであればどうやって尊重するのかを、個人であれ集団であれ、見知らぬ者が決定することがいかにして可能なのだろうか。さらに、自尊心とはあなたが人間としてのあなた自身に与える尊重である。それはなんらかの種類の達成によってあなたに与えられるなんらかの評価にもとづくものではない。人間であることはひとつの特徴であって、関係性ではない。人間であることは、いかなる意味においても、他人があなたについて考えることや、誰かがあなたをとり扱う仕方に依存するものではない。それはあなたが豊かな髪をもつことが、あなたの髪にたいする誰かの態度や考えに依存しない特徴であるのと同じことである。誰かがあなたの髪が薄くなってきたと言って笑ったとしても、もし実際はまだ豊かなままであるならば、このあざけりは、あなたが自分の髪を失いつつあると感じたり信じたりするもっともな理由にはならない。

この問いにたいするひとつの答えはこうである。自尊心はあなたが自分自身にたいしてとりうるひとつの態度であるけれども、それはあなたにたいする他者の態度に依存しているということである。この依存はたんなる因果的なものではない――それは、人びとがあなたについて考えることやあなたをとり扱う仕方が自分にたいするあなた自身の態度に心理学的に影響するという事実だけで構成されるのではない。この依存は概念的なものでもあるのだ。

人間存在の尊重に関する懐疑的正当化論は、私たちがお互いを人類の一部と認めており、そしてこの理由により、またこの理由によってのみ、私たちは尊重に値するという事実に根ざしている。先に指摘したように、懐疑的正当化論は最初からなんらかの特徴よりもむしろ態度にもとづいている。尊重を正当化するために用いられるかもしれないどのような特徴も、人間を人間として扱う私たちの態度に寄生している。したがって、ある人を人間の共同体から拒絶するいかなる試みも、尊重が基礎づけられる土台をむしばむことになる。たとえ屈辱を受けた者が、自分は恐るべき不正義をこうむっていると思う一方で、自分がほかの人間とまったく同じ人間であると考えたとしても、彼女は、自分自身にたいする考え方を形成する際に、他人が自分をとり扱う仕方を無視することができない。なぜなら他者の態度は、それがいかに粗悪なものであるとしても、人間の共同体——そこに所属する価値が存在するところの共同体——を定義するものを決定するために必要とされるからである。他者の態度は人間の価値というまさにその概念に組み込まれているのであって、この価値は、自尊心をもつ者ならば自分がもつと考えるはずのものである。自尊心をもつ人は概して、ほかの人びとが彼女に向ける態度を考慮に入れることから免れているわけではない。

哲学における重要な論点として、次のようなケースにおいて構造的な諸問題が浮かび上がることがある。すなわち、表面上はそれ自体の外部にあることがらへの言及を必要とするようには見えないが、分析すると最終的にはそうした言及を要することが明らかになるようなケースである。たとえばヒュームによる因果性の分析は次のような考えにもとづいている。すなわち、ある事象がほかの事象の原因となるのは、第一のタイプの諸事象が常に第二のタイプの諸事象をともなう場合のみだという考えである。だが、私たちはなぜこれらほかの諸事象を同一のタイプとする必要があるのだろうか。もし世界中にたったひとつの窓ガラスと、ひとつの石しか存在しなかった場合、たとえこの世界に投石と割れた窓というケースがほかに存在しないとしても、この石をあの窓ガラスに投げたことがこの窓ガラスが割れた原因だと言えるのではないだろうか。ヒュームは、因果性とは私たちが事物を見るあり方であって「世界」に存在するものではないと信じていたが、彼の分析にしたがえば、因果性の概念をつくりだすのを可能とするために私たちはほかの事象を必要とする。この概念は心理学的な条件づけの産物であり、ヒュームの見解においては、単一の刺激を基礎とした条件づけは存在しない。このことは、たとえば「赤」のような一般的な言葉においてはすべて真である。「赤」はたとえば、私が流す血と同じ色はなんでも赤であると定義できるかもしれない。だが、この宇宙で唯一の赤い物体が私の流す血であるというのははたして可能だろうか。このように、世界中に赤い物体がひとつしかない場合には赤の概念もまた形成されえない。これと同じ種類の議論が示唆するのは、もし私が自分の言語を他人と共有していることを知らない場合、私の言語もまた不可能であろうということである。実際のところ、こうした哲学的議論に関しては十分な蓄積がある。この議論のなかでは、ほかに存在するものをなんら必要とせずに世界中でただひとつのものだけにあてはまる概念が存在するように最初は思われたが、吟味ののち、そうした概念の構成にはほかの事物の存在が必要であることが明らかとなる。これと同様に、自尊心は自分自身の目に映る自分の人間的価値にもとづくのではあるが、ほかの尊重すべき人間存在の必要を暗に前提としているのである。

神聖なる名誉と人間の尊厳

人間の尊厳の概念を一神教における神聖なる名誉の観念と比較することが有益かもしれない。これらの宗教における神は、みずからの名誉をたたえないことを許さない。神は、そのおこない——ほかの神々にたいする信仰——ゆえに彼に名誉を与えるにはふさわしからぬことが明らかな人びとからも、名誉を与えられることをもとめる。ほかの神々は無価値で実体的ではないと考えられているのであるから、神がみずからの名誉を熱望するというのは奇妙である。というのも、ほかの神々は無価値で実体的ではないと考えられるのに、愚かな偶像崇拝者たちが信仰することを選んだのはまさしくこれらの非存在だからである。これら「壊れた水貯め」の支持者たちに「生ける水」の源を信仰するよう要求すること（『エレミヤ書』二：一三）の要点は何だろうか。なぜ愚者と悪人の共同体にたいして、唯一無二の神の名誉を要求するのであろうか。神と、彼の「自尊心」は、そうした人びとに依存しうるものだろうか。

この議論から引きだすことができる結論は、もし偉大にして畏るべき神（『ネヘミヤ記』一：五）が人間による肯定を必要とするのであれば、ほかの人間たちはそれにもまして肯定を必要とするという切れ味の悪い言明である。聖書の神は、彼を崇拝し名誉を与えるにほとんど値しない人びとにたいしてさえ、彼の名誉を守るよう要求する。この神の姿（*imitatio Dei*）から私たちが言えることは、たとえ最低の人びとによるものであっても、自分が屈辱を受けている――おそらくこの場合は貶められたという言葉のほうが適切である――ことに気づくという心理学的な事実は、私たちの人生におけるひとつの根本的な事実だということである。この事実に普遍的な正当化を見いだす試みはばかげている。それがあるがままの現実であり、それが人生なのである。もちろん一部のケースにおいては、誰かが屈辱を受けたと考える理由について正当化をもとめるかもしれない――たとえば、本当に雨が降っているのに誰かにつばを吐きかけられたと彼が信じているような場合である。だが、ウィーン広場でナチスの加虐者たちに敷石を磨くよう強制されているユダヤ人たちが、自分たちが貶められていると考えるのはなぜかと問うことはばかげている。もしそれが屈辱でないとしたらいったい何であろうか。

だが、神が彼に名誉を与えるにふさわしくない人びとからも名誉を受ける必要があることを理解するもうひとつの方法がある。これは、屈辱のパラドクスと相補的なパラドクス――すなわち、愛のパラドクス――によって名誉の必要を解釈するものである。愛する者は、屈辱を与える者と鋭い対照をなすが、彼または彼女の愛の対象を人間とみなしている。愛される者を人間として扱うことは、選択の自由をもつ存在として他者を受け入れることを意味する。一方で、愛する者は愛される者を自分のために独り占めしたいと思うが、他方で彼女が彼のことを自由に選んでほしいとも思っている。しかしながら、たとえ彼女が実際に彼のことを自由に選んだとしても、彼は、ある日彼女が彼を愛さなくなるのではないかという不安でいっぱいになる。このように、彼は自分が鋭い緊張状態におかれていることに気づく。すなわち、彼女を独占しておくために相手を絶対的にコントロールしたいという願望と、他者すなわち愛される者が自由に選択できるようにしておくべきだ――たとえこれによって独占が失われる危険が生じるとしても――という、これとは正反対の願望との緊張関係である。（これはたとえば、サルトルがプルーストのアルベルチーヌ〔『失われた時を求めて』の登場人物〕を解釈したやり方である。）神は自分だけが愛され名誉を受けることを欲するが、この愛と信仰が価値をもつのは、それが選択の能力を——非存在の信仰を選ぶような、はなはだ間違った選択も含まれる——有する存在からのものである場合のみである。

これらのパラドクスは、愛および屈辱という企てには自滅的な要素が存在することを裏づけている。これは誰かを愛したり屈辱を与えたりすることを不可能にするような論理的な矛盾ではない。むしろそれは概念上の緊張関係であって、愛や屈辱はただ生起する感情ではなくなんらかの正当化が可能な感情であるかどうかという問いを提起するものである。私がここまで論じてきたのは、ろくでもない人を好きになってその愛を拒絶されたときに傷ついたと感じるのも正当であるし、つまらない人間から屈辱を受けたと感じることも正当である、ということだ。

屈辱は愛よりもわかりやすいケースである。というのも屈辱は、屈辱を与える者が不在である場合でさえ感じられる可能性があるからである。ある人が自分の生活状況によって屈辱を受けるということも、その状況が人為的につくりだされている場合には可能である。愛にはこれに相当するものがない。屈辱はそれを与える人間を必要とせず、それゆえ、屈辱を与える者を見つけだすことは、屈辱を感じることが正当であるかどうかを確かめることよりも重要ではない。私たちの関心は制度的な屈辱——その主体は事務職員、警察官、兵士、看守、教師、ソーシャルワーカー、判事、そしてそのほかの当局者である——にあるので、ここでは屈辱を与える者の行為が品位を貶めるものであるかどうかを吟味する際に、彼らの主観的な意図を無視することができる。このことは、権力を有する特定の個人の気まぐれによるのでない組織的な屈辱を議論する際には特に正当化される。体系的な制度的屈辱を人の品位を貶める状況とみなすのは容易であるが、他方でその場合には、屈辱を受けたという感覚を正当化する際に屈辱を与える個人が重要であるかどうかという問いは考慮されない。

屈辱を与える行為者から屈辱的な状況に議論を移動させるといっても、制度の名のもとにそうした屈辱を実際に与えている人びとのおこないに関する個人的な道徳的責任を免除することを意図しているのではない。これはむしろ、屈辱の犠牲者がなぜ自分が貶められたと考えるのが合理的なのかを理解することにまつわる障害をとり除くことを意味している。屈辱を与える行為者から屈辱的な状況への移動が重要であるのは、制度的な屈辱が屈辱を与える行為者の特殊性から独立しており、屈辱の本性それ自体にのみ依存するものだからである。したがって制度的な屈辱は、個人的な関係から生じるたぐいの屈辱と対比される。あなたはその制度を評価するにあたって、その制度のもとであなたに屈辱を与える役人を評価する必要はない。さらに言えばあなたは、あなたの品位を貶める状況をつくりだしている制度の権力を認識するためにその制度を評価する必要さえないのである。愛は屈辱とは異なり、ある個人から制度に移行することはない。制度は愛さないのである。

第8章　拒絶

もし品位ある社会が屈辱のない《ノン・ヒューミリエイティング》社会であるならば、それは恥辱のない《ノン・シェイミング》社会をも意味するのだろうか。言いかえれば、品位ある社会はその諸制度のもとにある人びとに恥をかかせない社会でなくてはならないだろうか。さらに、それは人がばつの悪い思いをしない《ノン・エンバラシング》社会でもあるだろうか。

現在通用している区別のひとつに、恥の社会と罪の社会という区別がある。すなわち、メンバーがその社会の諸規範を内面化しており、したがってそれらの規範にしたがわない場合に罪悪を感じるような社会と、すべてが外面化されており、そこにおけるメンバーの主要な動機が、外面的な制裁を避けて他者の目に映る彼らの名誉と評判を保つ――それを失えば恥を感じる――ことにあるような社会との区別である。この大まかな区別にしたがうと、恥の社会は品位ある社会とほとんど関係がないように見える。というのも、品位ある社会は人びとの社会的名誉とかかわりがなく、彼らの自尊心だけに関係するからである。もしそうであれば、品位ある社会は罪の社会のうちのひとつとしてのみ見いだされるのであり、恥の社会のなかには存在しないことになる。恥の社会は、人びとが彼または彼女にふさわしい名誉を互いに与えあうという意味においては品位あるものでありうるが、各人に人間としての平等な尊重を与えるという意味においては品位ある社会ではありえない。恥の社会における屈辱は、格下げ――他者との関係において彼らが恥を感じるようなやり方で、社会階層の内部における人びとの地位を引き下げること――というかたちをとるのみである。これは、ある人の自尊心をそこなうという意味での屈辱ではない。理念型としての恥の社会に暮らす人びとは、自分自身にたいする尊重の感覚をもたず、他者の目に映るところの名誉の感覚だけをもつ。ある人が自分以外誰も知らないところで恥ずべき行動をとり、その結果として彼女の自己イメージが悪いほうへ変化し、人間存在としての彼女の価値が下がるというような考えは、恥の社会にはなじみのないものである。他者が知らないことは「存在しない」のであり、それゆえ恥の原因とはなりえない。

　ガブリエル・テイラー〔イギリスの哲学者〕は、とある少年について書いている。彼は自分の友達に、みんなが想像もできないほど多くの女の子を口説き落としてきたと自慢していたが、実際はいまだ童貞だったというものである[1]。この少年は友達をだましたことに罪悪感をもっているかもしれないが、内心では自分が童貞であることを恥ずかしく思ってもいる。彼は友達に恥をかかされないように嘘をつくが、このことは彼が心のなかにおいても恥ずかしさを感じていないことを意味しない。私たちがこの例から学べるのは次のことである。すなわち、恥と罪の区別は、恥が外的な反応である一方で罪は内的な反応であるという事実に存するのではないということである。ここで前提とされている罪と恥の社会の特徴づけは、「内的」と「外的」との対比にもとづいている。しかしながらこの区別の正しい見方は、自分の恥ずかしい行為や失敗を自分自身の視点から見る人と、それらを他者の視点から見る人の違いとして理解することである。この他者というのは必ずしも存在する必要はない。他者がすでに存在しない場合には、罪と恥の境界はあいまいになる。ある若いユダヤ人が彼女の信仰を捨ててコシェル〔ユダヤの律法にしたがって適切に処理された食品〕でないものを食べたならば、彼女はすでに亡くなった敬虔な両親のことを思いだして恥を感じるだろうか、それとも彼女は罪を感じるだろうか。これは簡単に答えられるものではない。

　恥辱と屈辱はどちらも、他者の視点にかかわるという意味で「赤の」感情である。だが、他者の存在がおそらく——最終的には私たちが独立した自己意識に到達するのを妨げることなく——自己意識の獲得に必要な条件であるのと同様に、私たちが自尊心を獲得するのに他者の視点が必要であるという事実によって、もはや他者に依存しないような自尊の感覚に私たちが到達することが妨げられるわけではないはずである。

もしそうだとすると、恥辱と屈辱の違いは何であろうか。私の主張は、恥辱は屈辱を含むがその逆は真ではない、というものである。この包含関係は明確にする必要がある。花の集合はバラの集合を含む。どのようなバラも花であるがその逆は真ではない。これとは対照的に、バラの概念は花の概念を含む。なぜならバラの定義は、その諸属性のひとつとして花であるという属性を含むからであって、その逆は真ではない。集合の観点からの包含関係（外延《エクステンション》）と、属性の観点からの包含関係（内包《インテンション》）のあいだには逆の関係が存在する。恥辱の出来事の集合は屈辱の出来事の集合を含むが、恥辱の概念は屈辱の概念のなかに含まれている。屈辱を受けた者はまた恥辱もこうむるが、必ずしもその逆にはならない。

人はたいした達成をしていないことを恥ずかしく思うかもしれないが、私の説明においてこれは屈辱ではない。屈辱は達成にまつわる概念ではない。恥辱が屈辱とかかわりをもつのは、ある人が自分の自己規定にかかわるある特徴を恥じるときに、その特徴がある集団に帰属していることと結びついている場合のみである。もし、ある社会がその諸制度を用いて、人びとがかれらの自己規定にかかわる正当な「帰属上の」特徴——たとえばアイルランド人であるとか、カトリックであるとか、ベルファストのボグサイド〔貧しいカトリック教徒が居住する地域〕の住人であるとか——を恥ずかしく感じるようにさせるならば、それは品位ある社会ではない。もし、ある人が彼の両親や社会的出自、たとえば富農（「クラーク」）の子どもであること——これはおそらく彼のアイデンティティの重要な要素を構成している——を恥じており、そしてこの恥が社会の政策や諸制度の振る舞いによってもたらされているならば、この社会は品位あるものではない。

ある人の自己規定の特徴のすべてが道徳的に正当な特徴なのではない。犯罪組織に所属している人びとに恥を感じさせる社会や、サディスティックな儀式を執りおこなっている悪魔信仰者たちに、彼らの「宗教」を恥ずかしく思わせるような社会は、彼らに恥ずかしい思いをさせているのだから品位ある社会ではないと責められるべきではない。活動的なナチ党員であった者の子どもたちが彼らの父親たちのことを恥じるようにさせる社会は、品位ある社会であるという主張をとり下げる必要はない。ある社会がもしナチ党員の子どもたちに罪の意識を感じさせることがあれば、その社会は品位ある社会であると主張する権利を実際に失う。親たちの行為へのつぐないの必要を感じるべきであるという意味において、子どもたちに責任を感じさせることは正しいかもしれないが、彼らに罪悪感を植えつける必要はないのである。このように私は、ある人のアイデンティティの道徳的に正当な側面と正当でない側面を区別する。

もうひとつはアイデンティティの特徴と達成的特徴との区別である。正当なアイデンティティの特徴を理由に人を辱めるのは屈辱を与える行為である。ある人のアイデンティティの達成的な側面を理由に辱めること——たとえば、偉大な詩人を自認するある作家のことを駄文家とこき下ろすこと——は侮辱かもしれないが、それは屈辱を構成するものではない。少なくともそれは、私たちがここで用いている、道徳的に品位を貶めているという意味における屈辱を感じる理由を構成しない。

自己規定とは、ある人の自己アイデンティティの規定を意味する。自己アイデンティティのもとには三つの異なる要素が存在する。

一　人格の同一性（personal identity）——異なる時間において同一の人格であることを保障する条件。

二　パーソナリティの同一性（identity of personality）——同じ人格が異なる時間においても同じパーソナリティをもつことを保障する条件。

三　個人の同定（personal identification）——人格を長い期間にわたって同定するもの。エリク・エリクソン（アメリカの心理学者）のような心理学者たちが思春期のアイデンティティ危機を記述するとき、彼らは一般的にこの第三の自己アイデンティティの観念に——主として彼の両親ないし両親の価値観との同一化に関する危機に——言及している。

ある人の自己規定は、主としてパーソナリティの同一性と個人の同定とに集中している。第三章で私は、パーソナリティの内的な全体性の概念――高潔さ《インテグリティ》――について論じた。私は、あなた自身の原則や理想、そしてあなたがそれによって自分の人生をかたちづくる価値にたいする忠実さという側面を強調した。ある社会がそのメンバーの高潔さを傷つけるならばそれは品位ある社会ではない、と私は主張した。ここで私たちは高潔さにもうひとつの重要な意味をつけ加えている。それはあなたの自己規定に忠実であるという意味であり、あなたの人格の同一性に加えてあなたの人生の物語の連続性を保障することを意図するものである。自己規定は、たとえあなたが自分の人生の物語が深い変化を経験した場合でも、それが連続的であることを保障する手段である。言いかえれば、たとえあなたの人生に非連続性が――昨日はトロツキストで、今日は保守主義者――あるとしても、あなたの人生の物語はこれらを統合する《インテグレート》ものなのである。

ある人の自己規定のすべてが等しく重要なわけではない。特に重要なのはまさしく帰属《ビロンギング》による特徴であると私は主張したい。ある社会が正当な帰属による特徴を不適格として拒絶するとき、その帰属によってみずからを同定している人は誰でも不適格とされる。それは人が自分自身のものとみなしているアイデンティティを拒絶している。次節で私は、ある人の人格の同一性およびパーソナリティの同一性において、決定的ではないにせよ、重要な役割をはたす集団への帰属という考えをとり上げる。そうした集団に帰属することはまた、そこにおいて人が彼のパーソナリティ（および彼の自己の別の諸側面）を表現するところのスタイルをつくるものでもある。そうした集団（あるいは諸集団）に帰属することが人びとに恥ずかしさを感じさせることは、彼らが特定の集団に帰属していることにたいする拒絶のみならず、彼らの人間性を拒絶することだと考えられる。この意味では、道徳的に正当な帰属によって人びとに恥ずかしさを感じさせることは屈辱を構成する。以下で私はこの点を吟味したい。

ここまでは、恥の社会と品位ある社会との関係を犠牲者の観点から提示してきた。だがおそらく、恥辱と屈辱との関係はその加害者の視点からも眺められる必要がある。ここでの考えは、品位ある社会とは恥辱の感覚を失わない社会——すなわち、屈辱を与える行為や虐待がおこなわれている場合にメンバーがそれに恥ずかしさを感じる社会——であるということである。

包括的集団からの排除としての屈辱

私は屈辱を人類から拒絶されることとして、あるいはいささか情緒的にいえば「人類という家族」から拒絶されることとして特徴づけた。この考えの難点は、それを政治的ないし社会的な用語に翻訳する試みが、あまりに抽象的であるがゆえに現実に適用できないという印象をもたらすことにある。結局のところ、私たち自身の社会において人間の共同体からの拒絶と考えられるべきものは何であろうか。この屈辱という観念を描き出す唯一の方法は、強制収容所、強制労働収容所、あるいは絶滅収容所をもつような極端な社会のケースに訴えることであるように思われる。こうしたケースにおいては、恐るべき屈辱が明らかに起こっており、これが人類からの拒絶をどのように構成しているのかを見るのはたやすい。だが、そうした「収容所」のおぞましい状況においては、屈辱の問題は身体的な残酷さと比べれば二次的なものになるように思われる。生存が尊厳に優先する。生命それ自体が危機にあるとき、自尊心はぜいたく品のように映る。

だが、これら収容所の生存者のなかには、そこで受けた屈辱こそ彼らの苦しみの最悪の部分であったと主張する人びともいる。しかしながら、屈辱を最悪の苦難だと考える生存者たちは、おそらく偏ったサンプルである——なにしろ彼らは生き延びたのだから。また、この地獄の記憶について書くことができたのは、この屈辱という苦痛にたいする感受性がもっとも高い人びとだった、ということもありうる。すなわち、メモワールの書き手と、たとえ激しい身体的な苦痛の状況にあっても象徴的な身ぶりに敏感である人びとのあいだには正の相関関係があると想定するのは理にかなっている。私はこの事実が重要であると見ている。なぜなら私たちには、理想や社会的な価値について書く能力をもつ人びとのサンプルに依拠して、そうした理想や価値の重要性を誇張する傾向があるからである。理想や社会的価値について書く能力をもつ人びとはしばしば、そうしたことを書かない人びとがあまり重視していない価値や理想をおおげさに強調する。それゆえ書き手でない人びとが圧倒的多数派であるということもありうる。この種のバイアスの明快な事例は、そうした人びとのあいだでの自由の重要性、特に表現の自由の重要性である。自由な言論はものを書く人びとにとっては至高の重要性をもつものであるが、ものを書かない人びとはそれよりも自由な時間のほうを好むかもしれない。

だが屈辱は、制度的なたぐいのものも含めて非常に広範にひろがっている。屈辱のあらわれを発見するために、はるか遠くの強制労働収容所はおろか、暴力にみちあふれた監獄を探す必要もない。しかしながら、屈辱の日常的な事例は、人間を人間として拒絶することとして直接に描写されうるような行為や態度を通常は構成しない。普通の社会においてもっとありふれているのが間接的な拒絶である。これは、人びとがそこに帰属して人間としてのみずからの生をかたちづくる方法を決定する諸集団を拒絶することにあらわれる。この問題は、メンバーが自己を規定するところの特徴——民族《ナショナリティ》、宗教、人種、ジェンダーといった特徴——を理由としてメンバーに恥辱を与える社会に関する先の議論で話題にのぼったものである。品位ある社会とは、その境界内にいる人びとが正当な包括的集団（encompassing group）に帰属できないようにする目的で諸制度を用いることがない社会である。言いかえれば、品位ある社会はもろもろの集団を拒絶せず、そして集団に属する人びとをその帰属の事実によって拒絶しない。この包括的集団という概念を詳述する前に、この概念のねらいに関する主張を確認しておきたい。それは、〈屈辱とは正当な包括的集団を拒絶することだ〉というものである。この定義は屈辱の概念をより具体的にし、私たちになじみのある社会への適用を容易にする。屈辱の証拠を見つけだすために、私たちは「収容所」や監獄を探す必要はない——それは私たちの足元にあるのだ。

いま私たちが答えねばならないのは以下の問いである。包括的集団とは何か。包括的集団と、人間を人間として拒絶するという意味での屈辱の観念とのつながりはどのようなものか。

「包括的集団」という用語は、ジョセフ・ラズ〔イスラエル出身の法哲学者、政治哲学者、道徳哲学者〕と私が共著論文のなかで用いたものである。[2] その論文でこの用語を用いた目的は、ここでの私たちの目的とは違っているのだが、両者は関連があり、それゆえここでも役立つ。論文のなかでラズと私は包括的集団の観念を以下のように説明した。

一　包括的集団は、多くの重要かつ多様な生の側面を包括する共通の性格と共通の文化をもつ。共通の文化はそのメンバーのライフスタイル、行動様式、願望、関係性をかたちづくる。包括的集団がひとつの民族《ナショナリティ》である場合は、私たちはそこに民族料理、特定の建築様式、共通の言語、文学の伝統、民族音楽、習慣、衣装、儀式、祝祭そのほかがあることを期待する。これらは必須のものではないが、ある集団を包括的なものにする顕著な特徴である。したがってここで関係するのは、その文化がほかの文化から際立っており、生活の多くの側面を包括し、そのメンバーの生活の重要かつ多様な諸領域——とりわけその文化に帰属する人びとの善き生にとって重要な——をカバーしているような集団である。

二　一と結びつく特徴は、その集団のなかで育った人びとがその集団の文化を身につけ、その特別な性質を保持することである。彼らの嗜好はその社会の文化によって顕著な影響を受け、それゆえ彼らの選択に影響を与える。すなわち、彼らが手にする職、余暇活動、ほかの人びと——友人と他人の両方——との関係に影響する習俗や習慣、そしてカップルのあいだや家族のほかのメンバーのあいだでの期待のパターンなどである。これらはすべてその集団において重視されるライフスタイルによって縁どられている。

三　包括的集団におけるメンバーシップは、部分的には相互承認の問題である。人びととは、ほかのメンバーによってその集団に帰属している者と同定される場合に、その集団のメンバーであると考えられるのが普通である。生まれやその文化への帰属といったほかの条件は、一般にそうした同定のための理由と考えられる。包括的集団は明確で明示的なメンバーシップの規則をもつ公式の制度とは異なる。メンバーシップは一般的にはほかのメンバーによる非公式の承認の問題である。

四　三の特徴は、包括的集団におけるメンバーシップがそこに帰属する人びとの自己同一化《セルフ・アイデンティフィケーション》にとって重要であるという主張に関する説明を準備するものである。包括的集団におけるメンバーシップは、その集団に属しているメンバーの同定と結び合っている。かくして集団への帰属は、人びとが他者にたいして自己を提示するための手段として受容される。包括的集団はより大きな社会において目立った存在である。包括的集団に属することはメンバーの自己理解にとって重要な事実であるが、メンバーにとってこれに劣らず重要なのは、自分たちの集団への所属について集団外部の他者と議論できることである。これはほかの人びとが彼らを理解し共感するために必要である。

五　集団におけるメンバーシップは達成よりもむしろ帰属の問題である。ある包括的集団の正式なメンバーとして受け入れられるために、人は自分の能力やなにかに優れていることを証明する必要はない。所属というのは通常はその集団のメンバーである他者による承認を意味するのだけれども、それは達成にもとづくのではない。集団のなかで傑出したメンバーであることは達成の問題かもしれないが、たんなる帰属はそうではない。先に述べたように、よきアイルランド人であることは達成の問題である。アイルランド人であることは帰属の問題である。

帰属は一般には選択の結果ではないところの諸基準によって決定される。人びとは包括的集団に帰属することを自分で決めているのではない。彼らは自分たちがそうであるがゆえにそこに属している。集団におけるメンバーシップが達成よりもむしろ帰属にもとづくという事実によって、メンバーシップは自己同一化の焦点となる。なぜなら、その集団におけるメンバーシップそのものは、達成にもとづく集団においてありうるような仕方で脅かされることはありえないからである。

六　包括的集団は、そのメンバー同士がお互いを個人的に知っているような小さな対面集団ではない。それは匿名性のある集団である。これは包括的集団が象徴の全範囲を——典礼、儀式、そのほかの行事や装具——有するのに必要な条件である。これによってメンバーが友と敵を同定することが可能になる。

包括的集団のこれら六つの特徴は相互にほかの特徴を包含するものではないが、これらはひとまとまりの群を構成する傾向がある。そして世界の現状としては、誰もが包括的集団に帰属しており、一般にその数はふたつ以上である——たとえば国籍はナイジェリア、部族はイボ、宗教は聖公会といった具合である。

所与の社会において包括的集団に向けられる嘲笑、憎悪、抑圧ないし差別は、しばしば中傷、屈辱、誹謗、道徳的不名誉、侮辱の原因となる。これらは集団に所属して集団をとおして自分を認識している人びとが傷つけられたと感じる理由でもある。包括的集団にたいする中傷はそのメンバーの自己イメージの低下の原因となる。これは、その集団への所属が達成の問題ではない場合でさえ真である。この自己イメージの低下のひとつの重要な原因は、彼らが自分たちの集団における成功したメンバーの達成から受けとっている栄光の反映の感覚を奪われるという事実である。だが、私たちが関心を寄せるのは自負心よりもむしろ自尊心へのダメージである。

屈辱とは、ある包括的集団を拒絶することであるか、あるいは包括的集団に帰属する正当な権利を有する人がそうした集団から拒絶されることである。宗教団体、民族的マイノリティ、社会階級、またこれらに類するものはすべて、さまざまな仕方で、また異なる程度の圧力をもって——冷笑の対象から完全な追放にまでおよぶものであり、そこに属していることにたいする重いペナルティをともなう——、全体としての社会から拒絶される原因となりうる。品位ある社会は道徳的に正当な包括的集団を拒絶しない社会である。ここで正当な集団という条件を加える理由は明らかである。「裏社会《アンダーワールド》」はおそらく包括的集団であることの要件をみたすであろう。裏社会に属することがそのメンバーの——犯罪の世界ではいかなる「達成」もなく、ただ犯罪者たちと一緒にいるだけの人びとも含む——自己同一化とアイデンティティの源泉になりうるような状況は容易に想像できる。しかし品位ある社会は、裏社会を包括的集団とすることを拒絶する権利を有するだけでなく義務も負う。

だが、そのメンバーにとって包括的集団としての役割をはたしている同性愛者の集団はどうであろうか。そうした同性愛者の集団が「クローゼットに隠れて」いるように強いる社会は品位ある社会と考えられるだろうか。この問題は、ゲイたちがある種の秘密結社（モーリス・バウラ〔イギリスの古典学者、文学研究者〕の洒落た言い回しにある、「ホミンテルン」）に私的に入会することを許すかどうかというものではない。問題は、明示的な所属のしるしをともなうかたちで包括的集団としてのゲイの集団に帰属することを禁じる社会にたいして何を言うべきかというものである。

品位ある社会は必ずしも品行方正《リスペクタブル》な社会ではない。品位ある社会は性的なことがらを根拠として包括的集団の形成を制限してはならない。品位ある社会が性的な振る舞いの不道徳な側面、たとえば未成年の性的搾取を禁止することは容認される。社会は、包括的集団としてのゲイの集団に未成年が参加することにたいして制限を——この制限によって、その社会が品位ある社会だと考えられることの妨げとならないかぎりで——加えてもよい。だが、成人同士の合意された性的な振る舞いを根拠として包括的集団の形成を妨げることが屈辱的であることは一見して明らかである。

包括的集団の機能は別様にも——副詞的に——提示することができる。言いかえると、包括的集団への帰属は、人びとが行為し生活を送るやり方を描写するための副詞を提供するのである。包括的集団への帰属——たとえばアイルランド人であること——は、特定のことがらをアイルランド的におこなうことを意味するし、カトリックであることは特定のことがらをカトリック的におこなうことを意味する。またプロレタリアのメンバーであることはプロレタリア的に生きることである、等々。人はこれらのライフスタイルのいくつかを同時に採用することができる——たとえば、アイルランド人として、カトリックとして、プロレタリアとして生きることができる。

人間は少なくともひとつの包括的集団の刻印なしには生きられないのであろうか。ここには絵画のスタイルによるジャンル分けとの興味深い類比が認められる。その技法に関するいかなる特定の特徴づけもなしに、人がただ絵描きであることは可能である。これは折衷主義的な芸術家についての適切な描写であるが、芸術家は一般的にその人生の異なる時期ごとに、それぞれの時期における彼らの絵画のスタイルにしたがって説明される。抽象的な芸術家もいれば具象的な芸術家もいる。ある者は抒情的であり、ある者は野獣的である。抒情的な抽象芸術家と抒情的な具象芸術家は、ほかのあらゆる種類の組み合わせと同様に可能である。これらはすべて芸術家のあり方である。これと同様に、人間であることの、ある人の人間性を表現するところの相異なるスタイルが存在する。これが「文体は人間そのもの」(Le style c'est l'homme même)〔ジョルジュ・ルイ・ビュフォン〔フランスの博物学者、啓蒙思想家〕『文体論』〕という言葉の深い意味である。だが、折衷主義的な芸術家がいるのと同じように、いかなる包括的集団にも帰属しないコスモポリタンたちもまた存在する。

相異なる包括的集団は、相異なる人間のあり方を反映している。ある人間を屈辱を与えることにより拒絶することは、彼女が自分を人間として表現するそのあり方を拒絶することを意味する。人間を人間として拒絶するという意味での屈辱という抽象的な概念に中身を与えるのはまさにこの事実である。

この包括的集団というレベルにおいて、私たちは集団全体を拒絶するかたちをとる屈辱のみならず、集団を無視するかたちをとる屈辱にも――たとえそれが「善意の無視」というかたちでなされるものであっても――気づくかもしれない。ここから私たちは、ある人を拒絶することはその人を無視することも含む、とつけ加えねばならない。人びとが属している包括的集団の拒絶をつうじて彼らが拒絶されるところの具体的なあり方は、第三部の主要な論点である。

尊重の正当化と屈辱の諸要素

第三章と第四章において、私は人間を人間として尊重することに関する三つのタイプの正当化を論じた。(一) 人間の悔い改める能力にもとづく積極的正当化、(二) 人間は尊重を正当化するためのいかなる特徴ももち合わせていないが、人間にたいする尊重の態度――この態度のおかげで、人間の有する特徴にもとづく人間の尊重が(懐疑的に)正当化される――が存在する、という考えにもとづく懐疑的正当化、そして(三) 人間の尊重を正当化しないが、人びとに屈辱を与えることを避ける必要だけを正当化する――なぜなら屈辱は人間存在だけに向けられうる一種の残酷さであり、いかなる種類の残酷さも誤りであるからである――消極的正当化である。

これと並行して、第六章では屈辱を構成する三つの要素を、あるいは別の言い方がよければ、「屈辱」という語の三つの意味を論じた。(一) 人間を人間でないものであるかのように――獣として、機械として、あるいは普通の人間以下の存在として――扱うこと、(二) 基本的なコントロールの喪失を明白にするような行為、またはその喪失につながるような行為をおこなうこと、(三) ある人間を「人類という家族」から拒絶することである。

本節では、一方における人間を尊重して屈辱を与えないことの正当化と、他方における屈辱の三つの意味とのあいだにある諸関係のいくつかを考察する。そこでは屈辱の多様な意味のあいだのつながりも描きだされる。

悔い改める能力にもとづく人間の尊重の正当化と、コントロールの喪失としての屈辱の概念を媒介する要素は、人間の自由である。悔い改める能力はサルトル的な意味での自由と共鳴しており、それは、人間存在は――彼が望めば――過去に彼が行為したのとは根本的に異なる仕方で行為できると主張する。たしかに、人間が望めば別様に行為しうると言うためには、人間の側における意志と能力以上のものが――その機会も――必要である。監獄にいる犯罪者は、まっとうな市民生活を送る機会がほとんどない。犯罪者を尊重をもって扱うことは、必ずしも彼らを監獄から解放してそうした生活を送る機会を与えることを意味しない。彼らに値するところの尊重は、彼らが悔い改める可能性――自分の生活を変えることができ、またその意志があることを言葉と行為で示すことができる――にもとづいている。彼らにその機会を与えるべきかどうかという問いは、これとはまったく別の問題である。

自由の概念はしたがってベクトル的な概念である。それは能力と意志というふたつの力の合成である。ふたつのスコラ哲学的な自由の観念、すなわち自発性としての自由（freedom of spontaneity）（ある行為はそれが行為者の意志にしたがっている場合に自由である）と無差別の自由（freedom of indifference）（ある行為はそれが別様にもなされ得た場合に自由である）は、能力と意志の両方を必要とする自由の相互補完的な概念である。これらの概念はそれぞれ異なる焦点をもつ――第一の概念は意志を強調し、他方で第二の概念は能力を強調している。

ある人の生活を根本的に変える能力という観点から悔い改めの概念を定式化するとしても、その焦点は実際には能力よりも意志により近い。すなわちその焦点は、ある人の過去の生活が誤ったたぐいのものであったという再評価の結果として、その人が異なる生活を送る意志をもつ点に定められる。これとは対照的に、自己制御《セルフ・コントロール》の概念およびこれと並行関係にあるコントロールの喪失という屈辱にかかわる概念は、能力としての自由という観念と関係している。行為能力の喪失としてのコントロールの喪失に関する典型的な例は、拘束されること、投獄されること、麻薬中毒となることである。現在の文脈におけるコントロールの喪失は、主としてアイザイア・バーリン〔ラトヴィア出身のイギリスの政治思想史家、政治哲学者）の意味における自由の制約——すなわち、人間が自由に行為する能力にたいする極端な外在的干渉——にかかわる。ここでは、自分の人生を自己実現という目的にそって形成するという、自由の厚みのある積極的な意味における自己制御にたいする侵害については語らない(3)。

屈辱のこれら三つの概念——人間を人間でないものとして扱うこと、拒絶、そして、ある人のコントロールの喪失につながったり、ある人のコントロールの喪失を際立たせたりすることを意図した行為——は、「屈辱」という語の三つの異なる意味《センス》である。これら三つの意味は、三つの異なる指示対象《ミーニングズ》ではない。ある語は、その語の多様な用法が、重要な指示対象となる要素を共有している場合に、専門的ではない意味において、異なる「意味」をもつと言われる。これらの異なる意味は、たとえば辞書の同一の見出しのもとに見つけることができるが、他方で相異なる指示対象は——それらの指示対象が相互に排他的である程度に応じて——異なる見出しのところに見つかるかもしれない。

そうすると、ここで論じた三つの屈辱概念は、三つの異なる指示対象ではなく、互いに密接に関連する三つの異なる意味だということになる。拒絶という意味での屈辱と、人間を人間でないものとして扱うという意味での屈辱には、特に密接な関係が存在する。それぞれの場合で焦点は異なっているが、その意味は多くの要素を共有している。したがって、私が相異なる屈辱の概念について語る場合、それらは相異なる指示対象ではなく、むしろ相異なる意味を指し示すものとして常に理解されるべきである。

屈辱はそのすべての意味において、人間を尊重するための消極的な正当化と特に緊密に結びついており、この消極的正当化は、人間だけに向けられうるある種の残酷さとしての屈辱を禁じることにかかわる。縛ったり拘束したりして生き物のコントロールを奪うこともまた動物にたいする残酷さのあらわれのひとつであるが、人間に屈辱を与える方法としてのコントロールの喪失に独特なのは、それが物理的拘束の残酷さだけでなく、犠牲者の従属を表現する象徴的な要素も含むところにある。

したがって、残酷さは人間の尊重の消極的正当化と屈辱の多様な要素を媒介する概念である。しかしながら残酷さと屈辱の関係は単純ではない。屈辱のない社会としての品位ある社会は、残酷さの回避が最優先であるという原理の特別な一事例にすぎないというわけではない。[4] 残酷さと屈辱のあいだの関係の複雑さは、北アメリカの原住部族についての次のような話によって説明される。その話によれば、これらの部族は自分たちが軽蔑する敵よりも尊敬する敵にたいして、より残酷な拷問をおこなっていたという。その理由はこうである。彼らは、自分たちが尊敬する敵が苛酷な拷問によってみずからの耐久力と自制心を示し、それによって彼らが英雄的な死を遂げるための機会を与えたかったのである。彼らは自分たちが軽蔑する敵にはこの機会を与えなかったが、その理由のひとつは、これら軽蔑すべき生き物には英雄として死ぬだけの能力がないと彼らが決めてかかっていたことにある。

私はこの話の歴史的な真実性を裏づけることができないが、私たちがこの話を理解できるという単純な事実が、残酷さと屈辱との関係の複雑さを物語っている。この話のなかでは肉体的な残酷さ——残酷さの第一の意味——が、実際に尊重の表現に相当するものであり、他方で敵にたいする残酷さの回避は、屈辱を与える行為として意図されているのである。

それゆえ私は、抑制《ブライドルド》のある社会と品位ある社会との区別を提唱する。抑制のある社会は肉体的な残酷さを避ける——たとえば身体的刑罰や、また苦役すら課さない——が、従属的な地位にある人びとにたいする制度的な屈辱のほうは回避しない。したがってそれは品位ある社会ではない。

問題は、さまざまなタイプの社会が辞書的な順序で配列されるべきかどうかということ——抑制のある社会は品位ある社会に優先し、品位ある社会は正義にかなう社会に優先するといった具合に——である。言いかえると、私たちはまずジュディス・シュクラール〔ラトヴィア・リガ出身のアメリカの政治理論家〕の「残酷さの回避を第一に」という原理にしたがって抑制のある社会を確立し、しかるのちに屈辱の回避を目指すというふうにしなくてはならないのか、それともそうした社会のタイプのあいだに優劣をつけることは避けるべきなのか。

抑制のある社会と品位ある社会との関係――私たちはここで理念型としての社会について語っていることを忘れてはならない――は、植民地体制にたいする私たちの態度と密接に結びついている。植民地体制は、それが覆した以前の体制よりも肉体的な残酷さの点では抑制の効いたものであることがしばしばある。にもかかわらず、その地方の暴君たち――その臣民を同じ国民または部族の同胞と考えており、それゆえ彼らを人間として対等であると考える――よりも、植民地体制のほうがより屈辱的で、その臣民を人間として扱うのを拒絶することが多い。もし「残酷さの回避を第一に」という原理が「まず肉体的な残酷さを根絶し、しかるのちに精神的な残酷さを根絶する」ことを意味するならば、問題は単純ではない。この問題が単純でないことは、肉体的な残酷さを回避するが屈辱的な植民地体制と、肉体的な残酷さをともなうが屈辱を与えない地方の暴君のどちらを選ぶかにまつわる困難が証明している。この私たちの困難は、私たちがふたつの悪のあいだでの選択を強いられていることを示しており、どちらがまだましな悪なのかを決めることに私たちが困難を感じても不思議ではないのである。

ほかのすべての条件が同じであれば――上述の例におけるふたつの体制の場合には、たしかに同じではないのだが――、肉体的な残酷さの根絶が第一にくる。したがって私はひとつの辞書的な優先順序を提起する。そこでは抑制のある社会が最初に、品位ある社会が次に、そして正義にかなう社会が最後にくる。この順序は累積的である――すなわち、品位ある社会は抑制のある社会でなければならず、正義にかなう社会は品位ある社会でなくてはならない。品位ある社会と正義にかなう社会との関係は結論部で考察する。

私はすでに、一方における屈辱と、他方における人間にたいする尊重の態度にもとづく懐疑的正当化とのあいだにある緊張関係を指摘した。この緊張関係の大半は、屈辱のふたつの意味に集中している。それは、人間を人間でないものとして扱うことと、人間を「人類という家族」から除外することである。もし人間がこれらふたつのやり方のいずれかで屈辱を受けるならば、はたして人間にたいする尊重の態度を基本的な所与として信頼することができるだろうか。私はすでに、懐疑的正当化は人間を人間として実際に尊重するという先行する事実にもとづくのではなく、むしろ、すべての人間がそれに値するところの尊重の態度という概念にもとづくと説明した。実際のところ、人間を尊重をもって扱うという背景概念の存在を証明するのはまさしくこれらふたつの屈辱の意味である。なぜならそれらの概念がなければ、屈辱は、少なくとも意図的な行為としては存在しえないからである。ある人間を人類という家族から除外する行為を屈辱の行為として把握することが概念的に可能であるためには、人間存在に由来する基本的な尊重——その剥奪が屈辱をもたらすような——という背景的前提がなくてはならない。屈辱は対比にもとづく概念であり、屈辱の反対概念は人間の尊重である。人間の尊厳という概念がなければ屈辱という概念もないのである。

第9章　シティズンシップ

品位ある社会が人間を尊重する社会であり、そしていかなる人にも屈辱を与えることが誤りならば、この点において、その社会のメンバーとその領域内でメンバーとされていない人びとのあいだに区別を設けるべきではない。私が品位ある社会をそのメンバーに屈辱を与えない社会とは定義せず、その社会の管轄下にあるすべての人を含む概念に拡張したのはまさにこれが理由である。

管轄権（jurisdiction）という観念を明確にしておく必要がある。オランダ社会は、この国が植民地の宗主国であった時代においても、ネザーランドの市民だけを包摂するシステムとしては品位ある社会、あるいはそれに近い社会であった。しかしながら、彼らがインドネシアで支配していた人びとにとっては、オランダは品位ある社会ではなかったのであり、それゆえ一般に品位ある社会と認められる資格をもたない。植民地社会は、その諸制度が本国で市民をどのように扱っているかだけではなく、植民地における臣民の扱いによっても判断されなければならない。

ある社会が包括的集団である場合、私たちはこの社会がメンバーをどのように扱っているかを問うかもしれない。これは先の問い、すなわちメンバーと非メンバーの両方を含むその社会に暮らすすべての人びとをどう扱うかという問いよりも狭い問いである。目下の問いは、その社会に帰属することが何を意味するのか、この帰属がその社会の諸制度がそのメンバーを扱うやり方にどのように反映されているのか、というものである。その社会が品位ある社会であるかどうかを決定するための非常に重要な問いのひとつは、その社会がそこに帰属するのが当然だと考えられる人びとのメンバーシップを否定するかどうかという問いである。この最後の問いは、その社会に公式に受け入れられているかどうかの問題だけに限定されない。それどころかそれは主要な問題ですらない。それはより広い意味における帰属に関係するものである。

品位ある社会の問題を論じるうえでの自然な設定は国民国家《ネイション・ステイト》である。全体として、国民国家はその市民にとって包括的集団であることの要件をみたしている。議論を国民国家に限定することで、私は議論の一般性を制約するつもりはない。私たちがこれから論じる諸原理は、国民国家を構成しない社会的状況にも拡張できるからである。

私の最初の主張は、品位ある社会はそこに帰属する人びとの市民的名誉を傷つけないということである。この主張をもっとなじみのある言い方にすれば、品位ある社会には二級市民がいない。古代ローマにおいて市民たちは特別な公的特権、たとえば議会での投票、兵役、公職に就く権利、訴訟を起こす権利、そして訴訟で自分を弁護する権利などを享受していた。ローマにはまた結婚や営業の権利などの私的な権利もあったが、公的権利と私的権利のあいだには厳然とした区別がなされていた。ある時期には、ローマ人は彼らが征服したラテン諸民族に公的権利のないシティズンシップを与えていた。それどころか、イタリアにおけるローマとその近隣諸民族との戦いのいくつかは、外国人に認められるべきシティズンシップの範囲をめぐっておこなわれた。ローマにおける二級市民の観念は投票権のないシティズンシップを意味していた。

私が古代ローマにおける二級市民について話す理由は、それがひとつの重要な事実を際立たせているからである。つまり二級のシティズンシップは人びとから本質的なリソースを奪うことや彼らと権威を共有することを拒むことにかかわるのみならず、二級市民は要するに完全な人間ではないという考え――すなわち、責任ある大人になりえない――にかかわるという事実である。この意味において二級市民は十全な社会参加を拒まれているのみならず、「成人の共同体」への参加も拒まれているのである。近代デモクラシーの夜明けにおける女性に参政権を付与するための闘争は、この同じ種類の争点にある程度関係している。すなわちそれは女性が不完全な人間存在であるという見方に反対する闘争だったのである。

シティズンシップは権利にかかわるメンバーの地位であるのが典型である。二級のシティズンシップは次のふたつのかたちをとる。ひとつは市民のある者にたいして、一般に誰もが有している完全な市民的権利を否定すること、もうひとつはシティズンシップの資格を有する者にたいして、その資格を留保することである。

第一のタイプの二級のシティズンシップは、人びとの権利を公式に否定することに常にかかわるわけではない。これらの権利の適用をめぐる差別――つまり、認められた権利が尊重されないこと――がしばしばあり、そしてこれは組織的なかたちで生じる。二級のシティズンシップは、市民と認められた諸個人にたいして一部の権利を――実際にほかの市民には認められている権利を――否定することにも関係する可能性がある。

第二のタイプの二級のシティズンシップは、ある国に帰属する（道徳的）資格を有する個人にたいして、その国における公式のシティズンシップを実際に留保することにかかわる。そのかわり、こうした個人には永住資格といった、シティズンシップと異なる劣等の地位が与えられる。これは社会に市民として参加することを望む人びとから見ると劣等の地位であるが、その国にただ庇護だけをもとめ、その国のシティズンシップに関心がない人びとにとっては必ずしもそうではない。

パレスチナ系アラブ人は自分たちがクウェートでは二級市民であると述べ、イスラエルのアラブ人は自分たちがイスラエル国において二級市民であると主張する。これらはふたつの異なった主張である。クウェートに関する主張は、クウェートで生まれ、そこで職を得て人生のすべてを過ごしてきたパレスチナ人が、その資格があるにもかかわらずクウェートのシティズンシップを否定されているというものである。これとは対照的に、イスラエルのアラブ人たちは公式のイスラエルのシティズンシップを有するが、ほかの人びとには認められているさまざまな市民的権利を否定されている。イスラエルのアラブ人の例は興味深いものである。イスラエルのアラブ人の大半はイスラエルを自分たちの自己規定に必要な包括的集団と認識しておらず、彼らのなかにはそこに帰属していることに非常に居心地の悪い思いをしている者さえいる。それにもかかわらず彼らが平等な市民的権利を要求するのは、たんに、たとえば寛大な条件の政府住宅ローンといった財やサービスが市民のあいだで正しく分配されることをもとめてだけのことではない。彼らがこうした財を否定されているという事実は、たとえそれが彼らが自己同一化していない社会によるものであっても、不正義のみならず屈辱としても認識されるのである。

財やサービスの分配における差別は、たとえそれらを奪われた人びとがそれを剝奪した社会に帰属していると自己規定しない場合であっても、屈辱の一形式である。彼らは形式的には自分をその社会のメンバーと規定するかもしれない——たとえばパスポート取得の目的で——が、そうしたメンバーシップは彼らの自己規定の構成要素ではない。それにもかかわらず、彼らは市民としての特権を否定されているという事実によって屈辱を受ける。この屈辱は、差別者によって自分を規定されたくないという感覚に由来する。あなたは彼らの社会のメンバーになりたくはないが、お前はここに帰属する価値がないと言われたくもない。多くのイスラエルのアラブ人たちがこのように感じていると私は信じている。

一般の公衆に認められていない諸権利を享受しているマイノリティについてはどうだろうか。たとえば中国では、ふたり以上の子をもうける権利が一部のマイノリティに与えられており、マジョリティには与えられていないが、この権利を一種の屈辱とみなすのはばかげている。なぜならこれは、マジョリティがうらやむ特権であることは文脈から明らかだからである。

それにもかかわらず、適切な家族規模がふたりの子どもであり、これより多い数の子をもうける家族は「動物」とみなされるような観念が流布している文化を想像することは可能である。そうした文化をもつ社会では、マイノリティのメンバーがふたり以上の子をもうけることを禁じないことが、彼らを動物のように扱っていると解釈されるかもしれない。犬が公衆の面前でおしっこする「権利」は、私たち人間に与えられていない特権なのではない。

このようにして包括的集団からの拒絶は、その集団のメンバーであることを望まないがその権利を有する人びとにさえ屈辱を与えるかもしれない。さらには分配されるものがたとえばイスラエル軍での兵役のような義務であっても、そこから除外された人びと（イスラエルのアラブ人）は安堵するかもしれないが、彼らが含まれない（軍務をもとめられない）という事実を必ずしも喜ばしく思うわけではない。私がここで展開している主張は、市民的諸権利における差別の問題が分配的正義の問題であるのみならず屈辱の問題でもあるということである。つまり、いかなるかたちの二級のシティズンシップも、剥奪的であるばかりか屈辱的でもあるかもしれないということである。品位ある社会におけるシティズンシップは、それが屈辱的でないためには平等主義的でなければならない。二級のシティズンシップにともなう感情は、ただ二級市民であるという感情だけでなく、二流の人間存在であるという感情でもあるのだ。

アリストテレスは、人間を定義する特徴はポリス的動物であることだと考えた。アリストテレスによれば、人間からポリス的特徴をとり去っていくにつれて、人間は動物に近づいてゆく。言いかえると、彼は人間の共同体から拒絶される。アリストテレスの見解では、人間のポリス的な特徴をとり去ることは、彼が市民――ポリスの生活における活動的な参加者――であるのを阻むことである。アリストテレスは善い市民と善い人間を区別した。善い市民は市民として善いのであって、必ずしも人間として善いわけではない。だが市民ではない人は、アリストテレスによれば一人前の人間ではない――彼は本質的な人間の特徴を奪われている。私は、ポリス的な生き物であることが大人の人間を定義する特徴であるとは主張しないが、二級のシティズンシップ――シティズンシップの留保か、あるいは市民的諸権利に関する組織的な差別のかたちをとる――は、人間を特定の社会における市民としてだけでなく一人前の人間としても拒絶するカテゴリーに属するかもしれない、というアリストテレスの考えはおおいに受け入れる。

〈品位ある社会は二級市民のいない社会であり平等主義的なシティズンシップ概念を有する社会である〉という

考えを擁護するのは無意味である、と反論してくる人もいるかもしれない。たしかに子どもも市民ではある。だが、子どもたちの権利に敏感な民主的な国家においてさえ、たとえば子どもたちが投票権をもつべきであるとか、その社会の公職者に選ばれるべきだとかは誰も言わない。囚人も数多くの国でその市民的諸権利を——たとえば議会選挙の投票権を——否定されているが、それはその国家を品位あるものと考える資格を奪う一見して明白な理由とはならない。したがって、二級のシティズンシップが存在する国家を品位ある社会と考えることはできないと言っても、それは一般的に過ぎて有益な主張ではない、と。

人間の尊厳に関する考察にもとづいて二級のシティズンシップに反対する議論は次のようなものである。すなわち、そうしたシティズンシップは、ある人ないしは集団を一人前の人間ではないとして貶めているとみなすことができるのだ、というものである。ひとつの解釈として、この成人ではない人間という観念が意味するのは、彼らが自分の生活に責任をもつ能力がないということが公的な決定によって表明されているということである。しかし、子どもたちは定義上は成人でない人間のカテゴリーに含まれる。これが屈辱を引き起こさないのは、彼らがいずれ成長する存在であると認識されているからである。大人を子どもとして扱うのは保護者の振る舞い《パトロナイジング》であり、大人を永遠の子どもとして扱うことには屈辱がともなう。だが子どもを子どもとして扱っても屈辱にはならない。もしある母親が、自分の娘がすでに大人であることを受け入れられず、娘を永遠の子どもとして見ている場合、母親は娘に屈辱を与えているのだろうか。答えはイエスでもありノーでもある。母親が娘を自分の行動に責任をもつ大人であるものとして受け入れられないという意味ではイエスである。屈辱の主要なモチーフは拒絶であるので、彼女が娘を家族の一員として無条件に受け入れているという意味ではノーである。(囚人の拒絶という論点は第一六章で論じる予定である。)

三種のシティズンシップの否定

T・H・マーシャル〔イギリスの社会学者〕はシティズンシップの概念を三つの層に区別できると主張した。すなわち法的、政治的、社会的シティズンシップである。(1) それぞれの側面は一群の権利と特権によって特徴づけられる。法的なシティズンシップは、法にかかわる諸問題において市民がもつ権利の十全性である。これは主として個人の地位とむすびつく諸権利を含む。同様に、政治的なシティズンシップは選挙における投票の権利や公職に就く権利といった政治的諸権利を含む。社会的なシティズンシップは医療サービス、教育、雇用、社会保障といった市民の社会的便益にたいする権利を含む。この三種の分割は国民国家におけるシティズンシップの概念の歴史的進化にも符合するとマーシャルは主張した。一八世紀においては「法の下の平等」という考えをとおして法的なシティズンシップが強調された。一九世紀には「一人一票」のスローガンによって政治的権利が強調された。二〇世紀には社会的シティズンシップの要求が政治のアリーナの中心を占めた。

包括的な社会的構成要素《ソーシャル・コンポーネント》を含まないシティズンシップは二級のシティズンシップであるというおなじみの主張がある。経済的・社会的権力をもたない階級のメンバーは、法的にも政治的にも完全な市民ではない。彼らは法のもとに平等ではなく、公職に選出される機会もほとんどない。シティズンシップの最初のふたつの側面は、その社会に帰属する完全な保証とはならない。経済的なもたざる者――特に「アンダークラス」――はしばしば社会的な疎外を示しているが、そうした人びとが公的な意味で市民である場合でさえ、この疎外は無関心から敵意にまでいたる幅広いかたちをとる。

シティズンシップはすべての人が享受すべき公共の善を意味するという、もうひとつのおなじみの主張がある。自由市場の徹底した擁護者であるアダム・スミスは、(職業)教育を労働者階級に無料で提供すべきである、なぜなら彼らの子どもたちが完全な市民として社会に参加できるよう保証しうるのは教育だけであるから、と主張した。彼にとっては、完全な市民とは生産的な市民である。

課税というものに反対する人びとでさえ、二級市民を一級市民に変えるのをうながすためには所得の移転が必要であると信じている。公共の善としての社会的シティズンシップという見方は、福祉国家を志向するひとつの重要な議論となっている。なるほどたしかにそのとおりであるが、私が論じたいのはそのことではない。シティズンシップのこの第三の構成要素に賛同する私の議論は手段的なものではない。もし社会的シティズンシップが、たとえば医療サービスを含むとすると、その提供を正当化するのは、私の考えでは、病気が活動的な社会参加を妨げるがゆえに、市民を健康にしておくことに一般的な社会的利益が存在するという事実ではない。適切な正当化の理由はむしろ、病気の人びとを健康にすることはそれ自体が善いことだという事実である。私はこれと関連する諸論点を第一四章で展開するが、そこで私は品位ある社会と福祉国家の関係という問いをとり扱う。ここでは、社会的シティズンシップの問題の周辺に若干の考察を加えることにしようと思う。特に、私は社会的シティズンシップの象徴的な側面に付随する諸問題に集中したい。

象徴的シティズンシップ——第四の次元

私はシティズンシップの第四の側面を提起する。それは象徴的シティズンシップの側面——すなわち、社会の象徴的な富を共有すること——である。この構成要素は一般的には〔個人の〕権利の言葉で定義されるものではなく、しばしば社会内部の集団の権利によって媒介される。ひとつの例として、マイノリティ集団がその言語を国家の公用語として認められる権利がある。

私の主張はこうである。品位ある社会はいかなる市民の集団も象徴的シティズンシップから排除しない社会である。品位ある社会は象徴的なレベルにおいて二級市民をもたない。

いかなる市民または集団も国家の象徴的側面から排除されないという要求は、「排除《エクスクルーディング》」という言葉をどの程度強く解釈するかによっては非常に幅の広いものとなるかもしれない。その社会が宗教的に同質的ではない場合、この要求は宗教を国家から分離することでみたすことができる。かくして、たとえばグレートブリテン王国のような国家においては、国家の首長――女王――が英国国教会の首長として振る舞うべきではないという要求によって、それは明示されている。多くのブリテン市民は国教徒ではないので、国家の中心的な象徴――すなわち女王――に国教会的な側面を与えるならば、これら非国教徒たちを社会の象徴的なレベルから排除することになり、彼らを二級市民にするであろう。

象徴的な領域からいかなる集団も排除しないという要求にたいして、社会の――この場合は国家の――象徴的な次元の主要な目的は、市民を国家と自己同一化させることを通じた忠誠心の創出であるという議論がある。これがもとめるのは、象徴が感情を喚起し、人びとに精神的・情緒的な影響を与える力を有することである。そうした象徴は人工的にまた任意につくりだすことはできず、有機的な歴史的過程の産物であるほかはない。ブリテンの場合、教会と国家のつながりは歴史の流れのなかで展開してきたものであり、これを廃止すれば、それら象徴が人びとの行動を――たとえば戦争において要求される行動を――喚起する力は失われるであろう。象徴のもつ力が減少すれば、大部分のブリテン市民がもはや彼らの王国と情緒的つながりをもたず、かわりにブリテンの生命力を奪うことになるかもしれない。

マイノリティがそこに参加できるようにある国の象徴の力を弱める人為的な試みによって、マジョリティが自分たちの国に同一化する能力は弱まるかもしれない。そのような場合、社会の象徴的次元にかかわりをもつ機会はあまりないだろう。だが、ある国に帰属することは保険会社と契約するようなものではない。そうした会社は自社の商標やCMソングをもっているが、商標は国民的象徴《ナショナル・シンボル》ではなく、CMソングは国歌ではない。問題は、市民からナショナルな自己同一化という象徴的次元を奪うことがどれほどのコストをともなうかということである。マジョリティを引き寄せてひとまとめにし、国との深い自己同一化の感覚を生みだすような象徴が、しばしばその国のマイノリティ集団に敵対的に向けられる現実の光景において、この問いはより先鋭なものになる。国民《ネイション》というのは近隣諸国民を憎み、自分たちの民族的起源《エスニック・オリジン》についての共通の幻想を共有する人びとの集合体であるという鋭い洞察には、多くの真実が含まれているように思われる。この憎まれている隣人がその国の住民であり、国民的象徴が彼らに敵対的に向けられるとき、こうした象徴が提起する問題はきわめて重大なものになる。

一部の象徴がマイノリティに敵対的に向けられると私たちが言うとき、それはマイノリティのメンバーが社会から積極的に拒絶されていると感じる原因となりうることを意味している。これがマイノリティにとって屈辱の問題かそれとも侮辱の問題であるかは、その象徴が有する力とその重要性次第である。だがおおまかに言って、社会の象徴資産に課されるべき制約は、それがマイノリティに敵対的に向けられる象徴を含むべきでない、というものである。これより難しい問題は、社会における象徴資産がことごとくマジョリティの歴史と文化に由来するがゆえに、マイノリティがそれらの象徴を共有できないような場合に、何がなされるべきかである。こうした場合、私はひとまず次のことを示唆しておきたい。すなわち、これは正義にかなう社会の問題である。というのも、そうした社会はその資産に含まれる諸々の象徴の正義にかなった分配を要求するが、これは品位ある社会の問題ではないからである。

品位ある社会における象徴的シティズンシップの原理は、少なくとも次のようなものでなくてはならない。すなわち、品位ある社会は、その国家の一部の市民にたいして――明示的または暗黙に――敵対的に向けられるようないかなる象徴も、その制度のレベルにおいて展開または支持してはならない。

第10章　文化

品位ある社会の文化がどのようなものでなければならないかという問いには、ひとつの明らかな答えがある。社会の境界内の人びとに屈辱を与えない文化というのがそれである。だが、この疑問の余地なき見解の背後には、文化がいかなる人にも屈辱を与えないようにするために私たちがすすんで支払うことになる、文化的・美的な代価に若干関連する諸問題が存在する。

品位ある社会をつくるためには、文化的創造性の精神は、たとえば他者に屈辱を与えてはならないと命じるような外在的な規範によって制約されなくてはならないのか、と問われることがあるだろう。シャイロックやフェイギンは、ユダヤ人にとって屈辱のひとつの原因を構成する文学上の人物であるとしよう。これは、『ヴェニスの商人』や『オリヴァー・ツイスト』の創作や出版を品位ある社会が制限しなくてはならないことを意味するだろうか。私たちは、『ヴェニスの商人』はユダヤ人に屈辱を与えるものではなく、戯曲中のシャイロックは屈辱を受けたが誇りを守るために闘った男であったという事実を強調して、品位ある社会がそれを肯定的に解釈することを要求できるだろうか。おそらくユダヤ人たちはすでに十分な社会的威信を獲得してきたので、これらの作品はもはや彼らに屈辱を与えないように思われる。だが、もっと立場の弱いマイノリティがその文化において屈辱的な仕方で描写される場合はどうだろうか。

品位ある社会の文化は屈辱を与えないものでなくてはならない。これは明らかに消極的《ネガティヴ》な定式化である。品位ある社会は誰かを、それが立場の弱い集団や個人であっても、肯定的《ポジティヴ》な仕方で提示する義務をなんら負わない。言いかえれば、品位ある社会の文化は「社会主義リアリズム」――そこでは「進歩的な諸勢力」と立場の弱い集団がもっとも肯定的に描かれる――を要求しない。

だが問題は残る。私たちは、自分たちの文化が品位ある社会の文化の資格をもつことを保障するために、屈辱を与える行為を禁止するようなやり方で、美的創造性にたいして外在的になんらかの規範を定めるべきなのだろうか。それともむしろ文化的創造性を、創造の自由を制約するあらゆる外在的な介入から保護すべきなのだろうか。どんな種類の文化が品位ある社会の文化と考えられるに値するのかと問うかわりに、芸術に外在的な規範を課すことは必要あるいは望ましいかどうかと問うことにしよう。外在的な規範とは美的な規範でないものである。屈辱を避けるために私たちが偉大な芸術（上位文化《ハイカルチュア》）に制約を課すことを望むならば、品位ある社会において私たちは当然にそうした要求を下位の芸術様式にもとめることができるだろう。なぜなら、そうした様式の芸術にたいする制約は重大な芸術的な損失とはかかわりがないからである。

私たちの問いにたいしてありうるひとつの応答は、〈屈辱を与えないという要求は芸術作品に外在的な規範である〉という主張を否定することである。すなわち、屈辱をともなう芸術は欠陥のある芸術である。良き芸術というものは、人に屈辱を感じさせるだけのものっともな理由を提供すべきではない。芸術は、たとえそれが屈辱を与えるものであるというのが事実だとしても良き芸術でありうるが、このことは、作品の屈辱的な側面がその美的な価値を減じないことを意味しない。屈辱的な側面がなければそれはもっと良いものになりえたであろう、と。この応答には学ぶべきところがあるが、私は、議論を美的評価およびそれと道徳的評価とのつながりに関する諸論点のほうにもっていきたくはない。ここでの議論の目的に合わせて、私は、屈辱のないことが芸術作品の評価にとって外在的な基準であると仮定している。私たちが屈辱を与える作品と屈辱や堕落を扱った作品とを区別しなければならないのは明らかであり、後者のなかには、マルキ・ド・サドの著作のように、屈辱や堕落を喜ばしいものとして描いているものもある。サド侯爵の作品は私たちになんら屈辱を与えない。反教権的な読解によれば、それらは私たちの魂を高揚させてはつらつとさせてくれるものですらある。

品位ある社会における芸術のための規範は次のことを宣明する。品位ある社会において創作され流通する芸術作品は屈辱を感じさせる理由を提供してはならない。これの反対論、つまり偉大な芸術は屈辱すら正当化するという主張は誤っている。屈辱を与える芸術作品も偉大な芸術であるという主張はせいぜいのところ、その作品の道徳的評価に際して情状酌量の要素になりうるにすぎない。それは作品にたいする私たちの態度を穏健なものにするが、屈辱を与えないという規範が無効になるわけではない。その良し悪しにかかわらず、個人や集団にたいして体系的に屈辱を与えるという罪を芸術作品が犯しているような社会は、礼節ある社会《シヴィライズド》ではない。また芸術による屈辱が、たとえば補助金によって制度的に支持されている場合、そのような社会も品位あるものではない。

これまで私たちは、品位ある社会における文化の性質の問いを、そうした社会における上位文化《ハイカルチュア》にたいする必要な制約をめぐる特定の問いに限定してきた。「文化」という語はしばしば「上位文化」の意味で用いられる。この反対は文化の欠如または俗悪である。私は文化の概念をエリート主義的な見解によって限定したくはないが、同時に大衆主義的な見解にもとづいて上位文化の概念をあいまいにすることも好まない。そうしたあいまい化は、上位文化と下位文化の対比は文化的衝突ではなくむしろ階級闘争であるという見解にもとづいている。大衆主義者の見解ではこれらふたつのタイプの文化の区別には益するところがなく、ただ「階級バイアス」を反映するものにすぎない。しかし文化の概念は論争的なものであって、それをとり巻く論争にここで入っていく必要はない。

私たちはまず文化の制度と文化の内容を区別しなくてはならない。文化の制度とは、学校、新聞やテレビのようなコミュニケーション・メディア、出版社、歴史資料、美術館、劇場、オペラハウスなどの教育制度を含む。文化の内容とは、社会のなかで、またこれらの内容をとり扱う諸制度のなかで、創造され、保存され、伝達され、検閲され、忘却され、そして想起されるようなものを含む。

かくして、品位ある社会の文化についての基本的な問いはふたつに分割されねばならない。第一の問いは次のようなものである。品位ある社会の文化的内容はどのようなものであるべきか。それらが品位ある社会にふさわしいものであるために、文化の内容にたいしてどのような制約が――もし課されるとすれば――課せられねばならないのか。第二の問いはこうである。品位ある社会の文化的諸制度にたいしてどのような制約が――もし課されるとすれば――課されるべきなのか。これらふたつの問いは緊密に結び合っている。たとえばもし、品位ある社会における演劇が屈辱を与えるものであってはならない――これは文化の内容にかかわる――としたら、その制度面での問いは、屈辱を与える演劇（ドイツのユダヤ人たちが屈辱的なものと受けとったファスビンダー〔ドイツの映画監督、脚本家、俳優〕の演劇『ゴミ、都市そして死』のような）を上演する劇場への補助金を削減すべきかどうか、というものである。

文化の内容と文化の制度の区別は、それが文化の観念をゆがめているという理由で批判を受ける可能性がある。文化とは内容ではなく表現の形式と可能性である。文化は言語の概念の延長である。つまりそれは、所与の社会がその自己表現のために利用できる象徴と記号の全体系を含む。言語がその内容によっては特徴づけられないように――それによって何が言われているかではなく、むしろ何が言われうるかによって特徴づけられる――、象徴と記号の体系であり、それらを組み合わせるもろもろの可能性である文化もまた、内容から特徴づけることはできないし、そうすべきでもない。文化は記号論的である――すなわち、記号と象徴一般の体系を包摂する言語の概念の拡張なのである。

ここで提出された文化の形式的な特徴づけは空虚なものである。なぜなら、あらゆる自然言語は、原理上は「あらゆる（または、ほぼあらゆる）ことがらについて語る」ことを可能にするものだからである。私たちはもろもろの象徴を、原理上の表現可能性よりもむしろ、それらが実際に用いられる仕方でとらえるべきである。ユダヤ社会は、ユダヤ人と異教徒の区別ばかりでなく、ギリシア人と異邦人《バーバリアン》の対比も論じるための表現手段をそなえてきた。

だが、前者の区別がユダヤ人にとって身近であり、彼らの言説のなかでしばしば用いられたのにたいして、後者の区別はユダヤ社会でなんの役割もはたさなかった。したがってここで興味を惹くのは、ある文化の記号体系によって表象されうるものではなく、実際に表象されているもの——特に、人びとが個人または集団としてどのように表象されているか——である。イギリス英語にはオランダ人を引き合いにしたひどい慣用句が数多く存在する。「オランダ人の安寧」(Dutch comfort)は、「まもなく状況はさらに悪くなるだろう」を意味する言葉であり、「オランダ人の勇気」(Dutch courage)は酔っ払った人のカラ元気のことである。「オランダ人の寡婦」(Dutch widow)は売春婦を意味する。こうした表現はほかにもたくさんあるが、これらはすべてイギリスとオランダが海上貿易で覇権争いをしていた時代に由来することが明らかである。これらの表現が今日のオランダ人についてのイギリス人の考え方に与える影響はほぼないと思われるかもしれない。しかしながら、こうした表現は「他者」に関するイメージに影響すべく再活用《アクティヴェート》されるかもしれない。どのような場合であれ、集合的な表象を規定するもろもろの象徴について議論する際には、私たちはアクティヴな象徴を引き合いにするのである。そうした象徴はたしかに陳腐な常套句《クリシェ》——私たちの思考の「癖」——ではあるが、依然としてアクティヴなのである。

私たちは集団的表象に関心を寄せているが、この表象は主に、その概念的・情緒的意義が社会の成員に共有されており、その集団の自己同一化に貢献するのに十分な潜在力をそなえたもろもろの象徴を含んでいる。集団的な表象においては、ほかの社会集団のステレオタイプが重要な役割をはたしているのであり、そうしたステレオタイプのなかには社会それ自体の内部に存在しているもののもあるだろう。ステレオタイプとは、人間集団に関するたんに単純化され図式化された表象のことではない。あらゆる分類や一般化は単純化や図式化をともなう。なぜなら単純化や図式化は認知のために必要だからである。ステレオタイプとは、ある集団の否定的な特徴を大げさに強調するような特定の種類の分類のことである。それは文化や歴史に由来するもろもろの特徴を不変かつ生来の特徴へと変化させる。ステレオタイプにもとづく思考がレイシズムの思考——そこでは獲得された、一時的な、望ましからぬ特徴が、生来の、恒常的なものとされる——と隣接するのはこのためである。集団的な幻想としてのステレオタイプが誤っているのは、その図式的な単純さと個々人の差異をあいまいにするからではなく、望ましからぬ特徴を生来のものとみなして過度に重視するからである。

黒人の怠惰、イタリア人の熱狂、アルメニア人の卑劣さ、ユダヤ人の排他性、トルコ人の残酷さ、ドイツ人の無粋——これらはすべて否定的な特徴であり、これらの集団にたいしてこれらの言葉を用いれば間違いなく侮辱となる。だがそれは屈辱でもあるのだろうか。

なるほどたしかに、あらゆるステレオタイプが否定的な特徴にもとづくわけではない。黒人のリズム感、イタリア人の優しさ、アルメニア人の賢さ、ユダヤ人の家族意識、トルコ人の勇気、ドイツ人の効率性といった、肯定的な特徴にもとづくステレオタイプも数多く存在する。ここで私が引き合いにだす「ステレオタイプ」は否定的なものだけであり、繰り返しになるが、それらのステレオタイプが屈辱を与えるものかどうかが私の問いである。

ここで、人間的スティグマと社会的スティグマの区別が必要であるように思われる。人間的スティグマとは主に肉体的な特徴を指し示すものであり、なんらかの意味で、その保持者が人類の一員である資格を奪う。社会的スティグマはむしろ、なんらかの意味でその保持者が特定の社会の一員である資格を奪うか、あるいは一員であることを拒絶するという問題にかかわる。だが、イタリアのシチリア人、フランスのコルシカ人、さらには各国のジプシーといった、彼らを拒絶する社会以外に社会をもたない人びとにとっては、これらふたつのタイプのスティグマは実際に結び合っている。彼らは自分たちを拒絶した社会を自分たちのアイデンティティのよりどころとする人びとであり、現実にほかの社会を選択する余地のない人びとである。このような人びとにとって、その社会から拒絶されること——彼らが「二級市民」とみなされることも含めて——は、人間とみなされないのと同義である。社会的スティグマやステレオタイプが屈辱的なのかあるいはたんに侮辱的なのかは、その集合的表象に帰せられる攻撃的特徴の本性によってのみ判断できるものではない。そうした汚名がもたらす社会的帰結のうち何が重要であるかについては、あらかじめ推測することはできない。

支配的文化における品位

これまで私は集合的表象という概念を、社会のメンバーが共通して保持している表象を意味するものとして用いてきたが、この概念にはただし書きを加える必要がある。文化における屈辱的な表象の問題は、すべて社会の支配的文化のあり方次第である。支配的文化だけが人びとを全体としての社会に受け入れたり人びとを拒絶したりする力をもつ。支配的文化の概念はふたつの意味をもつ。ひとつは、〈社会において優勢な集団の文化は、この社会に誰が属し、誰が属さないかを決定する力をもつ〉という意味である。そうした場合には、支配的文化と隣り合って存在するほかの諸集団が社会の内部に存在するが、この他集団は重要でないと考えられているか、あるいはまったく考慮されていない。この概念のもうひとつの意味は、〈社会全体にひとつの文化が存在するが、これをコントロールする力をもつ優勢な集団によってこの文化が決められている〉ということである。ここで用いた集合的表象という概念は、第二の意味における支配的文化に――すなわち、社会内部の優勢な集団が形成しコントロールする一般的な文化に――かかわる。

私は、ある社会が品位ある社会だと言えるのは、屈辱をともなう集合的表象――社会の諸制度によって積極的かつ体系的に用いられるような――をその社会の支配的文化が含まない場合のみであると主張したい。すぐさま提起される問いはこうである。もし品位ある社会における文化が屈辱をともなう集合的表象に制約を課すことにかかわるのであれば、これによって品位ある社会はピューリタン的な社会になるのではないか。つまりそのメンバーが他人を罵ることを許さず、心の清らかさが言葉の清らかさと受けとられるような社会になるのではないか。結局のところ、この種のピューリタニズムの今日の世俗的なヴァージョンとは、侮辱的でない「政治的に正しい」表現だけを許容するような「政治的な正しさ《ポリティカル・コレクトネス》」運動である。

屈辱をともなう表現のスタイルにたいして制約を加えることから生じるリスクは、それが偽善的な社会――そのメンバーたちは外面的には尊重の態度を示すが、表にあらわさずに軽蔑的なことを考えている社会――をつくりだすことである。そこで危惧されるのは、そうした社会の人びとが彼らの不快感を間接的に表現するようになってしまうことである。これは悪意を尊重の態度で包み隠すがゆえに、公然と表現される場合よりもたちの悪いものであろう。もし人びとが他者について屈辱をともなうような考えを抱いているならば、彼らがその考えを公けにしてぶつかり合うようにしておくほうがよい。だが、このどちらが良いかという問い――品位はあるが偽善的な文化をもつ社会か、屈辱をともなうが偽善的ではない文化をもつ社会か――はおいておくとしても、屈辱を回避するために表現の手段に制限を課すことは正しいかどうかという一般的な問いは残る。

私は、ここで品位ある社会と礼節《シヴィライズド》ある社会を区別することには意味があると信じている。（私は、この区別はもうひとつの重要な区別である、制度上の差別がないこと――品位ある社会――と、個人的な差別のないこと――礼節ある社会――の区別と同一であると考えている。）個々人が自己を表現する方法や、彼らが集合的表象を用いる際にありうる屈辱的ないし侮辱的なやり方に制約を加える試みには、きわめて慎重であることが重要である。その一方で、制度による表現行為に制約を加えることにはそこまで慎重である必要はない。このカテゴリーに私が含めるものは、制度の名において話す個人の声明である。そうした話者には制度の公式の報道官ばかりでなく、制度上の役割にもとづいて話していると合理的にみなされうるようなすべての人びとが含まれる。

話者が自分自身の名において話しているのか、それとも制度の名において話していると考えるべきか、それが明らかでないような境界例も存在するかもしれない。この種の興味深い事例は――政治的な正しさに向かう近年の趨勢から生じてきたものであるが――、キャンパスでの大学教授による発言の位置づけである。これは制度的な表現なのか、それとも個人の表現と考えるべきだろうか。一方で、教授たちは制度の仕組みのなかで教師として話しており、それゆえ制度にたいする制約によって制限を受けるべきであることになる。他方でこの特殊な制度的状況は、拡大された表現の自由——すなわち学問の自由——を彼らに提供するものとされている。いかなる場合であれ、学問の自由は、教授たちが少なくとも社会のすべてのメンバーに認められる表現の自由を享受すべきことを意味すると解される。たとえ学術組織のなかで教師としての制度上の役職を得ているとしても、彼らは制度の名において語る人間というよりも、むしろ個人と考えられるべきである。

屈辱をともなう集合的表象を個人が用いる場合と公的制度が用いる場合での、それぞれの作用の違いの話にもどるとしよう。制度による屈辱——社会制度により包括的集団から拒絶されること——は概して、社会内部の個人による屈辱よりも深刻な危害をもたらす。他方で、個人の表現を制約することは、制度による表現を制約するよりも損害が大きい。なぜそうなのかを知ることは難しくない。第一に、制度による屈辱の犠牲者にたいする脅威の要素は、個人による屈辱よりも概して大きい。なぜなら制度は個人よりも強力であり、その被害も大きいからである。屈辱それ自体に関して言えば、制度的な屈辱は人を包括的集団から拒絶することにかかわるのであり、それゆえそれは社会全体による拒絶と認識される。他方、これは一般的には個人による屈辱にはあてはまらない。同時に、諸制度の表現の自由を制約することは、個人の表現の自由を制約することと同じぐらい悪いわけではない。なぜなら表現の自由を最終的に正当化するのは個人の善き生だからである。制度にとっての表現の自由は、個人にとっての表現の自由に依拠している。これらの考察が正しければ、屈辱を与える振る舞いを個人レベルで制約することと集団レベルで制約することの区別を要求することは理にかなっている。ほかのことがらが同じであれば、制度にたいする制約は個人にたいする制約よりも正当である。

品位ある社会の文化にとって重要な試金石はポルノグラフィである。ポルノグラフィの構成要素とまでは言わなくとも主要な要素は、屈辱をともなう女性の表象である。ポルノグラフィは性《セックス》を表象するものではない——それを喚起するものである。この事実の副産物は、ポルノグラフィがきわめて屈辱的なやり方で——すなわち、たんに男性を興奮させる手段として——女性を表象するということである。ここでふたたび、礼節ある社会と品位ある社会の区別が決定的となる。制度によるポルノグラフィの使用、たとえば軍隊で士気高揚のために配布するのと、個人的な使用とのあいだには違いがある。ここでもまた制度的ポルノグラフィにたいする制約は個人的なポルノにたいする制約とは違うものでなくてはならない。おおまかにとらえるならば、社会を品位あるものに保つために制度的なポルノを規制することは正しいが、その参加者が同意した成人であるような場合に個人的使用のためのポルノを規制することは誤りである。

下位集団の存在

独自の生活様式をそなえた包括的集団を下位集団として含んでいる社会を想像してみよう。より大きな社会の文化的諸制度、特にメディアは概して、そうした下位集団やその生活様式が公けに存在を示す《パブリック・プリゼンス》ための手段を提供しない。この大社会のメディアには包括的下位集団の集合的表象を貶めたり侮辱したりする動きはないものの、下位集団とその生活様式は無視されている。この無視が意図的なもので、この文化において下位集団が公けに存在を示せないことが内部または外部の検閲による結果だと仮定してみよう。たとえば、これはいくつかの社会におけるゲイ・コミュニティの状況であり、そのコミュニティが包括的集団になっているが、これを無視する意図的な試みがなされている状況であると想像できる。社会はゲイたちを会員専用のクラブ、バー、私的なパーティーなどに隔離することで、ゲイ・コミュニティを公衆の視線から遠ざけようとする。こうした意図的な無視はこの包括的集団に屈辱を与えると言うべきだろうか。意図的か否かにかかわらず、一般的に無視は屈辱と考えられるべきだろうか。

議論を単純化するために、その文化のなかで包括的下位集団が公けに存在を示すのに経済的な対価は必要なく、さらには下位集団を隔離するための対価が収入を失う（たとえば、そのコミュニティの内部で売上数を伸ばすかもしれないような、下位集団をターゲットにした広告が存在しない）というかたちで存在すると仮定してみよう。

意図的な無視は、下位集団の生活様式を非難してその資格を奪うことを意味する。だが、この非難は屈辱を構成するだろうか。包括的集団――この例ではゲイ・コミュニティ――は、意図的な無視によって自分たちの生活様式が人間的価値をもたないと社会から判断されている、と見ている点で正しい。ゲイたちは、その生活様式を公けにすることによって自分たちが人間として自己を表現することの正当性を否定されていると結論づける点で正当である。価値ある生活様式を意図的に無視すれば、この無視が屈辱的な切り捨てであると考えるための正当な理由が犠牲者たちに与えられる。

たとえそれを実践することで多大な満足が得られるとしても、すべての生活様式が人間的価値をもつわけではない。人間的価値を欠く生活様式とは、屈辱を与えることがその中心的要素であるような生活様式である。クー・クラックス・クランやスキンヘッドのようなレイシストの集団はその構成メンバーにとっては包括的集団を構成するものかもしれないが、その生活様式が基本的に他者に屈辱を与えることにもとづいているがゆえに、人間的価値を欠いている。

価値のない集団を無視することはそのメンバーが屈辱を受けたと感じる理由を与えるが、それはもっともな理由とはいえない。私たちが直面している問題は、そうした集団が品位ある社会の文化において表象されるべきかどうかではなく、品位ある社会においてそうした集団がそもそも存在を許されるのかどうかである。この問いにたいする答えは、こうした集団がその犠牲者となる人びとに与える脅威の程度によって異なるものになる。もしそれらが存在を許されたならば、次にくる問いは、そうした集団が当該文化のなかで公共的なプレゼンスを与えられるべきかどうかであるが、答えは否である。これらの集団はなんの価値も有していない――あるいは、より正確に言えば、それらはマイナスの価値をもつ――というのがその理由である。価値の欠如とマイナスの価値は、当該集団に存立基盤を提供する義務（もしあれば）を免除する理由となる。

品位ある社会は、屈辱を受けてきた人びとが、彼らを不当に扱ってきた人びとに屈辱を与えることで対抗することを許すべきだろうか。言いかえると、屈辱を与えることは品位ある社会における正当な抗議のあり方であろうか。その社会は品位はあるが必ずしも礼節あるものではないというのがここでの想定である。すなわち、私たちは制度的な屈辱は存在しないものの、個人や集団がほかの個人や集団によって貶められる可能性を想定している。品位ある社会は、屈辱を受けた人びとがその仕返しとして、悪事を働く者とそのとり巻きにたいして屈辱を与える目的で組織をつくることを許容すべきだろうか。私は、マイノリティの犠牲者にたいする名誉棄損と屈辱の行為を明るみにして公的に非難する「名誉棄損防止同盟」〔反ユダヤ主義と合法的に対決することを目的とするアメリカのユダヤ人団体〕を引き合いにだしているのではなく、犠牲者の窮状に社会の注目を集めるために屈辱という武器を用いる組織を指している。問題はつば吐きにつば吐きで対抗する「自己防衛」のたぐいについてのものではない。そうではなく、問題は、反体制抗議行動として、ほかの集団に屈辱を与える目的で組織をつくることは――たとえば、組織されたレイシズム的なラップ・バンドのかたちで――許容されるべきかどうかである。言いかえれば、剥奪された屈辱を受けた集団が他者に屈辱を与えるために設立した制度が社会に存在することは、品位ある社会を屈辱のない社会として特徴づけることと両立できるだろうか。それらが非体制派の制度であるという事実によって、それらの制度は、ある社会が品位あるものかどうかを判断する材料となる諸制度から除外されるだろうか。この問いは、制度が復讐行為として屈辱を与えることが適切または効果的な種類の応答であるかどうかではなく、それによって社会が品位あるものたりうる資格を失うかどうかを問うているにすぎない。私が描いている状況は次のようなものである。すなわち、反体制的な下位集団が、マイノリティ集団を意図的に貶めている人びとに屈辱を与えるために自分たちの制度を利用しているような状況――言わば、組織されたトルコ人たちがドイツのネオナチの頭を剃るような場合――である。そこでは、この集団が属する大きな社会の諸制度は屈辱的な行為を差し控えているが、個人がマイノリティ集団に向ける屈辱的な行為が存在している。こうした場合、この社会は品位あるものだろうか。

私がここで描いているようなタイプの状況は、品位ある社会を特徴づけるための境界事例である。なぜならここで問題とされる諸制度は、たしかに社会の内部にある制度ではあるものの、その社会の〔公的な〕制度であると真面目に考えることはできないからである。しかし、私たちは社会の制度的枠組みの範囲を基本的な制度だけでなく、劇場のような周縁的なものにまで拡張してきたので、たとえば移民などの集団の組織を――たとえそれらが社会内部の周縁的な集団の組織であっても――社会制度の総体から除外するのは、なにかしら奇妙な感じを受ける。したがって、この問いにたいする私の答えは、私がここで描いたケースにおいては、そうした社会を品位あるものと考える資格は失われるというものである。

文化的寛容

品位ある社会は、原理のうえで多元的な社会であろうか。もちろん品位ある社会が、包括的集団を構成する競合的な下位諸集団をまったく含まない同質的な社会として歴史的に発達してきたような場合には、実際に同質的な社会である可能性がある。ノルウェーはそうした社会の一例かもしれない。だが、いかなる社会も――同質的な社会でさえも――、それが品位ある社会と考えられるためには、競合する正当な包括的下位集団の存在を原理のうえでは許容しなければならないのではないか。正当な包括的集団の存在を許さないのは、そうした集団の形成を望む人びとに屈辱を与えることであり、それゆえ品位ある社会は多元的でなくてはならないように思われる。しかしながら、多元的な社会とは別の選択肢がある――すなわち寛容な社会である。両者の違いはこうである。寛容な社会は互いに競合するもろもろの生活のあり方が存在することを黙認するが、そうした多様性にいかなる価値も見いださない。対照的に、多元的な社会は互いに競合するもろもろの生活のあり方を許容するばかりでなく、その存在自体に重要な価値を認める。寛容な社会にとって寛容とは支払うべき代価であり、長い歴史から競合するもろもろの生活様式を抑圧することは、必然的に不寛容を生むことを学んだのだから、人間の苦しみを避けるために支払うだけの価値がある代価である。かくして寛容な社会は原理ではなく思慮《プルーデンス》を理由として寛容の態度をとる。私たちは数多くの宗教戦争の歴史から寛容の必要について多くを学んできた。この歴史は多くのヨーロッパ社会に苦々しい教訓を与えてきた。すなわち、宗教戦争は重い代償を強いるということである。かくして宗教的寛容は現実との妥協というかたちで必要とされる。それは競合する諸集団の生活様式が社会全体にとって価値があるという認識とは関係がない。

包括的集団は、そこに帰属する者は誰でも、同じタイプのほかの包括的集団には原理上帰属できない――たとえば、人はカトリックであると同時にムスリムであることはできない――という意味では、相互に競合的な集団である。これは、都市と田舎に同時に暮らすことが不可能であるといったたんなる実際上の不可能性ではない。同じタイプのふたつの包括的集団に属することの原理上の不可能性は、一方の集団の生活様式のなかに、明示的または暗黙に、他方の集団に帰属することを禁じる命令が存在することを意味している。ロシアのナロードニキ（農村生活を唱道する一八七〇年代の社会主義運動）は、都会と田舎の生活様式を競合するふたつの包括的集団と考えたが、一般的には両者はそのように認識されてはいなかった。

多元主義《プルーラリズム》とは、競合するもろもろの生活様式にたいして価値を割りあてるようなひとつの立場である。多元的社会の一員である私は、分割された一方の側に帰属する者として、競合するほかの生活様式の価値を、たとえ私自身が身につけようと思わないし、私の子どもたちが身につけることを望まないとしても、認めることができる。両立不可能な生活様式は同質的な社会においても容易に存在しうるのではあるが、競合的な生活様式とたんに両立不可能な生活様式を区別することは重要である。都市住民であることと農民であることは両立不可能な生活様式であるが、両者は競合的ではない。宗教的であることと世俗的であることは両立不可能のみならず競合的でもある。生活様式は、その両方を同時に生きることが技術的に不可能である場合に両立不可能である。生活様式は、その一方の信念や価値が他方の信念や価値と相反するという意味において相互に相反する場合に競合的である。世俗的な生活様式と宗教的な生活様式は、たんに技術的に両立不可能であるばかりでなく相反するものである。[1]多元主義は、人がほかの生活様式を批判できないことを意味しない。しかしながら、ある人の批判が社会的あるいは人間的な拒絶となることがあってはならない。反対に、人は自集団のメンバーのためばかりでなくすべての人のために、競合するもろもろの生活様式の人間的価値を認めなければならない。私は次節でこの批判と拒絶の違いに立ちもどることにする。

したがって、品位ある社会は多元的でなくてはならないかという最初の問いは次のように理解できる。ある社会を品位あるものと考えるためには、それが寛容であることで十分なのか。それとも多元的でもなければならないのか。寛容な社会は、適切に理解されるならば、社会において屈辱のない諸制度を保証するのに十分である。言いかえれば、寛容は社会を品位あるものにするのに十分である。この目的のためには、社会が同時に多元的でもある必要はない。しかしながら、寛容が礼節ある社会であることを保証するために十分であるかどうかは明らかではない。社会のメンバー同士の関係のレベルでは、寛容では不十分かもしれない。それは寛容の性質に左右される。たとえばそれが無関心の結果である可能性がある。あなたは、とある生活様式に帰属していると思っている。あなたは競合するほかの生活様式の存在に気づいているが、それにたいしていかなる価値も認めない。その生活様式の信奉者たちが私たちの生活様式を身につければもっといいのに、とあなたは心のなかで思うだろうが、それに熱中するほど関心を抱いているわけでもない。あなたはただほかの生活様式とその信奉者たちに関心がないのである。あなたの態度の背後にはなんの情念もない。「それが彼らの欲するものであるなら、そのように生きていけばよい」と。

だが、ここにはもうひとつの種類の寛容も存在する――社会の諸制度が寛容でなければならないという事実を認めるが、個人レベルでのほかの生活様式にたいする激しい敵意の存在を許容するような、社会的な寛容のスタンスである。これらほかの生活様式は、たんに誤りであるのみならず実際に罪深いものと考えられるかもしれない。こうした社会は可能であり、現在の解釈にしたがえば品位ある社会ですらあるかもしれないが、それは信用《サスペクト》ならない社会であろう。なぜなら、その社会の諸制度のなかに地位を占める人びとのうち、競合するもろもろの生活様式にたいしてこの種の敵意ある態度を抱く人びとが、その制度上の役割をはたすなかで、屈辱を与えるような態度を表明するかもしれないという危険があるからである。言いかえると、その社会の諸制度の抽象的な態度――規則のかたちで法典化されたものとしての――は品位あるものであり、あらゆる正当な生活様式は許容されるかもしれないが、それら諸制度の代表者たちの実際の振る舞いにおいては、寛容は消え去ってしまう傾向があるだろう。

批判 対 拒絶

品位ある社会は、たんに両立不可能であるのみならず互いに競合する生活様式を有する複数の包括的集団を包摂していることを許容する、という原理にもとづいている。

ある生活様式の本質的な構成要素は、ほかの生活様式を否定するものであるかもしれない。世俗的な生活様式は基本的に宗教的な生活様式を否定しているし、その逆はなおさらである。問題は、そうした否定がどのような場合にたんなる厳しい批判にとどまり、それが屈辱をともなう拒絶になるのはどういう場合かということである。世俗主義者は、宗教的な生活様式が道徳的生活、家族生活、コミュニティの責任、危機的状況に耐えること、等々におおいに貢献することを信じて、その価値を認めるかもしれない。同時に、宗教的生活様式に由来すると彼らが考えている歴史的・形而上的信念について、特に、人の生を指導する権威の源泉について、世俗主義者は同意しない。さらには、世俗主義者は宗教的生活が迷信、偏見、希望的観測にもとづいていると考えるかもしれない。そうした人びとは宗教的生活様式にたいして自分たちが批判的な姿勢を、むしろ徹底的に批判的姿勢をもっていると考えているが、彼らは通常は自分たちの立場が屈辱を意図するものとは考えない。しかしながら、彼らは柵《フェンス》の反対側にいる人びとからはおそらく同じようには見えない。宗教的な生活様式に帰依する人びととの眼には、世俗主義者は批判者ではなく冒瀆者として映る。そしてもし世俗主義者が冷笑的な風刺という武器を用いれば、そうした風刺の犠牲者たちが、愚弄と嫌悪を喚起するような品位を貶めるやり方で自分たちが表象されているとみなすほうが確実であろう。一方にとっての批判を、他方は屈辱であるととらえるかもしれない。

多元的な社会は競合するもろもろの生活様式を推奨するが、批判と拒絶のあいだの緊張状態をもっとも経験しやすい。屈辱を受け、周囲の疑念に、特に支配的文化にたいする疑念にとり巻かれた立場の弱い《ヴァルネラブル》集団は、どのような批判も屈辱と解釈する傾向がある。支配的な生活様式のほうは、そうした周縁的な生活様式におそらく無関心であろう。そのため前者は後者を批判する意図をもたない。なぜなら前者は後者を脅威と受けとらないからである。支配的な文化は、ほかの文化があまりに周縁的で批判に値しないとさえ考えるかもしれない。だが、そうした無視は過度に敏感で立場の弱い集団には侮辱と受けとられがちである。周縁的な集団は、支配的な集団が自分たちについて考えるのをやめるはずはなく、彼らの無視は無関心の結果というよりもむしろ意図的なものであるという考えにとりつかれるかもしれない。これらはすべて、過去に傷つけられたがゆえに現在も過度に敏感になっている包括的下位集団に関する、苦々しい心理学に属する話である。

だがそうなると、何が許される批判で何が不愉快な屈辱かを決めるのは誰なのか。ここでひとつの原理が浮上してくるように思われる。批判とは、あなたが他者に提示したいと思うことがらのうち、それに類似するものがあなたに提示された場合に、あなたがすすんで受け入れるであろうことがらすべてのことである。屈辱とは、あなたが他者に向けて表現することがらのうち、それに類するものがあなたに向けられたとき、あなたが屈辱を感じるようなことがらすべてのことである。しかし立場の弱い集団の場合には、ここで示唆した原理は、フェザー級のボクサーにヘビー級の試合に参加せよと言うことに似ており、そこには、ヘビー級ボクサーは彼の相手に向けてパンチを繰り出すばかりでなくカウンターブローを仕掛ける意志もあるという主張がともなう。立場の弱い集団はこの意味でしばしば「フェザー級」である。社会的に「ヘビー級」の集団が繰りだすブローは、大概は彼らを床に叩きつけるのであり、社会全体からの拒絶というノックアウトで終わることとさえある。

同時に、〈立場の弱いマイノリティ集団には何が屈辱的かを決めることが許されるべきである〉という原理は非常に疑わしいものである。私はすでに、これがなぜ疑わしいのかについてのヒントを出しておいた。迫害の歴史をもつマイノリティ集団はしばしば屈辱と侮辱に関する文化的な妄想症《パラノイア》を患っていることがある。彼らは、普通の人の目では侮辱や屈辱には見えないような場面で、外部の観察者がマイノリティ集団に共感的である場合でさえ、侮辱を「探し出す《フィッシュ》」。この集団のすり減った神経は非常に敏感であることが多いため、賞賛ですらも侮辱と受けとられるであろう。文化的な疑念の雰囲気のなかで与えられる賞賛は恩着せがましい、偉そうな態度の証拠と受けとられる。

最後の見解とは反対に、迫害と屈辱の歴史は屈辱に耐える厚い皮膚を育むという異論も存在する。いずれの見解にもある程度の真実が含まれている。そのような歴史をもつ集団はこれら二種類のうちどちらかのやり方で反応するか、あるいはもしかしたら、気持ちの変化に影響された不安によって両方を同時におこなうかもしれない。ここでの問いは、何を屈辱とみなすかの決定を、この種の気持ちの動揺におちいりがちな、立場の弱い集団の手に委ねておけるかどうかということである。私の主張はこうである。品位ある社会においては、立場の弱いマイノリティに向けられる屈辱を与える身ぶりの性質に関して、彼らがおこなう解釈を優先するような推定がなくてはならない。この推定はたとえば、一般的な文脈においてこの屈辱の解釈が説得力をもたないことを示すことで反証することができる。当該社会による推定に際しては立場の弱い集団の解釈が優先されるべきだと判断することの正当性は、解釈における誤りのバランスを弱者の側に傾けることの道徳的必要性と結びつけられる。

これについて説明したい。たとえば「疑わしきは罰せず」という格言にあるように、私たちが無罪の推定を支持するとき、私たちはこの推定を、法廷に出頭した人びとの大部分は実際に無実であるといった統計的な証拠で正当化するのではない。大部分の人が実際は無実というのはありそうにない。この正当化は道徳的なものであって、その目的は、無実の者の利益のために法廷の誤りを規制することにある。この目的は、「ひとりの無実の者を監獄に送るよりも、五人の犯罪者を自由にしておくほうがよい」といった格言に表現されている。私たちは誤りがどちらに向かうほうが好ましいかわかっている。私たちにとって無実の者を処罰する結果となるような誤りは、有罪の者を自由にしてしまうような誤りよりも悪い。同様に、立場の弱い集団による解釈を優先する推定が正当である理由は、もろもろの誤りがこの集団に有利になるようにすべきだということである。それゆえこの集団による解釈は、それが反証されないかぎり、また反証されるまで、受け入れられるべきである。(2)

数年前にペンシルヴェニア大学で、夜遅くに寮の外で騒いでいた黒人女子学生グループのメンバーのひとりを、白人の学生が「水牛」というあだ名でどなりつけたことがあった。この出来事はおおいに注目された。なぜなら白人学生はこの言葉にレイシスト的な意図があることを強く否定したけれども、黒人女性と彼女の友だちはこのあだ名を人種差別的な発言だと解釈したからである。提出された議論のひとつは、水牛はアフリカ起源の動物で黒い皮膚をもつのだから、この発言はレイシスト的であるというものであった。(水牛は実際には茶色でアジア起源の動物だが、そもそもそんなことを誰が知っているだろうか。)大学の弁護士は、この発言の解釈においては、それを言われた者が解釈する余地を残していなければならず、それゆえ、この発言がレイシスト的であるという解釈は受け入れられるべきであると論じた。私の言いたいことは、ここには黒人学生の解釈を優先する推定が存在しているということだけである。

立場の弱い集団の解釈を優先するという寛容の原理(the charity principle)〔ドナルド・デイヴィッドソン〔アメリカの哲学者〕の「根源的解釈」における用語〕は、もうひとつの原理によって相殺されなければならない。すなわち、「家族のなかで」、つまり集団の内部でなされた場合に屈辱でなく批判であると受けとられたことがらはなんであれ、それが集団の外部からなされた場合にも同じように批判であると受けとられねばならないという原理である。

たとえまったく同一の表現を問題とする場合でさえ、集団の内部で起こることと外部から生じるかもしれないことのあいだには、その文脈と意図の点で相違が存在することは疑いない。自嘲ぎみの口調で、ある集団の内部でユーモラスな批判として述べられたことは、たとえその表現が同一の内容をもつとしても、それが外部からのものである場合には純然たる屈辱の表明でありうる。それにもかかわらず、私たちは次のような原理を固守しなくてはならない。すなわち、両者のあいだに区別を設けて、ある発言が内部からのものであれば批判として考えるが、それが外部からのものであれば屈辱と考えるべきだと決定する権利を社会はもたない、という原理である。ひとたび批判だとなれば、それはいつまでも批判なのである。

　もし私の議論が、屈辱は純粋に言葉の問題であるといった印象をつくりだしたならば、それは正す必要がある。言語的な表現と同様に非言語的な表現も指し示すことができる「表　現《イクスプレッション》」という言葉を私が用いてきたのは、これを避けるためである。結局のところ、非言語的な表現は屈辱を与える目的で頻繁に用いられる。ベルリンに来た移民に向かって近ごろおこなわれるナチス式の敬礼は言葉よりも辛辣なものであり、墓石を鉤十字で冒瀆することも同様である。

　だがこれでは十分ではない。品位ある社会の文化は、社会が自由に使えるあらゆる表現手段のみならず、その物質的な文化——ロマン主義的な二分法においては文化と対置されて文明と呼ばれるもの——を含んでいるはずである。私たちが文化を論じる目的には物質的文化も含まれている。品位ある社会の物質的文化はどのようなものであるべきかという問いは重要である。ある社会が利用できるテクノロジーは、その社会において何が屈辱的であると考えられるかを決定する重要な要素である。私は、ある特定のモデルの自動車といった、物と結びついたステータス・シンボルだけに言及しているのではない。もろもろの人工物はコミュニケーション行為として、つまりそこに「含まれる」ものと「含まれない」ものという使い方によって、誰がそこに属し誰が属さないのかを伝えるシグナルとして実際に機能することがある。しかし、文化のコミュニケーションの側面を越えると、屈辱の概念がもうひとつある。それは、技術文明に特に関連する種類のコントロールの欠如としての屈辱である。典型的な例として、障碍のある人びとのためにつくられた設備を考えてみよう。一部の社会においては、障碍をもつ人に特別な便宜を提供するためにかなりのケアがおこなわれており、それによって彼らに高い程度の独立が与えられている。ほかの社会においては障碍をもつ人びとは、彼らが他者の善意に依存しているという事実によって常に屈辱を受けている。これは、障碍をもつ人びとに独立の手段を保障できる物質的資源が存在する場合にもしばしば起こる。これらの資源を提供する余裕があるにもかかわらず、障碍をもつ人びとがそれらを自由に使えるようにする努力を怠っている場合には、社会は彼らに屈辱を与えていることになる。

障碍をもつ人びとに割りあてられた特別な駐車標識はスティグマではない。それは屈辱のしるしではなく便益のしるしと考えられるべきである。なぜなら、ほかの人びとには禁止されている場所に障碍をもつ人が駐車することを許可するこの標識は、彼らが自分の行動をコントロールする能力を高め、したがって彼らの生活の質を高めるからである。こうした標識の割りあては、質の向上であって屈辱ではない。ある集団や個人をたんに選びだすことが屈辱的なのではなく、(黄色い星の場合のように) 人びとを隔離し、抑圧することを目的とした選択だけが屈辱的なのである。障碍をもつ人のための駐車標識は、それが正反対の目的の達成を意図するものであるがゆえに望ましいのである。

第四部　社会制度を吟味する

第11章　俗物性

俗物的《スノビッシュ》な社会は品位ある社会でありうるであろうか。ひとつの簡単な答えは次のようなものだ。俗物的な社会が屈辱を与えるものであるならば、それは品位ある社会ではない。しかし、俗物的な社会が屈辱を与えるものでないならば、それは品位ある社会とみなすことが可能である。この答えはしかしながら、あまり役には立たない。私たちが知りたいことは、俗物的な社会が本質的に屈辱を与える社会であるかどうかということであり、もっとはっきり言えば、俗物性《スノバリー》と屈辱とのあいだに概念上の関連性があるかどうかということである。私たちは俗物性をありがちで微笑ましくさえあるちょっとしたあやまちとして大目に見ることが多い。それはイギリス喜劇を彩る素材であり、そこでは痩せこけた老婦人たちがボーンチャイナのティーカップを手にして、たまたま「無作法な振る舞い」をした困った野心家の若者について意地悪な感想をつぶやく。とても感じの良いことではないが、とても感じの悪いことでもない。俗物性はささいな社会的な行動様式に関連する無作法にもとづいているので、私たちはその現象全体をささいなものとみなしがちである。しかし、一連のささいな歩みが重大な結果を引き起こしうるのであり、そして俗物性はまさにそのようなものなのである。イーヴリン・ウォー〔現代イギリスのカトリック小説家〕の小説は俗物性のもたらす危うさを、すなわち上品ぶって嘲笑的な、意地の悪い俗物《スノッブ》の典型を描いているのであって、イギリス喜劇の哀れで滑稽な俗物を描いているのではない。

私たちの目的にふさわしい問題は、制度の俗物性である。その問題の正確な特質については次のような問いがある。それは屈辱の問題であるのか、それともたんにばつの悪さ《エンバラスメント》の問題であるのか。私はばつの悪さをきわめてまじめにとり上げる。多くの人がその生涯において、もっぱらばつの悪さを避けるために決定的な手段を講じてきた。シンクレア・ルイス〔アメリカの小説家・劇作家・批評家〕のバビット〔小説『バビット』の主人公〕はある女性と結婚したが、その理由はただ、彼女を拒絶することが彼にとってばつの悪いことであったからである。それでもやはり、ばつの悪さは屈辱ではない。そして、人は故意に、屈辱を与えることなく他者にばつの悪い思いをさせることがありうる。その人がすることが厄介な状況を引き起こし、ばつの悪い思いをした相手にどうしていいかわからない切迫した感情を抱かせることになるのである。ばつの悪さは自負心を引き下げるかもしれないが、自尊心には影響しないであろう。そういうわけで問いは、俗物性が、ただ空気を読まない人びとにばつの悪い思いをさせることだけにもとづいているのか、それともそのような人びとに屈辱も与えるのかということである。俗物性はたいていの場合、正義にかなうわけでもないが屈辱を与えるわけでもない社会において、名誉を配分する一種のカルテルとして機能しがちである。したがって、当面の文脈において俗物性の何が問題なのかという問いは、俗物性と俗物の罪悪という全般的な問いではない。それらには悪いところが多くある。(1) しかし、私たちの問いは焦点がもっとしぼられている。つまり、俗物性は屈辱を与えるものなのであろうか。

俗物性は名士たちに関係する。それはつまり、名士たちとは付き合うが無名の人とは付き合わないということである。なにか感銘を与える業績があると人は名を上げることができるが、しかしさらに良いのは生まれつき名士であることである。俗物的な社会とは、社会の成果志向を帰属志向に変えるかもしれない社会である。俗物性は、内集団への帰属のしるしをたえず精緻なものにすることで成り立っているので、当該の社会から「他者」がたえず排除されることになる。帰属のしるしは直接の付き合いによって獲得されるのであって、遠くから説明することによって獲得されるのではない。これにより、部外者たちが社会の流れを決定づける者たちの勢力圏内にいない場合に、彼らがその社会に入り込むことは非常に困難になる。なにか感銘を与える達成が俗物的な社会の鎧を貫くかもしれない。しかしながら、肝心なのは達成ではなくて、こうした達成によって得られる名声である。帰属のしるしを獲得しなかった部外者たちの振る舞いはぎこちなくおどおどしたものであり、とりわけそのことが彼らにばつの悪い思いをさせる。彼らはゆく先々で、あちらこちらに部内者たちがおいた石につまずき、そのために部外者たちが社会の内部に進むことは困難になる。「滑り台とはしご」という悪意のこもった仕掛け――そこで部外者ははしごではなく滑り台を与えられる――は無害なものではなくて、実に有害なものとなりうる。

制度の俗物性はたとえば、華やかな制度的行事へのおしゃれな招待であるとか、特別な規則にかなう場合だけ入ることが許される高級クラブで示されるかもしれない。そのような場所に加わる望みを抱いた人たちは、自分が招待客たちのなかに含まれないことで、あるいは少なくとも重要な招待客たちのなかに含まれないことで、侮辱されればつの悪い気分になるにちがいない。しかしこれらはすべて、社会的名誉という報酬をめぐる社会的なゲームなのである。彼らはあなたを内集団から排除することができるが、あなたを人間の共同体から拒絶することはできない。俗物的な社会はそれにもかかわらず、その社会が全体としてそのような仕方で振る舞うことによって、完全な拒絶の雰囲気をつくるかもしれない。要するに、通常の俗物的な社会はそれ自体として屈辱を与えるものではない。しかし、一般の社会的および文化的な背景のなかでは、俗物的な社会は個人的な屈辱だけでなく、制度的な屈辱も助長し奨励することがおおいにありうるのである。

さて、ここでこれとは反対の議論について考えてみよう。それは俗物的な社会の歴史的および社会的役割と、品位ある社会の概念にとって非常に重要である尊重と屈辱という概念の発展を明確にするだろう。ここで私は、非難されるべきではなく必要なものであるとして、俗物性に賛同する、あるいは少なくとも擁護することになる。

ノルベルト・エリアス〔ブレスラウ（現ポーランド）出身のユダヤ系ドイツ人の社会学者〕が主張したのは、近代人というものは時とともに次第に大きなものとなっていったわずかな変化の積み重ねによって形成されたということだった。(2) この漸進的な変化は洗練と羞恥という概念にかかわるもので、それらはルネサンス以降に決定的なものになった。これらの概念は飲食の習慣、服装や髪型、そしてとりわけ身体と身体の分泌物への厳重な管理にあらわれている。これらの変化のいくつかは親密な空間、すなわち寝室、トイレ、浴室の創造に関してあらわれていた。こうした諸変化は、私たちが屈辱から保護しようとするところの私的自己の観念を形成した。変化のプロセスにおけるこれらの各段階はささいなことのように思われるが、しかしその累積的な結果は広範囲におよぶものである。中世では人びとは床につばを吐いたが、その後は片足でつばを踏みつけるようになり、さらにその後にはたん壷を使用しはじめて、そして最後に今日では人前でつばを吐くことはひんしゅくを買うようになっている。文明社会では誰もがつばを吐くのを見られると、恥ずかしく感じてばつの悪い思いをするものである。同様に、人びとは昔、鼻を服の袖でぬぐっていたが、その後で左手でぬぐうようになり、またその後で二本の指だけでぬぐうようになり、そして最後にはハンカチでぬぐうようになった。このような一歩一歩は小さなものであるが、その最終結果は身体の分泌物にたいする管理であり、それは独立した公的空間と私的空間の創造の前兆のようなものである。身体にたいする「資本主義的な管理」の前兆となる、身体にたいする管理の習慣《モーレス》をつくり出したのはブルジョアではなかった。これらの習慣の源泉は、俗物的な王室——彼らの別館と貴族の邸宅も含む——であったが、その一方で、上流社会に加わろうとしていた上流の中産階級は注意深くそのマナーを見習った。次にこれらのマナーを手本にしたのが下流の中産階級であったが、そして最後にこれらのマナーは、地位の上昇に関心があった労働者階級の人びとに伝わっていった。これらのマナーの社会的機能は、いつも階級の区別を生みだすことにあった。

「潜在的機能」に関するこみ入った仮説は必要ない。その問題は明瞭であり、フォークを用いて食事をする歴史で説明が可能である。エチケットは人びとを区別するために考案されて、人びとのあいだの障壁をつくりだした。けれどもエチケットは、社会空間の概念と私的な個人が位置づけられる境界もつくりだした。貴族たちは自分の寝室で裸の姿を召使いたちに見られてもばつの悪い思いをしなかった。その理由は、召使いたちの視線が重要ではなかったからである。だが今日、見知らぬ人に自分の整えられていないベッドを見られると、私たちはばつの悪い思いをする。寝室は個人の私的な殿堂になったのである。空間を公的な部門と私的な部門に区切ることは、身体を露出できる部分と覆い隠さなければならない部分に区別することと同じく、プライバシーの観念によって私的な個人の概念を生みだすうえでもっとも重要である。エリアスが述べたことはこれですべてではないが、彼の着想による主張の趣旨はこれですべてである。マナーは俗物たちの道具である。俗物たちはエチケットを倫理のレベルへ引き上げる。マナーの目的は、上述のように、人びとを洗練されて価値のある社会から排除することである。しかし、これがマナーの目的であり、俗物がそのことを承知していたとしても、その歴史的な帰結は、私的な個人の概念を導くことになるプライバシーの概念の発展に決定的に貢献したことである。そして結局のところ、これらの概念が屈辱の近代的観念だけでなく、尊厳の近代的観念の基礎を形成しているのである。

洗練されたマナーはたしかに俗物たちが用いる周知の手段であるが、それだけが彼らの手段というわけではない。「古株たち」の俗物根性は、反対に、がさつで無遠慮なマナーにおいてあらわれるかもしれないが、それは、新顔であるために古株たちのがさつで無遠慮なつき合いに身を任せられないよそ者を遠ざけることを意図している。

この最後の議論の概念上の重要性は、ある程度はその議論が瑣末さの概念に関する合成の誤謬を指し示しているという事実にある。個々の新しい形式のマナーの導入それ自体はささいで任意なものである。しかし、そのような一連の歩みが原因で生じる累積的な社会の変化は広範囲にわたる影響をもつ。数学においてさえ、いかなる完全な証明もその一歩が演繹のひとつの公式にもとづいているステップから成り立っており、たしかにそれはささいなものであるが、しかし証明全体は非常に重要なものかもしれない。上述のように、俗物的な社会が依拠しているところの関心が瑣末なものだからといって、私たちは、近代的な公と私の概念および名誉と屈辱の概念を発展させた、俗物性によるその社会的基盤の創造の重要性を過小評価するべきではない。しかし私たちの主たる関心事にもどると、私たちがエリアスの歴史の説明を受け入れたとしても、その説明をもってしても、社会的排除という目的をもっている公的マナーの社会として現代の俗物的な社会を正当化するのには役立たない。そのような社会が、かつては品位ある社会という概念の発展のために不可欠だったとしても、もはや必要ではないのである。

友愛

自由、平等、友愛の三組の概念のうち、いちばんもの言わぬ概念《サイレント・パートナー》であるのが友愛である。友愛という言葉を解明することの難しさ、そして友愛をそれ自体で社会的な理想に変えることの難しさは、友愛がほかのふたつの価値の背景の一部であるという事実にかなり由来する。その理由は、友愛は社会が基礎づけられる人間の絆であるが、友愛それ自体は明瞭な背景をもたないということにある。友愛関係のモデルは、その名が証明するように、兄弟間の関係である。これは無条件な帰属関係である。その困難はもちろん、大衆からなる匿名性の社会がそのような家族的絆にもとづくことがありうるという考えにある。友愛にたいして懐疑を抱くことは、人類全体がお互いを愛する人びとからなるであろうというエマーソン〔アメリカの思想家、詩人〕の見解にたいして懐疑を抱くようなものである。

　包括的集団という考えが想定しているのは、互いに面識のない人びとのあいだでさえ、その人びとが包括的集団に帰属すると認識されるならば、友愛の感覚を感じる可能性が人間にはあるということである。ユダヤ人たちは自分たちが拡張された家族に帰属していると考える。第一インターナショナルの社会主義者たちが信じていたのは、もし自分たちが労働者たちのなかに階級意識を形成することに成功しさえすれば、共通の運命を分かち合う労働者たちの連帯は、宗教や国民性《ナショナリティ》のようなほかの包括的集団への帰属感覚よりも強固であるだろうということだった。しかし、友愛という考えには、学生の友愛会のような一般的なバージョンもある。これは共通の運命を分かち合う兵士たちの友情ではなくて、一緒に楽しいときを過ごす友達同士の友愛である。そのような仲間関係は思いやりと親密さを生むかもしれないが、そのような関係は、これから入会する人びとを屈辱的に処遇することと結びついていることが多く、友愛会に加わる代償として苦痛をともなう入会儀式のかたちをとりがちである。

多くの入会儀式が屈辱を与える要素を含むというのは、興味深い事実である。これは、パブリックスクールの新しい寄宿生たち、エリート部隊での未熟な新兵たち、友愛会での新入生たちなどの場合にあてはまる。これらの場合における屈辱は、社会の周縁的な地位にある人びとに向けられているのではなくて、境界上の地位にある人びと——つまりふたつの社会的カテゴリーのあいだの過渡期にあって、社会のヒエラルキーのなかで上昇中の人びと——にたいして向けられている。これらの屈辱を与える儀式の意味は、あなたが苦しみをともなう入会の試練を通過して初めて、あなたは自分が加わっている友愛に値するということである。

品位ある社会のなかでは、その（権威ある）制度における入会儀式の一環として、屈辱を誇示することが許容されるだろうか。たとえば、志願制のエリート部隊において新兵たちの品位を貶める行為は、私たちが品位ある社会から排除しないとした、成人たちが同意のうえでおこなう退廃的なサド＝マゾヒズム的な関係と同じだろうか。たしかに境界上にある個人に屈辱を与えることは、もっぱら入会儀式にかぎられる一時的な現象であるので、社会の周縁にある人びとを拒絶することとは異なる。それでも、おこなわれているそのときには、入会式は屈辱の軽蔑すべき形態である。さらに入会儀式は制度とかかわりがある屈辱である。入会儀式は、社会制度の名のもとになされるという意味においてではなくて、そのような諸制度の内部で組織的におこなわれるという意味において、制度的な屈辱なのである。サド＝マゾヒズム的な個人のあいだでの屈辱的な絆は礼節ある社会にとっての問題であるが、しかしここで私たちが扱っているのは、制度それ自身が関係する場合である。品位ある社会は境界上にある者に屈辱を与えることと両立しない。たとえその屈辱が大きな友愛への途上にある一時的な脅威だとしてもである。屈辱は屈辱であり、そして友愛は、屈辱という代償を払って達成されるべきではないのである。

身体のしるし

身体のしるしは、人びとのアイデンティティに、そして人びとが包括的集団と自己を同一視する際に、非常に重要な役割をはたす。なぜ屈辱がしばしば身体の特徴と服装に向けられるのかを理解することは困難ではない。これは、ある人の人格の同一性の重要な要素への攻撃である。髪型、鼻とほお骨の造作、そして目のかたちはすべて、誇りまたは恥辱の原因として扱われうる。屈辱は、身体のしるしや身体の「自然な延長」と理解される服装の特徴に向けられる侮蔑的な意思表示という形式をとることがよくある。

俗物的で低俗な社会は身体のしるしと服装にたいしてそれぞれ固有の反応をする。軍隊が新兵たちに同一の角刈りにするように要求するのにたいして、新兵がその生活様式の一部として長髪のままでいる場合には、ふたつの生活様式のあいだには対立があり、そして散髪をもとめる制度からの要求は、強制だけでなく屈辱としても解釈されるかもしれない。散髪に反対するはっきりした決まりがある宗教を信仰するある人——たとえば、シーク教徒の兵士——が、散髪することを要求された場合、その人はこの要求によって品位を貶められたと解釈するだろう。しかし、長髪が社会的意義をもつロックグループまたはロックカルチュアに属する若者の場合、彼も散髪を要求する軍隊の規則に直面して、自分が屈辱を受けていると考えることは正当化されるだろうか。ロックファンが頭髪を刈り込めば、仲間たちから激しい野次を浴びるだろうし、休暇中の新兵に嘲笑を浴びせるものになると考える人がいるかもしれない。けれども、散髪の要求はそれ自体では屈辱を与えるものではない。それにもかかわらず、ロックの生活様式または左翼の生活様式は、その身体的表現としての長髪によって、非ブルジョア的な生活様式を意味しうる。たとえばドイツ軍は六〇年代に、そのような生活様式が尊重に値すると認めていたので、もはや新兵たちは散髪するように命じられなかった。

品位ある社会が、正当な生活様式における特徴的なそれとわかる身体のしるしを扱うべき方法は、その生活様式の内部で特徴的なそれとわかる特色に与えられる意味によって決まる。私たちが検討しているような制度をもつ社会は、その社会のメンバーの身体のしるしに関して独特な利害を、つまり社会内部の包括的集団の生活様式とおそらく直接衝突する利害をもつことすらありうる。社会の基本的な諸制度の振る舞いを形成する支配的文化は、たとえば、「近代性」の、すなわち規律と能率を示す身体のしるしを表示することに関心をもつかもしれない。ピョートル大帝はボヤール〔一〇―一七世紀のロシアで公・皇帝に仕えた世襲封建領主。ピョートル一世の改革により貴族となった〕たちのあごひげを剃り落とさせたが、それはロシアが自国の伝統と関係を断ち切って、新しい西欧的な段階に入りつつあることを示すためであった。ケマル・アタチュルク〔トルコ共和国の初代大統領〕は伝統的な服装に関して同様なことをおこなって、役人たちにヨーロッパ風の服装をするように命じた。伝統的なかぶり物をつけて通学したパリ郊外のムスリムの少女の話は、この対比を劇的に目立たせることになった。彼女の服装は学校での通例の服装と違っていて、それは支配的な生活様式への挑戦と理解されただけでなく、少女の服装の宗教的背景は、宗教を教育制度から分離することに抵抗する試みと理解された。

身体のしるしに関する私たちの議論において、ひとつの新しくて注目すべき要素がある。寛容なもしくは多元的な社会に関する議論の背景には、対抗的な生活様式をもった包括的集団同士の競合があった。しかしながら、当面の議論に関係している競合は、社会全体とその社会の内部の下位集団とのあいだにある。問題は、新しい背景が新しい原則を必要とするかどうかである。この問いにたいするひとつの非難は、問題それ自体がひとつの間違いにもとづいているということである。社会全体がその社会内部のマイノリティ集団と対決しているという想定が誤っている。対立しているのは社会全体とマイノリティ集団ではなくて、社会全体を代表したいと願う社会の支配的集団と社会内部のマイノリティ集団である。

この対立の適確な説明はともかく、寛容の原則は当面の文脈においても、とりわけ私たちが身体とその服装のことを主に考察しているときには、私たちに役立つはずである。この問題に関して軍隊は例外である。私がこれを主張する理由は機能的なものである。軍隊の規律はその生活様式においてかなりの画一性を要求する。それゆえ、そのような画一性を正当とする実質的な理由があるのであり、それに抵抗することは、シーク教徒の長髪の場合のように、信教の自由への侵害のような重要な理由が必要である。これはロックカルチュアの長髪の場合にはあてはまらない。これらふたつの事例のあいだの違いは、ロックカルチュアでは特定の髪型への傾倒はファッションの問題であって、原理の問題ではないという事実にある。今日は髪が長くても、明日は髪を短くするかもしれない。頭髪（または頭髪の欠如）はロックカルチュアにとって重要であるが、特定の髪形は変更が可能である。それにたいして宗教的な背景では、髪形を特定の変わらないかたちにする義務があり、この髪形を変える人には制裁が加えられるのである。

軍隊に与えられる例外を正当とする理由は純粋に機能的なものである。アイデンティティと自己同一化の象徴として軍人の外見がもつ象徴的な機能は、ほかの生活様式を好む人びとの反対要求を受けないわけではない。言いかえれば、社会的画一性を象徴化するという機能的ではない理由のために軍人の外見を選ぶことは、軍国主義的な社会の行為である。したがって舞台が軍隊から学校に移されると、画一性はもはや軍隊の場合のようには機能的に正当化されない。学校で軍人のような身体のしるしを課すことの正当な理由はない。学校に関しては、寛容の原則を妨げるものはなにもない。品位ある社会を導く寛容の原則についての私の理解によれば、そのような社会は、パリのあのムスリムの少女が学校で伝統的な服装をしたいという要求を受け入れなければならない。

しかしながら、この事例に関してはひとつの留保がなされるべきである。その留保とは学校に制服規定がある状況にあてはまり、その規定は生徒のあいだに平等を生みだして、階級と生まれの区別をあいまいにする有益な手段として意図されている場合である。制服規定の主な受益者は、一般的には移民の子どもたちである。しかしながら学校にそのような規定がない場合では、ムスリムの少女にたいする制約は正当化されないのである。

第12章　プライバシー

品位ある社会における制度は個人のプライバシーを侵害してはならない。個人のプライバシーの侵害と屈辱とのあいだには密接な関係がある。この関係が特に密接なのは、侵害が制度化している場合である。もちろん、のぞき見から悪意のあるうわさ話に至るまで、ほかの人びとのプライバシーにたいする個人的な侵害が存在するのであるが、それらは社会が品位があるかどうかよりもむしろ、その社会に礼節《シヴィライズド》があるかどうかという問題と関連している。のちほど私は、個人のプライバシーにたいする侵害の性質に関して、ゴシップの社会と全体主義社会を比較するつもりである。プライバシーの保護をもとめる要求は個々の人間から発せられるだけでなく、きわめて重大な利益にかかわる情報の公開を防ぎたい公的機関や企業からも発せられることがある。ここでの私たちの関心事は個人のプライバシーであって、制度のプライバシーではない。

品位という観念と公的領域と私的領域の区別を保障することとのあいだには、直接的な概念上の結びつきがある。私的領域に属する振る舞いや対象を人目にさらすのは品位を欠いたおこないである。私は、ロンドン市民たちが日光浴をしていたハムステッドヒースでのある晴れた日のことを思いだす。ふたりの女性がそこで横になっていたが、ひとりは下着を、すなわち白いブラジャーとパンティーを身につけていて、もうひとりはビキニを着ていた。私の近くにいたある初老のイギリス婦人が怒って、女性が下着姿になるとはなんと下品なことかと叫んだ。

「それではビキニを着た女性についてはどう思いますか」と私はその婦人に尋ねた。

「それは話が違います」と彼女は答えた。「下着は私的なものですから」。

この話からわかるように、何が私的領域で、何が公的領域と理解されるのかという問いは、文化に依存する。初老のイギリス婦人はそれまでに、若い頃には恥ずべきだったこと――公園で裸になること――を受け入れるようになっていた。しかし彼女は、人目につくところで下着姿になることを受け入れるようになってはいなかった。その理由は、下着が身体の私的な部分と強いつながりをもっているからである。公と私の境界は文化と歴史によって左右される。さまざまな文化や社会階層のあいだだけでなく、同じ文化の内部におけるさまざまな時代のあいだにも、プライバシーの範囲に関する違いがある。私的なことがらの範囲は変化を続けている。しかし、公衆の目から隠された領域と誰にでも開かれている領域との区別があることそれ自体は、社会や文化に依存しない。これはすべての文化におよんでいる区別である。あらゆる文化の私的領域のなかに単一のプライバシーの範囲が存在するわけではないが、それぞれの文化はそれぞれ特有の私的領域をもっている。この領域は非常にかぎられているかもしれないが――私生活で性的関係をもつこと、私生活で自分の生理的必要をみたすこと、あるいは自分の身体の私的な部分を隠すことなど――、しかしその領域自体は常に存在するのである。

すべての文化が公的なものと私的なものを区別するという主張は経験的な仮説であって、概念上の主張ではない。この仮説を私が信じる根拠は、生活条件のせいで私的領域を維持することが非常に困難である社会――たとえば、エスキモー〔イヌイット〕のイグルー〔氷や雪の塊をドーム状に積み、トンネル状の入り口を設けた冬の住居〕――についての人類学的研究から生じている。冬の嵐のあいだ、すべての人が閉ざされたイグルーのなかで生活するので、生理的必要さえもこの囲い込んだ空間のなかでみたさねばならないのだが、それにもかかわらず、この生活環境においても彼らが一定のプライバシーを維持することができることを示す注目すべき証拠がある。エスキモーたちは自分の身体の私的な部分をさらすことを非常に嫌がる。彼らは性行為をまったく音を立てずにおこなう。彼らは他人に見られないようにして、自分の生理的必要をみたしている。そして彼らはかたくなに、他者についての自分の考えや感情を隠し、個人的なことについての質問に答えることを拒む[1]。

私たちの文化においては、性《セックス》が本質的にもっとも私的な部分とみなされているという意味では、プライバシーとセクシュアリティとのあいだには密接な関係がある。このことはたとえば、ウッドストックのロックフェスティバルが対抗文化《カウンターカルチュア》の表明として、〈性的関係は公衆の目から遠ざけられなければならない〉という私たちの文化の基本的な前提に挑戦した理由を説明する。性とプライバシーとの関係は概念的なものではなく、歴史的なものである。これが重要である理由は、私たちは性的な振る舞いからプライバシーについて学ぶのであって、その逆ではないという事実にある。セクシュアリティとプライバシーとの関係、プライバシーとつつましさとの関係は非常に強力なので、私たちは性的な領域からとりだされる例をつうじてプライバシーを議論しがちである。しかし私たちの説明では、プライバシーは性的な領域だけにかぎられない活動、あるいは主に性的領域に限定されるものでないような活動の領域を含んでいる。それでも、この領域はプライバシーの議論にとって原型となるような諸事例を提供している。

私たちの議論にとって重要な問題は、プライバシーの侵害において何が屈辱的なのかということである。問題は、一般にプライバシー侵害の何が悪いのかではなくて、その侵害に関して、もしあるとすれば何が屈辱的なのか、である。私たちが屈辱に関してふたつの中心的な主題《モティーフ》を示したことを思いだそう。ひとつは拒絶であり、すなわち「人類という家族」からの排除である。もうひとつはコントロールの否定である。コントロールの喪失としての屈辱という概念は、人間の自律を破壊することによって品位を貶める効果を示す概念である。プライバシーの侵害は両方の意味で屈辱とみなされる必要があるが、ふたつ目の主題のほうがより直接的なものなので、そちらからはじめてみたい。

私的領域は、個々人が自分の利害をコントロールするための最小限の範囲と定義される。プライバシーの侵害は、その人のコントロールの範囲内だと思われることにたいする個々人のコントロールを、彼らの意志に反して制限することである。私的領域にたいする制度的な監視を——たとえば、盗聴や手紙の検閲、あるいはほかの種類の警察的な行為によって——容認する社会は、多くの恥ずべきことをおこなっている。こうした行為のひとつが、唯一のものではないけれども、屈辱である。

ここで私たちが問わねばならない問題は、プライバシーの組織的な侵害がすべて屈辱となるかどうかである。個人のプライバシーをふたつの異なる仕方で侵害する二種類の社会がある。すなわち、全体主義社会とゴシップの社会である。ゴシップの社会は「社会的監視」のためにゴシップを利用する。個人のプライバシーにたいするそのような社会の干渉は、かりにそれが屈辱を与えるとしても、私たちがゴシップ欄を制度とみなさないかぎりは、制度による屈辱とはならない。ゴシップの社会はそれゆえ、品位ある社会よりも礼節ある社会に関連している。礼節ある社会と品位ある社会との比較は、全体主義的な制度によるプライバシーの侵害を——この侵害が全体主義的な制度を屈辱的なものにしており、かくして全体主義社会をあからさまに品位にもとる社会にしている——際立たせることを意図している。

全体主義の政治体制におけるプライバシーの侵害は、たんにその政治体制にたいして起こりうる陰謀を暴くことを目的としているのではない。ほかの目的としては、それを公表すれば被害者のばつの悪さや恥辱、また屈辱になるような情報を収集することがあり、その結果、恐喝のためにそうした情報が用いられることがありうる。かくして、屈辱的な結果は次の二種類のうちいずれかひとつをとる傾向がある。すなわち一方では、ある個人の情報が明らかにされるとき、その情報は、彼女が社会から拒絶されることになるような悪い点を強調したかたちで公開されるだろう。他方では、彼女はひどく不愉快な妥協——彼女の高潔さ《インテグリティ》をくじくような妥協——を強いられるかもしれない。そこにおいて彼女は、情報が公開されるのを阻止するために体制側に屈服するのである。こうした場合に被害者は、たとえば仲間たちの秘密をもらすことによって、自分の信念を曲げるように強いられる。プライバシーの侵害のこうした描写において、犠牲者に屈辱をあたえるように意図されているのは侵害行為そのものではない。むしろプライバシーの侵害は、屈辱を与えるほかの方法に役立つよう意図された能率的で強力な手段なのである。

もうひとつの、ミシェル・フーコーの思想に触発された主張によれば、プライバシーの侵害には規格化をともなう監視の機能があり、社会の人びとを標準的な行動に向かわせてそこからの逸脱者を倒錯者に変える。逸脱を発見するためになされるプライバシーの侵害は、最終的には、逸脱者や例外的存在の拒絶を目的としている。ここでの屈辱は、逸脱者が規格に合致した人間という基準をみたさない人に変えられてしまう点にある。つまり、その基準においては規格に合致した人びとだけが人間とみなされうるのである。逸脱者はそのため人類から拒絶される。これと関連のある主張は、監視をつうじて、すなわち不可視の目によって人間の振る舞いを規格化する機能は、近代社会を特徴づける兆候のひとつであるというものである。監獄や精神病院のような社会制度は総じて、逸脱者を人間社会から排除するような規格化を目指す監視（normalizing supervision）へと向かう傾向の典型例である。

ゴシップは帰属感覚や親密さを育むが、今度はそれが侮蔑を生みだす。親密な伝統的社会におけるゴシップは、たとえそれがあからさまで暴露的だとしても、ゴシップの犠牲者たちの人間的な欠点を当然のことと考える。伝統的なゴシップは民衆的《デモクラティック》である。それは受難者たちのデモクラシーを生みだす。つまり、「自分のことをそんなに高く評価してはならない。私たちはあなたの大きな欠点も小さな欠点も知っている」というわけである。伝統的なゴシップの社会におけるプライバシーの侵害においては、人びとを社会から排除するどころか、人類一般から排除することも意図されていない。むしろ反対に、部分的にはプライバシーの侵害にもとづいたゴシップは、粘着力のある帰属感覚を生みだす。〔他方で〕現代の全体主義社会において人間であることの基準は、その政治体制の基調をなす全体主義のイデオロギーによって想像される「新しい人間」のなんらかのモデルである。伝統的なゴシップの社会では、親密さと人間の欠点が容認されている。

〔現代の〕大衆的なゴシップの社会において、プライバシーの侵害は主に金持ちと有名人に影響をおよぼす。そのような社会の有名人たちは、しばしば高い壁と護衛たちによって保護されている。パパラッチの高倍率レンズだけが、著名人たちのだらしない太鼓腹とはげた頭を私たちに見せてくれる。そのような社会の典型的な犠牲者たちは、影響力のある有名な人びとである。しかしそのような人びとさえ人間の尊厳をもっている。それゆえ品位ある社会では、彼らが自分たちの尊厳を守ることが許されてよいのであり、また許されるべきである。しかしながら問題は、ゴシップが有名人たちを――おそらくは侮辱しながらではあるが、しかし屈辱を与えることなく――基本的に普通の人びとのような立場におくのか、それとも実際に彼らを人間でないもののように見せるのか、ということである。ゴシップは著名人たちのパブリック・イメージだけに影響を与えるのだろうか、それとも彼らのセルフ・イメージにも影響をおよぼすのだろうか。さしあたり手近な答えとして、その問題はゴシップの種類によって決まると言える。ハインリヒ・ベル〔ドイツの小説家。第二次大戦後のドイツ文学を代表する作家のひとり〕は著書『カタリーナ・ブルームの失われた名誉』のなかで、普通の人がメディアによるプライバシーの侵害によって無権利者《ノンパーソン》に変えられるさまを示そうとした。カタリーナ・ブルームの話は典型的なケースというよりもむしろ現実の縮図であるが、明らかなことは、人が権力と名声という鎧によって守られないかぎり、プライバシーを侵害されることで自尊心をそこなうだろうということである。

　屈辱とプライバシーの侵害との結びつきは、別個のものだが関係のある三つの論点において確認されるかもしれない。（一）プライバシーの侵害は、侵害を受けた人たちがみずからの生活にたいする最小限のコントロールさえ欠くような、極端な種類の屈辱につながる可能性がある。（二）プライバシーの侵害は、被害者が自分の生活をコントロールしているかどうかが現実にはなんの違いももたらさないという事実の表現となりうる。そして、（三）プライバシーの侵害によって、被害者は自分の生活にたいするコントロールを失う可能性がある。以上において私は、コントロールの喪失という意味における屈辱とプライバシーの侵害とのあいだの因果関係に主な注意を向けてきた。しかし、屈辱は必ずしもそのような因果関係を必要としない――屈辱はコントロールの喪失のあらわれであるというだけで十分なのである。

プライバシーの領域は、相異なる文化がその境界を相異なる場所に定めるという点で、文化に左右される。しかしながら、境界づけられた領域がどのようなものであれ、〈ここは私的領域である〉というまさにその宣言が、その場所が個人のコントロール下にある最小限の領域であることを意味しているのは明らかである。私的領域の侵害はコントロールにたいする事実上の制限でありうる。あるいはその侵害は、その個人がコントロールの能力をもたないこと、このかぎられた領域にたいしてさえそれがなされていないことを示すように意図されたものかもしれない。またあるいは、それは彼がコントロールの能力をもつかどうかは重要ではないことを示すためのものかもしれない。かくして、プライバシーの侵害と屈辱の重要な意味のひとつ——すなわち最小限のコントロールの欠如という意味——とのあいだには、密接なつながりが存在する。

屈辱を与えない社会という意味における品位ある社会は、その基本的な制度のレベルにおいて、当該社会が個人のプライバシーを侵害しないという事実によって特徴づけられる。

親密さ

プライバシーの侵害は親密な関係の可能性にたいする致命的打撃となることがあるが、親密さ《インティマシー》は友情を成り立たせるための本質的な要素である。友情の可能性を打ち砕くことは、おそらく家族に所属する関係を除けば、人間生活におけるもっとも重要な帰属関係の可能性を打ち砕くことを意味する。屈辱は重要な帰属関係にもとづく集団から個人を拒絶することである。ここには拒絶のかわりに、もっとも重要な帰属関係を形成する可能性の破壊、あるいは少なくとも重大な毀損が存在する。

友情についてふたつの異なる概念が区別される必要がある（私はこの区別をアレン・シルバー〔アメリカの社会学者〕に負っている）。ひとつは、困難に直面しているときに互いを頼ることができることにもとづく友情である。この種類の信頼にもとづく友情は戦士たちの集団に特徴的なものであり、この友情は戦闘部隊の古参兵たちのあいだで維持される（「私は真夜中に彼を起こすことができるし、そして彼は理由を尋ねることなくやってくるだろう」）。もうひとつは親密さの共有にもとづく友情であり、そこで重要な要素は自分の重大な秘密を打ち明けることである――その秘密が世間の目にさらされると、その人は非常に傷つくことになるであろう。この個人的な情報の価値――「秘密」――はその希少性にあり、その情報が友人たちのためにとっておかれた商品であることに価値がある。秘密を匿名の観察者たちの目にさらしてしまえば、その情報の希少性は即座に失われる。もちろん、人びとは医療や法的支援を受けるために個人的な情報を見知らぬ他人に打ち明けているのだが、それは特定の目的のためのやむをえない提示である。これにたいして、自分の秘密を友人と共有することは、友情を成立させるのに不可欠である重要な行為である。それはたんに共感をもとめることではないし、癒やしを得るための安易な手段でもない。したがってプライバシーの侵害は、困難に直面したときの信頼にもとづく友情よりも、親密さにもとづく友情のほうをより大きく害するのである。

すでに述べたように、全体主義社会は、その社会の被治者たちの立場の弱さにつけ込むために個人的な情報に関心をもつ。この社会は、それが恐喝のために利用できる弱点を明らかにするものでないかぎり、政治と無関係な親密さに特に関心を抱くわけではない。ゴシップの社会は個人的な情報それ自体――それがゴシップを支える内容である――に関心を抱いている。全体主義社会は、反体制の連合へと変化しうるような友情を阻止することに関心を抱く。この政治体制は「分割統治」を手本にして、互いを支援しあう人びとが織りなすデリケートな関係性のなかに入り込もうとする。かくしてこの体制は、人びとの関係性を決定づける至高の存在となるのである。それがこの政治体制の全体主義的な含意である。苛酷な恐怖政治の時代における全体主義政治体制にあっては――たとえば、スターリンの恐怖政治に関するナデージダ・マンデリシターム（ロシア（ソ連）の作家。詩人でエッセイストのオシップ・マンデリシタームの妻）の叙述のなかで表現されているように――、恐怖政治で最初に犠牲となるものは友情である。品位を貶められたという感覚は、ひどく不愉快な妥協をして、苦境にある友人たちを裏切った人びとの内にあるだけでなく、裏切られた人びとの内にもある。たとえ裏切られた人びとが自分たちの高潔さを保ったとしても、彼らは自分たちの帰属感覚が破壊される様子をみずから目撃することになる。

だが、私がこれまで述べてきたことに反する、以下のような見解もあるように思われる。すなわち、全体主義社会は勇敢な友情のための処方箋であり、その保証人であることが判明した。なぜなら、この種類の政治体制における友情は、この政治体制の非人間性に反対する人間愛からの共謀であるからだ。ソ連の反体制派の人びとと知り合った人はみな、彼らの友情の強さに心を動かされる。こうした長年の友情をそこなう原因となるのはむしろ、これら政治体制の崩壊なのである。〔体制の崩壊後、こうした人びとは〕みな孤独のうちにおかれる。しかし反体制派の人びとが万事における代表的なサンプルであるわけではない。ここで想起すべきことは、反体制派の人びとがあらわれたときまでには、これらの政治体制の全体主義的な性質が、スターリンの時代の恐ろしい現実と比べれば、認識できないほど弱まっていたということである。それに加えて、私たちは恐怖政治の体制下における友情の特質を明らかにする必要があるだろう。その友情はお互いを頼る友情であるのか、それとも親密さを共有した友情なのであろうか。私は、その友情が主に最初の種類のもの――困っている者同士の友情――であることに気づいても驚かないであろう。

以上において私は、プライバシーの侵害のどのような側面が屈辱を与える行為を構成するのかを解明し、これを品位にもとる社会のひとつの指標とすることを試みてきた。脅迫、不本意の妥協、逸脱者の排除、親密さの破壊、そして大切な帰属の感覚の破壊――これら上述の話題はすべて、直接の解答を要求するように思われる問題にたいする遠回しの解答である。そしてこれらがおのずと示す答えは、プライバシーの侵害はそれ自体が屈辱の範例的な行為であるということだ。人びとの身体の私的な部分を彼らの意志に反して調べることは、屈辱を与えるしぐさの原型となる例である。検査を受ける人びと――おそらく彼らは望んでそれをするわけではない――の同意と了解をもっておこなわれる、空港でのボディーチェックのような場合には、重要な安全確保という正当な理由があるわけだが、そうした理由がないのに身体の私的な部分を同意なしに調べることは極端な種類の屈辱である。プライバシーの侵害は、このような行為が拡張されたものである。

言いかえれば、自尊心と屈辱は私的な空間にもとづいている。その空間を侵害する行為は、被害者のきわめて重大な利益にたいする配慮が欠如しているという意味での屈辱と解釈される象徴的な行為なのである。人が自分の私的な範囲を守ることができないということは、自分の基本的な利害を守ることに関してその人が完全に無力であることのしるしである。さらには、それはプライバシーの侵害者たちの側に配慮がまったく欠如しているということの決定的な証拠でもある。私たちの利害にたいする配慮が完全に欠けているということは、私たちを人間として配慮する姿勢が欠如していることのあらわれである。個々の行為のどれがプライバシーの侵害とみなされるのか――プライバシーは空間的に定義されるのか、それともなにかほかの仕方で定義されるのか――は、文化によって異なる。だが、プライバシーの侵害は常に、屈辱の中心的な行為のひとつである。このことは、この行為が個人の利益にたいする配慮の欠如であるというような説明をするまでもなく真実なのである。要するに、プライバシーの侵害の身体的な側面が屈辱の原型的な行為であるという事実は、ほとんど証明を要しないことがらのひとつである。世のなかにはプライバシーの侵害に関係した多くの悪事があるが、私たちの問題は、あるひとつのことがら――屈辱――にかぎられている。

第13章　官僚制

官僚制を研究する者にとって重要な三つの問いがある。まず、官僚制とは何か。これは定義または説明に関する問いである。たとえば、大きな民間の保険会社の職員は官僚とみなされるだろうか。第二に、良い官僚制とはどのようなものか。この規範的な問いはふたつの異なるかたちをとりうる。一方で、官僚制を評価する際の基準となる職務はどのように特徴づけられるのか。他方で――比較に関する問いであるが――、競争的な市場で活動する企業において似たような職務が遂行される場合と比べたとき、公務に従事する官僚はその職務をどのように遂行しているのか。第三に、官僚制はどのように機能しているのか。そして、官僚制の拡大を引き起こす原因は何か。官僚制は「ピーターの法則」や「パーキンソンの法則」（こうした法則のひとつが示すところによれば、従業員の数は生みだされた仕事の量に関係なく一定の割合で増える）にしたがって動くものなのだろうか。『はい、大臣閣下』（イギリスBBCで放送された政治風刺コメディ）はカリカチュアであるのか、それとも現実の一コマなのだろうか。

しかしながら、私たちにとって重要なのは別の問題である。どのような種類の官僚制が――もしあるとすれば――品位ある社会と両立できるだろうか。一般的な解答はもう明らかであろう。つまり、この制度のもとに暮らす人びとに体系的に屈辱を与えない官僚制ということである。「体系的に《システマティカリー》」という限定語の意図は、官僚制の本性から生じている屈辱と、官僚機構の全体に悪影響を与える少数の堕落した役人たちの無軌道な振る舞いにもとづく屈辱を区別することにある。

この問いにたいする答えは、官僚制の三つのレベルからなる分析全体──定義のレベル、規範のレベル、そして事実のレベル──にかかわるものである。たとえば、定義の問題が生じるのは、もっとも偉大な官僚制の研究者であるマックス・ヴェーバーが官僚とは自分の部局内で権威をもつ人物であると定義しているという事実を、私たちが考慮するときである[1]。ヴェーバーは事務職員と行政官を区別する。後者のみが意思決定者としてその部局において権威をもつ。かくしてヴェーバーは彼らだけを官僚、すなわち公的権威の代表者たちと考える。この区別は官僚制に関する日常的な考えよりもかなり狭い。というのも、行政のサービスを必要とする人びとは、ヴェーバーが官僚制の一部と考えていない、まさにこの事務職員と接触するからである。私はこの用語についてはヴェーバーの使用法にしたがわない。私の用語法では、意思決定者と呼ばれる官吏だけでなく、すべての事務職員が官僚制に含まれる。この点で「官僚制」という用語は、公的資金で雇われている公務員だけでなく、経済において独占ないし半独占の地位を享受している企業の事務職員をも含んでいる。言いかえると、官僚制は、公衆一般が〔接触を〕強いられるすべての事務スタッフを含む──強いられるというのは、社会において個人が役人たちにかかわるものをもたないという意味であるが、他方で、競争的もしくは準競争的なビジネスにおいては、個人は彼らのかわりとなるものを実際にもっている。

ここでの議論が好ましくない影響を受けるのを避けるために、官僚制にたいして人びとが抱きがちなさまざまな態度をあらかじめ除外しておく必要がある。官僚制は評判が悪い。官僚制はせいぜいのところ必要悪と考えられており、常に部分的には不必要な悪とみなされている。福祉国家に悪評をもたらす主な要因のひとつは、それが本質的に官僚制に依存していることにある。福祉国家は所得の移転にもとづいて自由市場の外部でサービスを提供しているのだが、それは当然のことながら官僚制、すなわち支出を決定してサービスを保障するための事務システムを必要とする。官僚制は社会民主主義諸国の最大の問題であって、全体主義的な社会主義だけの問題ではない。問題は、社会民主主義国で分配的正義の理想を実現するためには、腹立たしいシステムの使用が必要だということにある。

官僚制とサービス一般とのあいだには相互関係がある。これはとりわけ福祉サービスの場合にあてはまる。官僚の削減はサービスの削減につながるというのはまぎれもない事実である。だが、これは常に正しいわけではない。というのも、ほとんどの官僚システムは非常に能率が悪いからである。したがって、サービスのレベルを低下させることなく官僚システムを削減することは当然に可能であるように思われる。しかし現実の社会においては、官僚システムはそういうふうに縮小することはない。このシステムがどれほど必要であるかを証明するために、官僚システムは一般の大多数の人に損害を与える場所、すなわち病院や学校などの場所を縮小する。加えて、市場のシステムでない事務のシステムは、年功序列とそれにともなう手当にもとづいている。そこで働く人たちは、あまり能率的ではない基準である後入れ先出しの原則にしたがって免職される。

この最後の指摘はまったく陳腐なものであるが、だからといってその指摘が間違いだということにはならない。官僚制にもとづく社会〔における人びと〕の態度は、一方の極端から他方の極端へと――すなわち、官僚の権威にたいする敵意という極端から、サービスの削減があるたびに不満を言うような極端へと――転じる。第二の極端においても、官僚は必ずしも好感をもたれるわけではない。それはただ敵意を少しやわらげるだけかもしれない。

私たちを悩ます問題は、官僚制が腹立たしいものであるかどうかではなくて、それが屈辱を与える要素を含んでいるかどうかである。あらゆる官僚制にたいして絶えず繰り返されるひとつの不満は、官僚制の機械的な性質にかかわるものである。官僚制は非人格的な関係にもとづいており、そのため官僚制は個人や個人の苦しみに無頓着であり、彼らの個性やユニークさには冷淡である。この非人格的な態度はしばしば非人間的な態度となる。「官僚にとって人びとはただの番号にすぎない」、あるいは「事務職員は申請用紙しか見ておらず、その背後にいる人びとのことを見ていない」といった言葉は、この種の非難のよく知られた表現である。つまり官僚制は人間を人間ではないものとして――番号や書式、「事例《ケース》」として――みなすことが理由で非難される。人間を機械のように見るこの態度は、まさにその本質において屈辱を与えるものである（第六章を見よ）。

興味深いことに、ヴェーバーによって官僚制の最大の長所と考えられていた点は、人格的《パーソナル》な態度の欠如といった官僚制のまさに機械的な特質であった。彼がおこなった比較は、まったくの情実にもとづいていた封建制と、差別的な人格的関係にもとづかないヴィルヘルム二世統治下の官僚制であった。官僚制は、その最高の状態にあっては、封建制の気まぐれを回避する。自分のよく知らない人びとに情実をまじえることはできないのである。

公務の遂行に際しては二種類の「規則への忠実さ」があり、そのどちらにおいても官僚制は称賛が得られない――少なくとも、感謝されない――立場に追いやられる。もしあなたが直面するケースが例外的なもので、そしてあなたの重大な問題に特別な注意が必要であり、その事例を律する規則の標準的な分類のいずれにも合致しないとしよう。その場合、あなたの特殊な状況を考慮するような個人的《パーソナル》な関心を官僚がもたないことに、あなたは憤慨するであろう。あなたをプロクルステスの寝台に、すなわち人為的な基準にあてはめると言い張る杓子定規な役人に、あなたは激怒する。もちろんあなたが望んでいるのは、自分のケースに有利になるような考慮がなされることである。あなたの特殊なケースが慎重に考慮されたうえで不適格とみなされれば、あなたは傷ついたうえに、侮辱されたとも感じるであろう。あなたはたんに個人的な考慮だけなく、望ましい結果も欲しているのである。しかしながら、あなたが規則に明記された基準にぴったり合致しており、なんらかの種類の便宜を受けるに値するとなれば、裁量権を行使しようとする一部の事務職員の試みほどあなたをいらだたせるものはない。その問題についてなにか言いたげな事務職員のそぶりでさえもあなたの怒りを買う。というのも、役人がそうしたそぶりを示すとき、それにあなたが調子を合わせねばならず、実際にあなたが受けるに値するものを与える役人の「親切」に、感謝の気持ちを示すはめになることがありうるからである。

個々の人間に配慮することがマナーの良さや友好的な振る舞いの問題であるばかりでなく、一般原則の遵守をこえて裁量権をふるうことでもあるとすれば、官僚が個々の人間への配慮を欠くことを非難するのはおそらく間違いである。個人的な態度は、思いやりのある態度という意味での人間味のある態度を保証するわけではない。事例を処理する事務職員に裁量権の余地を残さない規則があれば、なるほどそれはより公正であり、慈善よりも権利にもとづくものだろう。しかしニュルンベルク法のように、規則そのものが不正であるか、卑劣なものでさえあるような場合は、犠牲者の利益のためにその規則を破ることは総じて良いことである。卑劣な規則があっても堕落した役人たちを抱える社会のほうが、卑劣な規則があって厳格な役人たちを抱える社会より望ましい。差別的な規則が通用している場合には、賄賂をつうじて個人的な接触が得られるほうが、〔規則の適用に関して〕差別のない態度よりも望ましい。だが、邪悪な政府の場合にはこれをあまり一般化してはならない。なぜなら堕落した役人たちは、自分たちに贈賄する手段をもたない不幸な人びとをいっそうぞんざいに扱いがちだからである。すべての良い政治体制には互いに似ているところがあるが、悪い政治体制にはそれぞれ固有の短所がある。邪悪さをもって一般化することは不可能である。

ヴェーバーは、政府に関するふたつの異なる理念型として、封建制と官僚制の比較にとり組んだ。封建制では、司法上の役割や経済上の役割、組織上の役割は、特殊化あるいは専門化されていない同一の集団によって占められる。封建的な行政機関は俸給ではなく特権〔にともなう利権〕でまかなわれている。それにたいして官僚制はその理念型においては、全般的な効力をもつ規則において秀でている（この規則のおかげでヘーゲルは、官僚制は普遍的国家利益の保護を具体化していると言うことになったのである）。言いかえると、社会の全員にとって有効な規則がある。官僚制は個人的な関係よりも役割と規則にもとづいている。

すでに述べたように、これらすべては官僚制と封建制それぞれの理念型にあてはまることである。ヴェーバーは「封建的な官僚制」という奇怪な組み合わせが起こりうることをけっして考察しなかった。それは「ノーメンクラトゥーラ〔ソ連・東欧諸国における共産党・政府の特権的支配層〕」の政府、つまり「われわれの仲間」でない者にはなんの配慮もしないが、「われわれの側の人民」の特権には非常に個人的な配慮をする政府のことである。これは中世の身分制にも似た行政システムであり、そこでは下位の役人たちが上位の役人たちに従属していて、前者は臣下が抱くような忠誠心を後者にたいして感じている。封建的な官僚制は、人格的な関係と非人格的な関係というふたつの原則のうえで機能する創造物であるが、そのふたつの原則は非人間的な関係を形成するために結合しているのである。

屈辱の本質は、人間を人間ではないものとして扱うことである。人びとが動物や物、あるいは機械として扱われていると言うことは、彼らが人間ではないものとして扱われていることを述べる方法として認められている。官僚制はこれと同じことを述べるための新しい方法を与えてくれる――つまり、人びとを番号や申請用紙として扱っていると言うことである。このふたつの新しい表現は、人びとを機械になぞらえることと同じく、人びとが人間ではないものとして扱われていることを述べるための現代的なやり方になっている。すなわち、現代的なタイプの屈辱を表現するためのひとつの方法は、人びとが番号としか見られていないと考えることである。この考えのもっとも極端なあらわれは、強制収容所の囚人たちの腕にナチスの官僚が彫った入れ墨であった。人間の名前は彼女のアイデンティティのラベルであり、彼女は名前と自分を深い意味で同一視する。ある人に彼女の名前を恥ずかしいと思わせることは、重大な屈辱的行為となりうる。組織的にある人を名前で呼ばないようにすることは、彼女の人間としてのアイデンティティのラベルを消し去る振る舞いである。マジック・ジョンソンを三二番として、またはラリー・バードを三三番として換喩的に言及することは、もちろん最高の名誉の表現でありうる。というのも、バスケットボールのファンから見れば、これらのシャツの番号はジョンソンとバードを示す特別なシンボルになっているからである。しかし、人間の名前を刑務所のなかでの番号におきかえることは、その人間を社会から拒絶する行為である。それはその人間を人類という家族から拒絶することを意味するだろう。これが番号としての人間の意味である。

ひとつの応答としては、これは人びとを人間ではないものとして扱う新しい方法ではないと言うことだろう。人びとを番号として扱うことは、彼らを動物として扱うことのひとつのあらわれであるとみなせるかもしれない。というのも、家畜はその体におされた数字の焼き印で識別されるからだ。あるいは、人びとを番号として扱うことは、彼らを機械として扱うことのあらわれとみなせるかもしれない。なぜなら、車もその番号で識別されるからである。

〈人間を番号とみなすことは人間ではないものとして扱うことの別のあらわれである〉という考えの核心に焦点を合わせるために、私たちは拒絶と承認の欠如とを区別しなければならない。この区別はおそらく万人に受け入れられるものではない(2)。

番号として扱われる際の気持ちは、その人が大事なものだと考えている特質が理解されず、そしてその人がまるで名前がない存在であるかのように扱われているという感覚の表現であるかもしれない。すなわち、人間を番号として扱うことは、屈辱というよりもむしろ、その人の自負心を害するような承認の欠如の表現であるかもしれない。しかしながら私は、人間を番号として扱うことのもっと極端なあらわれに関心を寄せている。それは人類という家族からその人が拒絶されることを表現しており、それによりその人の尊厳が傷つけられて、その結果、屈辱が生まれるのである。

ある人が書類に必要事項を記入せよと言われ、自分にとっては大切なことがなにも伝わらないような中立のカテゴリーに自分を合わせなければならないというとき、その人は侮辱されたと感じるかもしれない。そして彼はこれを番号として扱われているかのように経験するかもしれない。だが、私がここで関心を抱いているのは、承認の欠如による侮辱よりもむしろ屈辱にかかわる事例である。番号は識別票であり、そのようなものとして番号は、パスポート番号やＩＤ番号、社会保障番号、運転免許証番号なども含めて、現代社会の運営に不可欠なものである。

前近代的な社会では、人間を数えるという考え自体がしばしば禁じられた行為であると考えられていた。その理由はおそらく、その行為が「人に呪いをかける」邪眼《イービル・アイ》への誘惑と理解されたか、もしくはその行為が人間を人間ではないものとして扱うことのあらわれとみなされたことにある。牛は数えられるかもしれないが、人間は数えてはならない。これについて、たとえば聖書は、ダビデ王がいかにして人口調査をおこなう誘惑に駆られ、その結果、人びとに疫病をもたらす罪を犯したかについて伝えている（『サムエル記』（下）二四）。これは伝統的な社会にはあてはまるかもしれない。しかし現代社会では、数字のカテゴリーと識別票を使用せずにどうやって生活を送ることができるのかを想像することは困難である。

人間を番号に変えることとは、識別票を強制されたアイデンティティに変えてしまうことを意味する。これは当該社会の制度が個人もしくは集団にたいして認める唯一のアイデンティティ上の特徴が、数字のタグである場合に生じる。たとえば、もし看守が囚人を呼ぶための唯一の方法が、囚人が身につける数字のラベルによるものである場合、彼らは実際に番号として扱われている。現代生活における非人間化についての大家であるエリアス・カネッティは一篇の戯曲（『猶予された者たち』）を書いている。そのなかで彼はある架空の世界を描いているが、そこにおいて人びとの人生を支配するタグは番号なのである。人びとが死ぬ運命にある日づけをあらわすとされる番号は、彼らの首にかけられたカプセルのなかに記されている。「五〇」（*Fünfzig*）という男性が反逆して、これらのカプセルが本当はからっぽであることに気づく。彼が知ったのは、数字のラベルは人びとの本当の特質となんの関係もなく、彼らが死ぬ運命にある日づけとも関係がないということであった。数字の識別票は、ある序列のなかでの個人の順位にもとづいており、実際に個人を特定できるようななんの特質にももとづいてはいないのだ。数字のタグは、それを身につけている人間のアイデンティティの感覚なしに他者を特定することを可能にする。数字のタグが人間を番号として扱うことの表現となるのは、そのタグがアイデンティティを犠牲にして使用される場合である。

だが、人びとを番号として扱うことが、彼らを人間ではないものとして扱うことの古くからの、あるいは新しいあらわれであれ、また人びとを番号として扱うことが、彼らを動物あるいは機械として扱うことにもとづいていようとも、いずれにせよ官僚制は人びとを屈辱的なやり方で扱うものと認識されがちであり、そのやり方は人びとを番号として扱うことに類似している。官僚制が実際に機能している様子に目を向けることは、品位ある社会に関する私の説明にとって有益であろう。そのひとつの方法は、福祉国家における官僚制の役割を検討することである。

第14章　福祉社会

福祉国家や福祉社会の発展に関するイデオロギーの源泉とその現実的背景は、どちらも多くの人びとによって詳細に論じられてきた問題である。[1] 社会福祉という観念の折衷的な性格が示しているのは、福祉という一本の河川の源流は数多くの支流のなかに見いだされるはずだということである。すなわち、キリスト教的なもの、社会主義的なもの、そして〔ビスマルクの〕国家〔統制〕主義的なものである。これらの流れはしばしば福祉社会の性格に関する相対立する見解を、特に、そうした社会の必要性を正当化する理由をめぐる対立をもたらしてきた。一部の思想家たちは、福祉サービスが資本主義のシステムを守るために必要であると主張することでその必要を正当化した。つまり福祉サービスは、放っておけば資本主義システムを掘り崩すかもしれない経済競争の敗者たちのために、社会的セーフティネットを提供するというわけである。ほかの思想家たちはこれとは対照的に、福祉国家は市場経済と両立可能な穏健な社会主義の一形態であり、医療、教育、そして年金基金のようないくつかの重要な分野を市場の手に委ねない体制であると考えてきた。

私自身の関心は、福祉社会と品位ある社会との関係という問いに集中している。福祉の概念に関するもろもろの歴史的な起源のなかには、イングランド救貧法に典型的に示されるような貧民の品位を不当に貶める処遇を根絶する必要があるという考え方が存在する。イングランド救貧法は、エリザベス一世の時代以来、さまざまに変容してきたが、無料の食事をもとめて福祉を利用する人びとにたいする救援抑制として屈辱を用いることに一役買ってきた。そこには、人びとに施し物のパンを提供すれば、怠惰や、社会への望ましからぬ依存を助長するだろうという考えがあった。怠惰な人びとが援助をもとめるのを抑制する方法は、非常に屈辱的な条件のもとでそうした援助を提供することであった。したがって、この劣悪な条件を受け入れることができる人は、ほかにいかなる選択肢ももたない人であろう。「ごろつきの貧民《ロウグ・プア》」という言葉は、赤貧《ペニーレス》の人びとにたいする根強い不信感の表現であった。この言葉は、街路灯もない時代の街角をうろつく物乞いたちへの恐怖のただの名残りではなかった。この不信感は、貧民は彼ら自身の境遇に責任があるという信念にもとづいていた。実際は働く能力があるのにそれを偽っている貧民――被救恤貧民《ポーパー》と呼ばれる――を、自分で境遇を改善できなかった救済に値する貧民から区別することが必要だと考えられていた。両者を区別するための方法としては、救貧院で生活する意欲があるかどうかが用いられた。救貧院のなかでは、厳正な規律――それは道徳的失墜と屈辱をあらわす婉曲語にすぎなかったが――が、怠惰な偽物の貧民のモラルを改善するために用いられた。ジョージ・ランズベリー〔イギリスの政治家、労働党の指導者〕は、自分がこれから評議員になる予定の救貧院への最初の訪問後に、「精神的・道徳的に品位を貶めるために、できることはなんでもおこなわれた」(2)と書き記している。貧民は救貧院に入るかどうかテストされたが、ジョンソン博士の言葉を借りれば、実のところそのテストを実際に受けるべきだったのは社会全体であった。「貧民にたいする品位《ディーセント》ある気遣いこそが、文明を評価するための真の試金石である」(3)。

私がディケンズの世界へと回り道するのは、現代世界と関連のない懐古主義ではない。見せかけの貧民は、怠惰で福祉を食い物にしているのであって、吸血鬼のような指で公衆のポケットから金をかすめとっているのだという疑念は、いまもなお福祉国家とそれを必要とする人びとへの反感を助長している。困窮者に受給資格を与えるために屈辱的なテストを受けさせたいという願望は、完全に過去のことがらというわけではない。ディケンズ的な現実は、発達した福祉国家からは消えうせたかもしれないが、虚偽の要求や救援抑制として屈辱的なテストを用いたいという願望は依然として存在している。

私は福祉国家設立の歴史的な動機《モティーフ》のひとつを示してきたが、この動機は、慈善を頼りにする社会において貧民に援助が与えられる際の屈辱的なやり方を除去したいという願望として示された。だが、福祉社会にたいするひとつの不満は、福祉社会自体が屈辱を与えているということである。福祉社会は屈辱を防いでいないばかりでなく、その社会の制度をつうじて実際に屈辱を引き起こしている。福祉社会は自尊心を失った依存的な人びとを生みだしており、彼らは自分たちの生まれながらの権利である個人の自律と誇りを、公共の台所から提供されるボウル一杯のレンズ豆のために売り渡してもかまわない人びとなのである。自分にとって何が良いかに関する人びと自身の判断を社会による裁量におき換える権利をもつのはパターナリスティックな社会である。それは困窮者を永続的に二級市民にとどめ、事実上彼らに成人ではない人間という地位を与える社会である。したがって結論としては、福祉社会は品位を傷つけるので、品位ある社会は福祉社会であってはならないということになる。

私たちはふたつの相対立する主張に直面している。一方の見解によれば、福祉社会は品位ある社会の必要条件である。なぜなら、ある社会が品位ある社会としての資格を喪失する原因となる制度的な屈辱を根絶する力をもつのは福祉社会だけだからである。これに反対の見解によれば、福祉社会それ自体が品位にもとるものであり、その屈辱は制度的なものであるから、福祉社会が品位ある社会であることは不可能である。

最初に、〈福祉社会は貧困、失業、病気といった生活条件の悪化にたいする保護を提供するので、福祉社会は品位ある社会に必須の補完物である〉という主張を検討しよう。この主張のかなりの部分が、貧困や失業、そして病気は実際に屈辱的な生活条件であるのかどうかという問題に集中している。福祉社会にたいする私たちの当面の関心が、この社会が屈辱を抑制するのかそれとも促進するのかという問いに限定されることに留意されたい。

貧困と屈辱

最初に、福祉国家と福祉社会を区別しなければならない。福祉国家とは、国家が福祉サービスの提供者である社会のことである。福祉社会とは、自発的または準自発的な団体がこのサービスを提供する社会のことである。たとえば国家としてのイスラエルは福祉国家である。イギリス委任統治領時代のパレスチナのユダヤ人居留地は福祉社会を形成していた。私たちは福祉社会について議論しているが、その説明のためにもっとも都合のよい方法は、福祉国家の事例をとおしてそれを説明することである。

屈辱は、必ずしも屈辱を与えようという意図の結果として生じるのではない。それは制度または個人によってもたらされた生活条件の結果でもありうる。たとえば、失業につながる不景気は、インフレ防止の金融政策による計画どおりの結果であるかもしれないが、経済活動の意図せざる結果にすぎない可能性もある――そしてたいていの場合は後者である。福祉社会は意図的な屈辱だけでなく、失業のような、一般的には計画の結果ではないような生活条件の悪化も改善するものとされている。

あらゆる種類の人間的苦悩が屈辱を引き起こすわけではない。人間的苦悩をもたらす生活状況がどのような場合に屈辱的なものとなるのかを、私たちはどうしたら判断できるのか、それが問題である。貧困は、ある一定の状態や生活条件――人間の行為の結果ではあるが、誰かに屈辱を与える意図をともなわない行為の結果であるような状態――について、それらがどのような場合に屈辱的とみなされるべきなのかという問題をテストするための、原型的なケースのひとつである。したがって私たちが焦点を合わせるのは、貧困はそれ自体が屈辱的なのかどうかという問いである。

問題は、貧しい人びとが屈辱を受けたと感じるかどうかではなくて、彼らが屈辱を感じたことにもっともな理由があるかどうかである。あまりにひどい貧困は品位を貶められたという感情をも鈍らせるかもしれないが、だからといってこの屈辱感の正当性を失わしめることにはならないであろう。私がこの問題を論じるために選んだ方法は、ハイム・ナフマン・ビアリク〔ウクライナ出身のイスラエル詩人。イスラエルでは「国民的詩人」とみなされており、現代ヘブライ語文学における最大の詩人〕の詩を用いることである。詩は論証ではないが、そのかわりになりうるものである。「やもめ暮らし」(“Widowhood”)というビアリクの詩は、この詩人が未亡人となった自分の母親の貧困に心を痛めて書かれたものであるが、極貧についての真に迫る描写に加えて、ある暗黙の主張を含んでいる。この詩人は貧困が屈辱的であると確信している。「その理由は人間の威厳がそこなわれるからである」。彼は神にさえ不満を言い立てる。「神は、地上に居るご自身の栄光ある似姿〔である人間〕が破壊の悪魔へと変わるさまをどのように見つめ、いかにそれを耐え忍んでおられたのか」。人間の尊厳は神の似姿として創造されたものとして描かれており、そしてこの尊厳はそこなわれてしまったのだ。こうした詩の言葉は、貧困は屈辱的であるという見解の力強い説明である。しかしビアリクは、屈辱を与える原因となる貧困のもろもろの側面も描写している。

家が壊れて暮らしが荒れはて、
彼女は突如として丸裸になり、
ひさしもなければ安全もなく、むきだしにされてなにもなくなった、
……
孤独で身を守るすべをもたず、魂としくじりに身をまかせ
……
人間のなかには彼女のような虫けらがいる、悲嘆に暮れてしいたげられた生き物。
……
つらくみじめな思いに、
身をよじらせて苦悶の表情をうかべる女たち、
……

慎みも憐れみも奪われ、母や妻の面影はどこにもない、
手足の不自由な輩が……餌をあさって激しく争う猫にうなられ
無造作に投げ捨てられた無残に砕けた骨と腐肉に群がる

（ハロルド・シンメルの英訳から）

貧困の品位にもとる側面、人間の尊厳をそこなう側面は、無防備なことであり、庇護所がないことである。「孤独で身を守るすべをもたない」こと、すなわち非常な傷つきやすさと無力さ、失敗するというあきらめがある。投げ捨てられた骨をめぐるすさまじい生存競争があり、生きるための絶望的な争いのなかでの獣同然の水準への堕落がある。女らしさや母親らしさの外見を失われて、自分の子どもたちに食事を与えることができない。これらすべてには不潔さがつきまとう。普通の外見を失い、人生への関心や意欲を失う。侮辱的な下品さ——生きるために彼女が競っている相手の「口汚いののしりにとり囲まれている」——があり、苦しむ女性たちのあいだでは基本的な人間の友愛が欠如している。〔他方で〕「無残に砕けた骨」や「腐肉」を「無造作に」放り投げる人びとが与える屈辱がある。まるで野良犬に骨を投げているかのように、彼らには思いやりも同情もない。

貧困が屈辱的であるというこの見解と対照的であるのは、貧困はそのもっとも悲惨な状態においても人を気高くするという初期キリスト教の見解である。「〔貧しい者のために〕天の国がある」（『マタイによる福音書』五：三）。これは、魂のもち主としての人間がみずからの崇高な使命をはたすことを妨げるのは物質的な富だという考えである。貧しいことは物質主義のあらゆる誘惑や罠から解放されていることを意味している。そのため貧しさは人を堕落させるのではなく向上させるものなのである。社会の問題は、貧困の除去によって屈辱をいかにとり除くかということではなく、どのようにして貧困から屈辱をとり除くかということにある。

貧困それ自体をなくすことの実現性については、キリスト教徒もユダヤ教徒も矛盾したテキストに直面する。

『申命記』のまさに同じ章のなかに次のふたつの見解が示されているのが見いだされる〔第一五章〕。一方には、敬虔な清教徒《ピューリタン》たちとヴィクトリア朝の人びとを導いた第一一節に示された見解がある。「この国から貧しい者がいなくなることはないであろうから」。他方には、貧困のない社会は可能であるという、第四節に示された見解がある。「あなたがたのうちに貧しい者はいなくなる」。

清貧は次のふたつの条件をみたす必要がある。ひとつは、その貧者には家族にたいする責任がないこと、もうひとつは、貧困が自発的なものであることである。キリスト教と仏教の両方において、清貧は修道僧や尼僧のものである。貧困から屈辱を除去するという観点から貧困を積極的に評価するには、それを自発的かつ独身者の貧困に限定しなくてはならない。

気高さとしての貧困の積極的評価は、ストア派のなかでもキュニコス〔犬儒〕派の態度に類似している。私が本書の冒頭で示した屈辱にたいするストア派の態度、より正確には、奴隷状態は屈辱的ではないというストア派の信念は、清貧という観念についてもあてはまる。

貧困の観念は相対的なものである。カリフォルニアで貧しい人はカルカッタでは裕福かもしれない。しかし貧しさは所得の点で最下層であることを意味しない。貧困は所得分布に応じてではなく、生存の最低条件という社会的な概念に応じて定義される。この最低限度《ミニマム》は、人間的な生活を送るために必要とされるものに関する社会的な構想と関連づけられる。最低限度は各社会にひろく行き渡った人間らしさについての考えを反映している。それは同時に、当該社会において経済的なシティズンシップが確保されるための閾値についての考えを反映してもいる。

いままでのところ私は自負心の観念と自己価値《セルフ・ワース》の観念を別々の概念としておいた。しかし自負心の閾値を定める段になると——特に、貧困が失敗として定義され、この失敗の痛ましい結果として、貧民が価値ある生活を送るための選択肢がひとつも残されないかもしれないような場合には——、そうした区別をすることは非常に難しくなる。ある生活様式を評価するためには、必ずしもそれを好ましい生活様式だと考える必要はない。だが、人がみずからを尊重することができ、生きるに値するとみなせるような、生活様式に関する選択肢が少なくともひとつは必要である。貧困によって、人びとは尊厳あるものと考えられる生活様式からしめだされている。これに加えて、貧しさは完全な失敗の結果であるという感覚がそこには存在する。

失敗の責任を貧民のか細い肩に担わせることは、救貧法における独善性のあらわれのひとつであった。しかしながら、福祉社会の出現につながった貧民にたいする態度の変化は、貧民はみずからの状態に責任があるという考えに加えられた痛烈な批判から生じている。資本主義経済はその景気循環のために多くの人びとを失業させるので、彼らの貧困を怠惰や飲酒の結果だと信じることは難しい。一般大衆に向けた国民軍の新兵募集もまた、無一文の兵卒にたいする態度の変化にもつながった。彼らは戦争遂行に貢献する力がある人びとであるとにわかに認識されるようになった。しかし、貧しさが道徳的欠陥の結果であるという主張はその説得力の一部を失ったけれども、それはまだ生きており、福祉国家への非難の毒矢として役目をはたしている。

貧困は一般に貧民の側の失敗の結果であるという不当な主張はなによりもまず、まったくそれだけのもの、つまり不当な主張である。この主張は貧民の社会的名誉を傷つけるものでもある。しかし、ある人の貧困は失敗を意味するという主張がなぜ人間としてのその人の尊厳を傷つけると言えるのか。ある人が自分のキャリアにきわめて重要かもしれない試験に失敗すれば、この失敗が弁解可能か否かを問わず、一時的にせよ、その人は自分が好む生活様式を実現することができない。この失敗は非常に苦痛かもしれないが、それはその人を人間として拒絶する理由にはならない。社会が評価するのであれ、自分自身が評価するのであれ、失敗した人にたいするどのような再評価も、人間のひとつの側面――たとえそれが重要なものであっても――の評価にすぎない。だが、貧困を失敗とみなすことは暗黙のうちに、その人が無価値であり、生きるための最低限度の必要さえみたせない人だとみなすような乱暴な判断を含んでいる。貧困を、貧民自身が価値あると考える生活を送る可能性を閉ざすものと考えるならば、貧民は自分自身にも価値がないと考えるようになる――自分たちが価値ある生活を送る能力がないかのように、彼ら自身の目にも映る。完全な失敗は、たんに特定の仕事における失敗ではなく、ひとりの人間としての失敗だと理解されがちである。失敗にたいする非難が根拠のないものである場合、その非難は屈辱的でもあるので、とりわけ残酷かつ不正である。

結論は、貧困は屈辱的なものであるということである。福祉国家は貧困を根絶するために、あるいは少なくとも貧困の屈辱的な特質の一部を除去するためにつくりだされた。福祉社会はこれを慈善社会とは異なった仕方で達成しようとしている。慈善社会は、貧民に施しをする気にさせる感情である憐れみに依拠する社会である。

憐れみ

貧困は慈善社会では重要な問題である。この社会における貧しい人びとに施しが与えられるが、それは直接的に与えられる場合もあれば、公的ではあるが自発的な寄付でまかなわれる慈善募金をつうじて与えられる場合もある。慈善社会を動機づけている感情は憐れみであるが、それは慈善社会を正当化するとされている感情とは区別される。福祉社会の創設者たちが福祉社会を企てたのは、貧困者を援助する動機やその正当化として機能する憐れみの感情を除去するためであった。

貧民は憐れみ《ピティ》によって施しを与えられる――憐れみだけが理由ではないが、憐れみは施しを与えることに関して重要な役割をはたす。施しを乞うことは屈辱的である。律法学者《ラビ》たちはトーラー〔旧約聖書の「モーゼ五書」〕の注釈において、「神は貧しい人と共に戸口に立っておられる」（ミドラッシュ・ラバのレビ記注解）と言いあらわすことで、一軒ずつ物乞いして歩く行為の屈辱的な側面をやわらげようと努めた。しかし、屈辱をやわらげようとする試みは、たとえ施しをする人が心からそれをおこなう場合ですら成功しない。施しをもとめるという基本的な状況が屈辱的なのである。それにたいして、慈悲《マーシー》は気高い感情とみなされて、慈悲の資質はより高度な人間の資質のひとつとされる。慈悲の特質は神にそなわる一三個の特質の第一のものであり（『出エジプト記』三四：六―七）、ユダヤ教の礼拝では神は「慈しみ深い御父」と呼ばれる。ここには明らかに緊張関係がある。一方では、慈悲は与える人の地位を高める資質である。他方では、慈悲を受けとる側にいることは屈辱的である。この緊張は慈悲に内在するものであり、慈悲は憐れみと思いやり《コンパッション》とのあいだで揺れ動くのである。

憐れみ（*Mitleiden*）の感情を再評価することを強く主張したのがニーチェであった。[4] 道徳的感情としての憐れみにたいする彼の批判は、慈善社会への非難として格別の重みをもっている。福祉社会は、慈善社会がそれを解決するようにデザインされていた問題にたいして、憐れみに依拠することなく応答しようとしている。ニーチェがすべての価値の再評価を要求したとき、彼はたんに一般に認められた価値が新しい価値にとってかわられることを要求していたのではなかった。彼は一階《ファーストオーダー》の諸価値にたいする二階《セカンドオーダー》の評価を要求していた――つまり、望ましいものとみなされてきた価値がいまや望ましくないとみなされるべきであり、その逆もまたしかりということである。諸価値を評価するための基準は、人間の自己完成《セルフ・パーフェクション》を強めるものとそれを弱めるものを確かめることである。憐れみの道徳に関するニーチェの批判はこのように理解される。ニーチェによれば、道徳は個人が自分自身を完成させるための手段を講じる反省的な態度から生じなければならない。自分自身の本来性を真に配慮する場合にのみ、個人は他者にたいして寛大であることができる。憐れみからはじまるようなたぐいの道徳によって、個人は自己逃避してほかの人びとにたいする感傷的《センチメンタル》な態度へと逃れる。ニーチェによれば、感傷《センチメンタリティ》とは、ほかの人びとを助けるために実際に何ができるのかを冷静に考えるために必要な残酷さを欠いた感情なのである。利他主義の反対語は利己主義ではなく自己完成である。個人はその自己完成のために、誇りというものについて自分が抱いているもろもろの考えに関して、自分自身の価値観を変更する必要がある。それらの考えのかわりに、彼は超人（*Übermensch*）にふさわしい誇りの観念を獲得しなければならない。

憐れみの感情を批判したのはニーチェが最初ではなかった。スピノザはこれをニーチェよりずっと昔におこなっており、[5] 憐れみは形而上学的な幻想にもとづいていると主張した。話すことができないという理由で赤ん坊に憐れみを感じないのと同様に、人の欠点を憐れむべきではない。そのような欠点は赤ん坊が話せないのと同じ種類の必然性の結果なのである。だが私たちの目的にとっては、憐れみの感情に関する適切な批判者はニーチェである。その理由はニーチェが憐れみを人間の尊厳と比較しているからである。問題は、ニーチェが憐れみを間違った種類の人間の尊厳――すなわち超人の名誉と誇り――と比較していることにある。私たちが関心を寄せる名誉の概念は、実際にあるがままの人間の名誉である。当面の議論で重要な問題は、困窮している人びとを憐れむことの何が問題なのかということである。憐れみが効果的に人びとに苦しんでいる人たちを助ける気を起こさせるのならば、この感情の何が問題なのだろうか。品位ある社会が憐れみによる他者の援助に基礎をおいてはならないほどに、憐れみが悪いとされるのはなぜなのだろうか。そして最後に、ほかの人びとがあなたを憐れむときに、自分は屈辱を受けたとあなたが考えるもっともな理由はあるのだろうか。あなたはたしかに自分が憐れみを受けたという問題に悩まされるであろうが、なぜあなたはさらに自分が屈辱を受けたと考えなくてはならないのだろうか。

憐れみの関係は対称的な関係ではない。憐れみの感情に内在する優越感があるのだ。「それはあなたの身にふりかかったことだ。だがそれは私の身には起こりえない」。憐れみと思いやりを区別するのはこの非対称性である。思いやりには対称的な関係が潜在している。ある人が憐れみを感じて慈善行為をおこなう場合、それで利益を得る人は感謝して当然だという暗黙の想定がある。憐れみの感情は、憐れむ人自身がいつの日か憐れみを必要とする可能性の余地を残さない。それどころか、憐れむ人が暗黙のうちに思い込んでいることは、自分が憐れんでいる人より本質的に優位にあるということなのだ。彼女の憐れみは安全な立場から生まれるもので、それはまるで彼女が悩みや苦しみとは無縁であるかのようである。憐れむ人の立場がこのように安全ではない場合、その関係は憐れみから思いやりへと変容する。私がおこなっている「憐れみ」と「思いやり」の区別は一般的なものではない。このふたつの言葉は互換的に用いられることが多い。だが、私の区別には利点がある。

憐れみを受ける人びとには、自分たちが尊重されていないのではないかと疑うもっともな理由がある。なぜなら憐れみを引き起こすのは無力さと立場の弱さだからである。人はたとえ非常に苦しい状況にあっても、みずからをコントロールしているならば憐れみを受けることはない。憐れみは、自負心に欠かせない生活手段を失って、自尊心を守る手段を失いかけている人びとに注がれるのである。

憐れみに関するかの辛辣な批判家であるニーチェが主張しているのは、この感情が人間の動物的な性質、つまり人間と動物が共通してもつものに向けられているということである。憐れみは人間の人間らしい側面にほとんどもとづいていない。人は苦しんでいる動物――キャンキャンほえている犬や空腹で悲しげに鳴いている猫、鳥かごに入れられた雀など――を憐れむのと同じように他人を憐れむ。要するに、憐れみは主に肉体的な苦痛にたいする反応なのである。憐れみに特有な感傷的な態度の対象である貧民は、投げ縄で捕まえられて悲しい目つきをした馬たちのように、無垢の象徴となる。感傷は、その対象を自分の意志や人格がない無垢の象徴として提示することで感情に手を加えている。憐れみの悪い点のひとつは、感傷一般にまつわる悪である。すなわち両者はともに、それらが向けられる対象の性質を道徳的にゆがめるのである。

「敬虔《パイエティ》」と「憐れみ《ピティ》」という言葉は共にラテン語の *pietas* が語源であるが、このふたつの言葉は英語では意味的に区別されるようになった。敬虔は、真摯な宗教的意識から生じる、ほかの人びと（特に苦しんでいる人たち）にたいする無条件の義務を含む宗教的な感情である。宗教的な主張によれば、真に正義にかなう社会は憐れみよりもむしろ敬虔――貧民にたいする恩着せがましさよりもむしろ神にたいする人間の義務に由来する貧民への義務――にもとづいている。信心深い人びとからすれば、ニーチェにおけるこの感情の欠如は、感じ方の問題というよりもむしろニーチェ自身の情緒的欠陥のように見えるかもしれない。

もちろんニーチェは敬虔と憐れみの区別を容認しなかったであろう。ニーチェの立場がどのようなものであれ、品位ある社会を人間主義《ヒューマニスト》的な前提のもとに論じることが私の義務である。敬虔にもとづいた正義にかなう社会はこの条件をみたさない。

要約すると、福祉国家は憐れみから生じる屈辱をふたつの段階でとり除こうとする。まず、福祉国家は貧困による品位をそこなう生活条件をとり除こうとするか、あるいは少なくともそれを十分に緩和しようと努める。さらに、福祉国家は、慈善社会を動機づける感情であり、侮辱的でおそらく屈辱的でもある憐れみの力を利用することなく、貧困それ自体の除去を試みるのである。

屈辱を与える社会としての福祉社会

ルートヴィヒ・フォン・ミーゼス〔オーストリア出身のアメリカの経済学者〕は福祉国家の擁護者ではないが、彼は、慈善社会――福祉国家はそれにとってかわることを意図していた――における屈辱の要素に気づいていた。

貧困者は自分に示される優しさにたいして法律上の要求をもたない。彼は親切な人びとの慈悲心を、つまり彼の苦境が喚起する優しさの感情を頼りにしている。彼が受けとるものは、彼が感謝せねばならない無償の贈り物である。〔自分が〕施しを受ける人間であることは恥ずべきこと、屈辱的なことである。それは自尊心のある人にとって耐え難い状況である。(6)

しかしながらフォン・ミーゼスは、慈善家を福祉国家の役人たちにおき換えることで、心の曲がった人たちの性根を正すことができるという見解には懐疑的であった。彼は、福祉社会における貧困者の屈辱と慈善社会における貧困者の屈辱のあいだにはひとつの関係があると主張した。私たちが知りたいのは次のことである。すなわち、慈善家と官僚のあいだの競争や慈善社会と福祉社会の競争が本当に引き分けに終わるのか、それとも福祉社会は、慈善社会に内在する貧困者の屈辱を改善するか悪化させるかのいずれかであるのか。

慈善家と役人をそれぞれ慈善社会と福祉社会の代表者として比較することは、福祉社会が本質的に官僚的であることを前提としている。したがって福祉社会に向けられる不満は、官僚制が潜在的に屈辱的であることに向けられる不満とほとんど同じものである。福祉社会がまさにその本質からして官僚的であるのが本当であるならば、官僚制における屈辱の要素についてすでに述べたことを繰り返す必要はない。そこで述べたことはすべて福祉社会にも同様にあてはまる。

私たちはすでに、福祉と官僚制には必然的な関係があるという議論を検討してきた。福祉社会は市場メカニズムを利用することなく、障碍者や老人、失業者、そして貧民の状態を改善しようと努める。したがって福祉社会は、市場によって支援も規制もされない事務職員を必要とする。この職員はサービスの提供と貧困者への移転支出に責任を負っている。官僚制はそれゆえに福祉社会の構造に組み込まれている。「官僚制」と「事務職員」という用語にたいしては、机に座ってコーヒーを飲んでいる職員たちで構成されているシステム全体のイメージが心に浮かぶ。しかし福祉社会で貧困者の面倒を見ている人びとは、看護師やソーシャルワーカーなどの多くの異なる種類の人びとから成り立っている。もちろんこれは、福祉社会が貧民にたいして自分たちのサービスを市場で購入するように移転支出をおこなう事務職員だけで構成されているわけではなく、現物のサービスも提供している場合にのみあてはまる。提供するサービスの範囲が制限されている福祉社会は、必ずしも貧困者に与える金額を抑制するわけではない。このような社会に官僚制の考えをあてはめる場合には、官吏だけを含むような狭い意味に制限される。移転支出だけにもとづく福祉社会にはかなり制限されたかたちの官僚制しか存在しないということになるが、その社会もなんらかの官僚制なくして存続することは到底できない。

福祉社会をめぐる問題はその官僚制的な性質にあり、それは福祉のサービスを必要とする人びととの自尊心を傷つけるという主張とは別に、福祉社会についてはほかの不満もある。福祉社会の屈辱的な側面にまつわる主な不満のひとつは、福祉社会が貧困者の自律を弱めるということである。福祉社会は彼を、もはや自分自身に頼ることができない、公金で麻痺させられた寄食者に変えてしまう。福祉サービスで支給されるお金は、貧困者の観点からすればあぶく銭である。それがもとで彼らは働かなくなり、自律するよりもむしろ福祉サービスに依存した状態にとどまろうと強く思うようになる。彼らはすでにこのサービスを受けるという屈辱的な行動を選択したので、自分たちの屈辱の「特別手当」を受けとってもよいと感じるのである。

したがって、福祉国家は貧困者から自分自身のことを決める能力や権限を奪い、個人の自律の表現であるべきこの自己決定権をパターナリスティックな役人に譲渡する。それにもかかわらずこの批判は、もし福祉国家が現物給付の代わりに移転給付をおこなうならば、それは通常の福祉国家よりも屈辱を与えないということを認める。これにより、貧困者がみずからの人生にとって重要な決定をなす余地が与えられるからというわけである。

この主張にたいするひとつの反論は、貧民はたんに所得の補助を必要としているのではないというものである。彼らが必要としているのは特別なサービスや物品である。貧困はしばしば貧困の文化と関連している。そのあらわれのひとつが、貧民には自分たちが本当に必要であるものを反映していないような優先事項の順位があるということである。おきまりの不満は、貧しい人びとが所得補助を自分の子供たちの薬代のかわりに酒に使いがちだというものだ。負の所得税は貧困の文化に属する人たちの消費を増やすが、その欠乏が貧困の定義となるような必需品の消費を増やさない。麻薬や酒のような貧困の文化で消費される物は、善意のソーシャルワーカーたちによるパターナリスティックな介入よりもはるかに深刻な自立の侵害となる。

先ほど貧しい人の家庭に言及した箇所で、私はひとつの特に重要な点に触れた。私たちが人間の尊厳を論じるとき、あたかも自分で自分のことを決める諸個人で社会が構成されているかのように考えることが多いが、現実には、家族の長が自分の扶養家族に影響をおよぼす決定をすることが多い。家族の長が享受する自律の一部を制約することは、より高い程度の自律を家族のほかのメンバーのために確保するのにおそらく役立つであろう。

いま示した相対立する主張の説得力は、福祉社会にまつわる私たちの固定観念から生じている。ここで間違えて、福祉社会をその社会を擁護する人たちに関する私たちの強力な固定観念と結びつけて考えることはたやすい。一方には、自分たちが世話をする家庭にたいして無条件に献身する、善良なソーシャルワーカーたちがいる。他方には、ベッドの下に隠れている男がいないかどうかを調べるために当局がおこなう、シングルマザーの自宅にたいする容赦のない夜間訪問がある。

論点の大部分は事実に関するものであり、私が特に〔学問的に〕寄与するところはない。慈善社会と福祉社会それぞれの屈辱的な側面を比較する方法として、私は、これらふたつの社会の実際のありさまではなく、むしろ両者の理念型を検討することを提案している。理念型という言葉で私が意味することのなかには、人びとのタイプ〔による区別〕のみならず、福祉社会と対立関係にある慈善を導く諸原理も含まれる。私たちは以下のことに留意すべきである。すなわち、私たちが福祉社会につきものだと考えている役人たちは、この種類の社会だけに見られるわけではない。伝統的な慈善社会は、志願もしくは選出による慈善活動家ばかりでなく、任命された役人たちによって運営されることもしばしばあった。大都市におけるムスリムの慈善団体、教会の慈善募金、そして伝統的なユダヤ人社会の慈善基金――これらはすべて、ある重要な点で官僚的な構造を有している。寄付金でさえ任意の寄付にもとづいてはおらず、人びとに寄付を強制するほどの力をもつ一種の税金のようなものである。寄付の強要が社会的圧力にもとづくにせよ――たとえば経済的な破滅をともなうかもしれない破門というかたちをとるもの――、それとも制度上の制裁にもとづくにせよ、両者のあいだにはほとんど違いがない。

したがって、これらふたつの社会をそれぞれ指導する原則、すなわち貧困者に提供する援助に関する原則を比較することに強調点がおかれる。慈善社会は、その最良の状態においては善意の原則にもとづいており、福祉社会は受給権の原則にもとづいている。私が主張するのは、援助を受ける権利にもとづいて困窮者を援助する社会は、善意にもとづいた社会よりも、原理上――その適用がどのようなものであろうとも――屈辱を与えることが少ないということである。すでに述べたように、この主張は実際のあり方よりも理想に近い理念型にもとづいている。福祉社会は、その理想的な意味においては、慈善社会よりも屈辱を与えるものであるはずはない。しかし、慈善社会が善意の原則で動機づけられているという主張は、慈善が実際に善意によって——義務的でない行為という意味で——おこなわれることを意味しない。施しは伝統的な慈善社会における〔メンバーの〕重要な義務のひとつである。その意図は、与える人には与える義務があるにしても、受けとる人は施しを権利よりもむしろ贈与として受けとるということにある。言いかえると、義務は権利から切り離されているのである。

慈善のパラドクス

前節の議論では、慈善社会と福祉社会の違いは、与える側の人びとの動機の点だけであるという印象を——すなわち問題は、与える側の人びとが（優越感を隠している）善意で動機づけられているのか、それとも援助を受ける資格のある貧しい人びとにたいする義務の感覚に動機づけられているのかという点にあるという印象を——与えたかもしれない。権利にもとづいた福祉社会の場合、援助を受ける人びとが屈辱を与えられるのは、彼らが当然受けとる権利があるものを役人たちが善意から与えているかのように振る舞うときである。福祉社会が貧困者に屈辱を与えるのは、その社会の役人たちが彼らを慈善社会の基準にしたがって処遇する場合である。私たちはふたつの社会を最良の状態で比較することに関心がある。したがって問題は、援助を受ける人びとに屈辱を与えることなく、彼らの幸福にたいする真摯な気遣いによって援助を与えるという純粋な動機のみにもとづいた慈善社会を、私たちが想像できるかどうかにある。こうした種類の慈善社会が可能ならば、屈辱を与えるやり方で施しを与えることは、その社会の本当の特質を歪曲したものにすぎないということになる。上述のように、それは最良の状態における慈善社会を歪曲したものであって、慈善社会の通常の行動からの統計上の逸脱ではないであろう。私たちは、慈善が利己的な独善のように見える場合ではなく、純粋な意味での慈善を考察しなくてはならない。

したがって問題は、純粋な善意にもとづいた慈善社会が、困窮者の尊厳を考慮する点で福祉社会よりも有能であるかどうかである。結局のところ、福祉社会は課税から得たものを分配することにもとづいており、他方で慈善社会はその最良の状態においては自発的な寄付にもとづいている。一見したところ、この事実は慈善社会に福祉社会よりも大きな道徳的な利点を認めることに十分なものであろう。

福祉社会の偉大な研究者であるリチャード・ティトマス〔イギリスの社会学者、社会政策学者〕は、困窮者が必要とするものを与える方法に関する格好のモデルをもとめる作業のなかで、ひとつの実例として血液銀行の社会制度を用いた[7]。言いかえると、ティトマスのモデルは最良の状態における慈善社会から採られたものであった。献血行為は血液を売却する行為よりも測り知れないほど高貴である。けれども血液を必要とする人は、善意からの献血を受けとることに関して、自分が屈辱を受けたとは考えない。その結論は、献血は最良の状態における慈善社会の実例であり、この種類の贈与は自分の同胞たちにたいするほかのどんな援助よりも望ましいということである。もし献血を受けることが屈辱的ではないならば、同じように、寄付金を受けとることも困窮者にとってまっとうな《リスペクタブル》行為であると考えるべきである。私たちはこれを認めなければならない。

これにたいする反論は次のようなものである。慈善社会においても金銭の寄付が屈辱のないかたちで可能であるということを、献血の事例から推論することはできない。この反論によれば、献血はお金もしくは金銭に相当するものの寄付とは非常に異なっている。献血を受ける人はお金を受けとる人とは違って血液を蓄積しない。そして献血者は血液に不自由していない。血液において貪欲という要素は存在しない。体内に血液がより多く流れていても、それは社会的名声の原因にならない。それゆえに、献血する意欲はお金を貧民に寄付する意欲とは異なる意味をもつ。献血を受ける人が血液を浪費したり、あるいは意図せざる用途に血液を用いたりすることは不可能である。献血者はお金の寄付者とは異なり、血液の所有者になるためになにかをしたわけではなかった。たしかに彼女は血液を売却することも考えたかもしれない。しかしこの可能性を検討しているときに、彼女は自分が血液のためになにかを費やしたとは思っていない。献血者たちは自分が人命を救うと考える。献血には即座に劇的な効果が生じるが、貧民への寄付にはそのような効果は滅多にない。だが重要な点は次のことである。すなわち、献血者はいつか自分たちが血液を必要とするのだと容易に想像することができるが、お金を寄付する者が、自分も他人からの寄付が必要になると考えることは難しい。

さらに、与える行為の点で違いがあることに加えて、献血はシステムの運営方法という観点からしても慈善社会の格好のモデルというわけではない。国によっては、献血は保険の一種と考えられている。こうした国では、血液を必要とする患者の家族もしくは友人たちが不足を補うために献血をおこなう集団となる。同じことはお金を寄付する場合には起こりえない。なぜなら貧しい人びとの友人は一般に彼らと同じくらい貧しいからである。結論は次のようになる。献血は、人びとに資金援助を与えるべき方法について、私たちになにも教えてはくれないのである、と。

だが、この反論にも同様に反論することができる。〔たとえば〕次のように主張することが可能である。品位ある社会における金銭の寄付のために可能な社会的範型《パラダイム》として啓発的であるのは、まさに献血である。その理由は、献血する、もしくは献血を受けるために、人びとは非常に根強い偏見を克服しなければならないからである。そのような偏見には呪術的信仰や儀式、そしてレイシズムがあるが、これらはすべて血と関連している。血と関連がある偏見は名誉や屈辱とも関連している。カスティーリャ〔スペイン中央部から北部におよぶ地方。旧カスティーリャ王国の中心部を占める〕の貴族は尊大な態度で、自分たちには「青い血」(*sangre azul*) ——ユダヤ教徒とムスリムの「浅黒い血」が混じっていない血——が流れていると主張した。その証拠としてこの貴族は自分たちの青い血管を見せたが、それは彼らの青白い肌をとおして確認することができた。

しかし、カスティーリャの青い血はいまとなっては昔のことである。もっと最近のことに目を向けてみよう。第二次世界大戦中に、赤十字は白人と黒人の血液をまだ区別していた。私がこの事実に言及するのは、血液銀行が克服しなければならなかった偏見を強調するためである。「血によって」関連づけられるという考えは、部族の、親族の、そしてナショナルな縁戚関係をも指し示すような、根深く、また陰うつな概念である。しかし驚いたことに、献血はいまでは広くおこなわれている。唯一重要なのは血液型という生物学的な因子だけである。古くからの偏見がどのように克服されうるのかを示しているこれらの事実が考慮されるとき、献血が、慈善と関係するほかの領域においても手本とされるような、屈辱をともなわない社会的な寛大さに関するひとつの可能なモデルでありうるという、私たちの確信を強固にするはずである。

これまで私たちはふたつの論点について考えてきた。第一の論点は施しの動機、とりわけ純粋に利他的な動機――独善性のない寛大さ――の可能性という論点である。第二の論点は第一の論点と関連するのだが、献血は、自発的行動と寛大さという優れた精神のもとで、屈辱をともなうことなく、純粋な慈善のモデルとして活用できるかどうかという問題である。

慈善のパラドクスは次に述べるような難問から成り立つ。慈善が良い動機からなされることは（侮辱と屈辱を避けるためには）好ましいことなのだろうか。あるいは、慈善が悪しき動機からなされるのはあまり良くないことなのだろうか。良い動機とは、いかなる利己心もなしに他者の善き生に配慮するような動機である。提供者《ドナー》は見返りをもとめることなく、純粋に相手にたいする気遣いから貧しき者に贈り物を与える。しかし、慈善はそれ自体が報いである。現在の議論の目的に即して考えると、悪い動機とは、提供者たちが、ほかの人びとにどのように見られ判断されるかという利己的な考えから貧しき者に贈り物を与えるという動機である。これが悪い動機である理由は、自分とほかの人びとが見ているところで、自分自身の地位を高めるために誰かの苦しみを利用することにある。

一見したところでは話は単純であるように思われる。すなわち、悪い動機よりも良い動機から贈り物を与えるほうが望ましいし、提供者たちの観点からは実際にそのように見える。しかし問題は、受領者からはこれがどのように見えるのかということである。受領者にとっては何がより望ましいのであろうか。良い動機から与えられた施しを受けとることであろうか、それとも悪い動機からのそれを受けとることであろうか。

受領者の観点からすると、彼らが利己的な動機を抱いた人びとから施しを与えられる場合には、受領者が大変ありがたく贈り物を受けとることにより、寄贈者は利己的な満足を得るであろう。そのため受領者は寄贈者になにか恩義があると感じる必要はない。受領者は感謝の意をあらわすように義務づけられるが、感謝の念を抱くことは義務づけられない。人が感謝の念を抱くように義務づけられるのは、受領者たちへの気遣いだけが理由で贈り物を与える寄贈者たちにたいしてだけである。彼らは感謝されるために行動したわけではないので、実際に感謝をもとめることはできない。しかし、受領者のほうでは寄贈者の寛大さから利益を得たので、感謝の念を抱くように義務づけられる。寄贈者たちが利己的な考えから行動したために、彼らにリップサービスをする義務だけがあるような人びとの状況と比較すると、感謝の念を抱きながらもその親切に報いることができない人びとは、しばしば劣った立場におかれる。

純粋な利他心から施しを与える準備がある人びとは匿名での寄付もいとわないであろう。そのように考える人がいるかもしれない。これは受領者たちを感謝の念を表現する義務から解放するであろうが、それは問題を解決しないであろう。問題は感謝の念を感じることであり、感謝の言葉ではない。匿名の贈り物を受けとる人たちはせいぜい感謝の表明が免除されるにすぎず、感謝の念を抱くことは免除されない。この問題が認めるところによれば、彼らは自分たちに尽くされた親切な行為に報いることができないような劣った状況におかれている。そのうえ、寄贈者たちは贈り物にたいするお返しに好意を示す必要性がない。贈与における相互性の原則は破られている。この原則は慈善の問題の中心にあるものであり、この問題は匿名の寄贈でさえ解決不可能である。利己的な寄贈者には償いをすることができるが、利他的な寄贈者にたいしてはそれができない。人びとはお返しをすることができない人からよりも、自分がなにかお返しをすることができる人からの贈り物を受けとるであろう。

慈善のパラドクスが証明しているのは、慈善社会はその最善の状態にあっても——利己性を少しも抱かずに他者を救う純粋な動機にもとづいている場合には——、まさに寄贈者たちの動機が純粋であるために、侮辱的でおそらくは屈辱的な側面があることを免れないということである。そのうえ、そのような社会が寄贈者たちの利己的な動機にもとづいた慈善社会よりもうまく屈辱を回避することができるかどうかは明白ではない。

ふたつの論点がここで重なり合う。すなわち、ある社会が品位ある社会であるために必要な官僚制の種類と、官僚制に依存する福祉社会と品位ある社会との結びつきである。これらの論点は、福祉社会と慈善社会が貧困の屈辱的な状況にそれぞれ対処するやり方を比較することで明確になった。

福祉社会と慈善社会を比較可能にする多くの側面がある。能率、援助の程度、また両社会が目指す目標もそれにあたる。しかしながら、私はただひとつの問題——屈辱という問題——に焦点を合わせてきた。もし福祉社会がこの競争に勝利するとすれば、それはノックアウトではなく判定勝ちである。私が言いたいのは次のことである。すなわち、慈善社会は施しによる屈辱をともなうからといって必然的に品位にもとるわけではない。他方で、品位ある社会が常に福祉社会である必要はなく、それは慈善社会でもありうるのである。

第15章　失業

品位ある社会は失業のない社会であろうか。一見すると、失業は貧困と一緒に議論されるべきことのように思われる。というのも、貧困は収入をもたらす仕事がないことだからである。失業が悪いとされるのは仕事がないからではなくて、収入がないからである。したがって、仕事は生計を立てる手段にすぎず、品位ある社会が保障しなければならない目的ではないように思われる。収入は貧困を防ぐために保障されなければならない。しかし、失業は貧困を防ぐ手段のひとつにすぎない。

これは本当だろうか。強制的な失業それ自体は屈辱を与えないのだろうか。屈辱的であるのは、失業の経済的および社会的な効果にすぎないのだろうか。

国際連合による世界人権宣言は、すべての人間は名誉あるものであるとする寛大な宣言であるが、そこではすべての人に勤労の権利が認められている。つまり、この文書の文言では、「自己の尊厳に欠くことのできない」（第二二条）ものである社会保障とほかのすべての社会的および経済的権利だけでなく、勤労の権利（第二三条）も明確に認められている。[1] したがって、仕事は尊厳ある生活を送るための手段であるばかりでなく、権利それ自体でもある。人権を尊重する社会は、社会的権利が失業手当によって保障されているとしても、すべての人に雇用を提供する義務がある。この宣言で認められている勤労の権利には、正義にかない、品位《ディーセント》がある労働条件と並んで、自由な職業の選択も含まれている。

私たちの目的にとって興味ある問題は、仕事が本当に人間の尊厳の不可欠な条件であって、働きたい人びとから仕事を奪うことは必ず彼らの品位を貶めることになるのかどうかということである。この問題のより最近のものは次のようなものである。十分に発展した社会において失業率が常に一〇パーセント前後で推移していると仮定してみよう。そこでは失業はあるけれども失業手当が給付されており、そして失業者には収入を補う臨時の仕事を見つける機会がある。その結果、彼らの総所得はその経済社会における未熟練労働者たちの総所得と同等である。このような社会的な仕組みであっても（世界人権宣言に明記されているような）雇用の欠如という屈辱的な状況を容認しているという理由で、私たちはこの社会に品位ある社会の資格を与えてはならないのだろうか。ある社会を品位ある社会であると判断できるのは、その社会が完全雇用を達成しているか、最悪でも一時的失業だけが存在する場合にかぎられるのだろうか。

労働がもつ高い価値について論ずるとき、人びとは説教じみた口調で語ることが多い。説教に異を唱えることは難しい。だが、労働の価値は説教者の立場よりもむしろ労働者の立場から検討されなくてはならない。労働者自身の視点からすると、労働の価値というのは常にプラスのものであるわけではない。労働者たちは労働に高い価値があると考えるかもしれないが、あらゆる種類の労働がそうであると考えるわけではない。ほとんどの肉体労働者は自分の子どもが同じ仕事に就くことを望んでいない。多くの労働者たちは自分の休暇を最善の時間だと考える。彼らは平日よりも休日のほうが本物の人生を表現していると考える。たしかに彼らの多くが不本意な失業を嫌がって、そのような状況にみじめな気持ちになることもある。しかしその理由を理解することが重要である。彼らがみじめなのは所得と社会的地位を失うことが理由なのだろうか、あるいは自分の人生で中心的な価値であるなにか——自分自身を人間として表現する方法や、芸術家が自分の作品に見いだすような種類の価値——を失ったと感じるからであろうか。

私の主張は、他者の善意に依存することなく自分自身の仕事によって暮らしを立てることができるときに、人びとは自分の仕事に価値があると考えるということである。仕事は、人間の尊厳を保つための自律と経済的なシティズンシップを人びとに与える。この主張はもちろん文化と時代によって異なる。古代ギリシアやローマの時代には雇われ労働者は市民に値しないとみなされたが、それは彼らが賃金に依存していたからであった。雇われ労働者は、不労所得のある有閑階級とは正反対の存在であった。雇われ労働者より劣位にある人びとは奴隷たちだけであった。奴隷の労働は仕事とみなされなかったが、それは兵役や家事がどれほど大変でくたびれるものであろうと仕事とはみなされないことと同じ意味合いであった。

私たちはここでは仕事の概念史に関心をもたない。しかしこの歴史は、仕事にたいする人びとの態度がどれほど文化に依拠しているのかを私たちに気づかせてくれる点で重要である。私が古代ギリシアとローマに言及するのは、私たちが仕事と結びつけて考える自立《インディペンデンス》という観念は、それが賃労働の場合でさえ、比較的最近のものであると指摘するためである。賃労働が過去に不名誉なものであるとみなされた理由のひとつは、他人の支払いに依存している労働者のあり方であった。ここでの問題は中世のギルド社会における仕事の価値ではなくて、発展した産業社会におけるそれである。中世のギルド社会では、ロマン・ロラン〔フランスの小説家、劇作家〕の描いた大工コラ・ブルニョンのような職人たちがたしかに存在していた。仕事にたいする彼らの態度は今日の芸術家たちに似ていた。私たちが議論しているのは、細かく枝分かれした分業が存在する社会における仕事にたいする態度である。そうした社会では労働者は自分の労働の生産物から引き離されている。この分離こそが、近代社会における労働者の疎外の中心的な要因である。

仕事にたいする人びとの態度を決定する従属《ディペンデンス》の四つのかたちを区別することには価値がある。賃金への従属というのがその古典的な観念である。賃金への従属と対立する観念は自給自足《オータルキック》の生産であり、そこにおいて生産者は他人に賃金を支払ってもらう必要がない。奴隷は従属した労働の究極的な事例であるが、その理由は彼らが命令されて働くのであって、彼らの従属が絶対的なものだからである。

資本主義的な従属の概念は次のようなものである。すなわち、他者から恒常的に援助を受けており、この援助が仕事や商品や財産にたいする支払いではない場合、彼らは従属した人びとである。この従属の概念によれば、仕事は自分の財産をもたないすべての人（すなわち、他者への従属がなければ生きる見込みのないすべての人）を解放する手段である。失業は従属を引き起こす。それゆえ、仕事は財産と同様に、見知らぬ人びとの親切を頼りにすることから人間を解放するのである。

社会主義的な従属の概念は、仕事はあらゆる経済的価値の原因であるという信念にもとづいている。その結果、働いていない人はすべて他者の仕事に寄生的に従属している。価値を生みだす労働者だけが寄生的な従属から免れており、それゆえ真に自立しているのである。

カルヴァン主義的な従属の概念もある。そこにおいて唯一許される従属の形態は、人間が神の僕《しもべ》として神に従属することだけである。人間の仕事は神への奉仕である。怠惰は自分の聖なる仕事を無視することであり、ほかの人間に従属していることは重罪とみなされる。

ここで私たちは、従属に関する四つの概念——それぞれ非常に価値負荷的な教説と時代潮流のなかに埋め込まれている——を手にしたことになる。しかし、これらの概念はいずれも仕事の価値を正当化できるとは思えない。近代社会では誰もが他人に依存《ディペンド》しており、自給自足《アウタルキー》という観念がその古典的な説明において存在する余地はない。社会主義的な従属の概念は仕事の価値に関する理論にもとづいている。そこにおいてあらゆる生産物またはサービスの価値は、最終的にはそれら生産物やサービスに組み込まれた仕事によって決まる。しかし、この最後の主張は、たとえ精緻になされたとしても依然として正しくない。ダイヤモンドの価格について少し考えればわかることである[2]（この理論には正しい要素——仕事と搾取の結びつきをとり扱う要素——がある。この点は次節で議論する）。神聖なる奉仕としての仕事というカルヴァン主義的な概念は私たちに神の存在を認めることを要求するので、私たちが本書で採用している人間主義的な制約と衝突する。私たちには資本主義的な概念——賃労働は労働者を他者の寛大さへの従属や犯罪への依存から解放するということ――が残される。この概念には大きな道徳的意義があると称されているが、その理由は財産がない人びとが自分の人間的尊厳を獲得できる唯一の方法が賃労働だからである。しかし結局のところ、仕事によって保障される自立は仕事それ自体に価値を与えるものではない。資本主義の観点においてはさらに良い自立の方法がある――それは財産を所有することである。

私たちが最初に立てた問いは、品位ある社会と失業にたいするこの社会の態度についてであったが、この問いは仕事と所得のあいだにある結びつきを意図的に切り離していた。これは失業手当を想定することによってなされたが、この手当は失業中でも所得が保証されることを意味している。しかしながら、合成の誤謬〔個人（もしくは部分）にとって真実であることは、集団（もしくは全体）にとっても真実であると誤って認識すること〕を避けることが重要である。失業手当を誰にでも支給することが可能であるという事実は、この給付を長期的にあらゆる人もしくは大多数の人びとに支給することが可能であるということを含意しない。長期の大量失業は給付をまかなう財源を枯渇させるだろう。たとえ総計レベルの話にすぎないとしても、仕事と所得の関連性はまだ存続している。品位ある社会はそのメンバーを大量失業から守らなければならない。そうしなければ、品位ある社会は、品位を貶めるような貧困から失業者を守るための所得をもはや保障できないであろうからである。

しかし重要な問題がまだ残っている。社会がその品位を保つためには、雇用を望む者すべてにそれを保障しなければならないのだろうか。所得だけでなく雇用を品位ある社会の条件とすることに賛成する議論のひとつは、労働する動物（ホモ・ファベル）としての人間の本性をよりどころにしている。この議論が依拠する前提は、人間の本性とはその固有のあらわれが仕事のなかに見いだされるようななにかだということである。人間の人間性がその完全な固有性のもとにあらわれるのは、人間が反省的に世界を眺め、永遠の真理を観照するという意味で理性的であるときではなく、生産的な仕事をしているときである。したがって、不本意な失業を許す社会は失業者の人間性を否定している。そのような否定は拒絶であり、そして拒絶は屈辱である。それゆえ、このような社会は品位ある社会ではない、というわけである。

このホモ・ファベルの議論は、本質を規定する際に用いられるおなじみの手法にもとづいている。この手法によれば、働くことは人間固有の本質であって、ある人が自分の本質を実現すればするほど、その人は人間的である。この議論にたいする私の応答はひとつの区別にもとづいている。雇用と、有意義な職業――つまり、それに従事する者の人生に意味を与える職業――とのあいだにはひとつの相違がある。雇用は所得を保障するかもしれないが、有意義な職業を保障するわけではない。品位ある社会は、すべての成人にたいして、彼らが有意義だと考える職業――彼らに自負心《セルフ・エスティーム》ばかりでなく自己価値《セルフ・ワース》感をも与えるであろう職業――を保障するという、困難ではあるが正義にかなった要求のために、人間性の本質の規定にもとづいた形而上学的な正当化をおこなう必要はない。社会はすべての人に彼らにとってもっとも有意義な職業を与える義務はないが、彼らが有意義だとみなしうるなんらかの職業の提供に真剣にとり組む義務を、あるいは少なくとも彼らがそのような職業を見つけられるように援助する義務を負っている。

品位ある社会が有意義な職業の獲得を妨げるならば、それはたしかに間違いである。しかし義務はたんに消極的なものだけではない。積極的な義務もある。最低所得を保障するほかの手段があれば、品位ある社会は生計のための雇用を提供する義務はないが、その社会の各メンバーが、たとえば研究活動のような、理にかなった有意義な職業を見つけるための機会を与える義務がある。職業の意義は主観的なものであるが、道理性《リーズナブルネス》という要求には、各人の能力を考慮に入れるような制約を課すねらいがある。職業は――有意義な職業は所得の源泉でもあるという意味での――雇用を必ずしもともなうとはかぎらない。その人に有意義な職業を提供するものは実際には趣味であるかもしれない。したがって品位ある社会とは、メンバー全員が少なくともひとつの理にかなった有意義な職業を見つけるための機会を提供する社会ということになる。

職場での搾取と強制

ここでとり組むべきふたつの問題がある。品位ある社会は搾取がない社会だろうか。そして品位ある社会は強制労働がない社会だろうか。

私たちは「強制労働《フォースト・レイバー》」という言葉のふたつの意味を区別しなければならない。つまり、強制《コアーション》のもとでおこなわれた仕事と、強迫感《コンパルジョン》にしたがっておこなわれた仕事である。私はこの区別をヤン・エルスター〔ノルウェー出身の社会理論家〕による強制と影響力《フォース》の区別に準拠している。エルスターによれば、強制にはある人が意図をもってほかの誰かを強制することが必要であるが、影響力は強制する人間や、誰かになにかをするように強いるどんな意図も要しない。「強制労働」という言葉はこのふたつの意味で使われることがあるので、私は第一のものを「強制のもとでの仕事《ワーク・アンダー・コアーション》」または「強制された労働《コアースト・レイバー》」と呼び、第二のものを「強迫感《コンパルジョン》にしたがった仕事」または「強迫感の労働《コンパルサリー・レイバー》」と呼ぶ。

占領地区で自分の車を運転しているパレスチナのアラブ人が勝手に車を止められて、ほかのアラブ人たちがその場所に設置したバリケードを片づけるように命令されて強いられた場合、これは屈辱を与える強制である。しかし、もし同じアラブ人がその道を進むために自分でバリケードを片づけざるをえないと感じたのならば、これ自体は屈辱とならない。

労働者を搾取することは、必ずしも彼らに仕事を強制することを意味しない。強制のもとでの仕事は明らかに搾取の典型的なあり方である。この範疇に私は刑務所での重労働を含めるが、それは、この仕事が囚人たち以外の人びとが使うための製品をつくるような目的をもつ場合にかぎられる。奴隷や農奴の強制された労働、あるいは公務に徴用された労働者の強制された労働は、品位ある社会とまったく両立しない。

はたして強制された労働は屈辱を与えるのだろうか。一見したところ、この問いは「間違って行動することの何が間違いなのか」という質問と同じくらい奇妙に思われる。強制のもとでの仕事は屈辱の典型例である。仕事をするように強制される人は屈辱を受けている。しかし、強制のもとでの仕事はなぜ不自由な仕事なのかと尋ねることはばかげているだろうが――その答えは〈強制〉である――、強制と屈辱は定義上は相関性がない。強制された労働の犠牲者はほかの誰かの意志に肉体的に従属している。そのような従属は、犠牲者の自律とコントロールを奪い去ることを含んでいるので、屈辱の中心的な特徴である。

強制のもとでの仕事は屈辱の明らかな事例である。奴隷制や農奴制、あるいは賦役の形態の強制労働は、品位ある社会の候補となる現代の社会においてはありそうもない。だが、そのような社会にも搾取は存在する。問題は、社会内部のすべての搾取を根絶することが、品位ある社会とみなされるための必要条件として不可欠であるかどうかである。搾取が存続するためにはそれがうまく隠されていなければならない、さもなければその犠牲者が搾取者にたいして反乱を起こすだろうから、というのがマルクスの重要な議論であった。しかし搾取はその被害者にたいする搾取者の陰謀ではない。たいていの場合、搾取の事実は搾取者の目にも隠されている。誰が見ても仕事の強制的な要素が明白であるような封建社会では、領主と農奴の関係を、隣人のあいだでなされる親密な保護の一種として説明することで、その搾取的な側面が覆い隠されていた。そこでは領主が保護を与え、農奴が生産物を提供する。つまり、「私は奴隷ではない――あなたが私たちを守るために出かけているあいだ、私はあなたの土地を耕している」というわけである。資本主義社会では隣人のあいだに想定される見せかけの親密さはない[3]。そのかわりに生産手段の所有者と労働者の関係は、契約関係にある成人同士の相互利益の関係という装いを与えられている。そこでは労働者が自分の労働と技能を提供し、資本の所有者が生産手段を提供するのである。

この資本主義的な状況には、先の封建的な状況に十分な真実があったように、この関係の搾取的な性質を覆い隠すだけの十分な真実がある。私は家庭を築く夫と妻のパートナーシップにおいても、家庭内の女性の仕事の搾取を覆い隠すだけの十分な真実があることをつけ加えたいと思う。私たちの目的にとっての問題は、搾取が屈辱を与えるかどうかである。すなわち、搾取がアンフェアかどうかではなくて、搾取が屈辱を与えるかどうかである。

あなたが織工であると想像してほしい。あなたにはそのほかの種類の仕事が提供されてこなかったので、機織りの仕事をせざるをえない。機織りはあなたがこなせる仕事であり、そしておそらくもっと重要なことだが、あなたは自分の家族を養わなければならない。これが、あなたが織機で仕事をせざるをえないことの意味である。あなたの雇用主は織機をひとつだけもっていて、そして彼女もあなたもある事実を知らない。すなわち、その織機は実は過去にあなたの家族から盗まれたものなのであった。あなたは自分の生産品のほんの一部だけを手に入れる。残りはあなたの雇用主のものとなる。ある日、あなたは実際にはあなたのものであるはずの織機を使って働くのを強いられてきたこと、そしてあなたの生産品の一番大きな分け前を享受する人物はその織機の法的な所有者かもしれないが、道徳的な所有者ではないかもしれないということに気づく。あなたは搾取されていると感じる。だが、あなたは屈辱を受けているとも感じるべきなのだろうか。

織機の話をより明確にするために、いくつか所見を述べたい。私の意見はジェラルド・コーエン〔カナダ出身の政治理論家〕が提唱したものと同じであるが、それは、資本所有者を構成する生産手段がどこかの段階で〈盗まれた〉と想定しないかぎり、そこに搾取は存在しないというものである。ここで〈盗まれた〉というのは、その法的な所有者から財産を奪われたという意味ではなくて、道徳的な観点からその財産の所有者である人の許可なくなにかが奪われたという意味である。この道徳的な所有権という概念は、私にとっては奇妙なものではないし、また問題があるようにも思えない。しかしながらいま議論されている問題は財産が盗まれたかどうかではなくて、この盗まれた財産の現在の所有者に雇用されることが、そして彼にこの財産の使用の代価を払うことが、屈辱を受けたと感じるのにもっともな理由であるのかどうかということである。

ここで、あなたのものだと思われる織機を奪った人がほかにも多くの織機を奪っていて、そしてこの人は、あなたが所有者として織機を使って仕事をした場合にあなたが織機から得る利益よりもはるかに高い給料をあなたに支払うことができるように、織物の生産を大変巧みに組織したと想像してほしい。このような状況でも、搾取されたという感覚はなお正当化されるだろうか。

この問いにたいして三つの回答が可能であり、それらは以下のとおりである。

一　あなたは搾取されたと感じることが正当である。搾取は相対的な概念である。現状は反事実的状況と比較される。ほかの盗まれた織機の正当な所有者たちと協力したならば、織機泥棒である雇用主があなたに支払っている以上の額を自分が稼ぐ可能性があった、とあなたが言うことは正当化される。この方法にしたがった適切な比較は、あなたが一台の織機の所有者としてどれほど稼げたであろうかではなくて、あなたと利益を共有する人びとと一緒に仕事を適切に組織することで、あなたがどれほど稼ぐ可能性があったのかということである。

二　あなたはたしかに、あなたが現在稼いでいる額を、織機の所有者としてあなたが稼げたかもしれない額と比較すべきである。しかしながらあなたは、自分が現在稼いでいる額を、あなたもほかの人たちもこれまで実際にやったことがないような仕方で仕事を組織した場合に自分が稼ぐ可能性のあった額と比較する権利をもたない。あなたの雇用主は実際に生産への貢献をしており、したがってあなたは自分が搾取されていると考える権利をもたない。たしかにあなたには、本当はあなたのものであるはずの織機を使った従業員として働いている状況を不愉快だと感じる権利がある。しかし、搾取の意味するところが生産価値の点で適正な報酬を受けとっていないことであるならば、あなたは自分が搾取されていると考える権利をもたない。

三　この織機が直接にあなたから盗まれたのが明らかであるならば、あなたが被害者であるのはまったく明白だろう。それ以外に確認すべきことは、あなたが受けとっている報酬がこの損害を補償するのに十分かどうかだけである。この補償に含めねばならないことのひとつは、報酬が補償の役割をはたすと認めることである。この事例は、当事者たちが認識していない所有権と盗みにかかわっており、織機が実際にはあなたのものだということを明らかにするための歴史的で「科学的」な検証作業を必要としている。他方であなたは、この織機があなたの所有物ではないという事実認定のもとであなたが受けとってきた補償金が、実際には自分の力で得られたかもしれない額以上であるということに気づく。したがってこの場合は、あなたは搾取されていると感じるのに十分な理由をもたない。あなたは妬みにもとづくいまいましさによって搾取されていると感じたにすぎないのかもしれない。あなたは奪われたと考える権利をもたないばかりか、自分が幸運であるとさえ思うべきなのである。

この最後の説明にたいして次のように反論されるかもしれない。すなわち、あなたの自律はこの織機があなたから奪われたという事実によってそこなわれているので、たとえあなたの所得が増えているとしても、搾取されたと感じる理由がある、と。あなたの自律には愚かに行為する権利、すなわちあなたがほかの人のために働いた場合に稼ぐ額よりも少ない額を稼ぐ権利が含まれている。これを説明してみよう。無分別に行為する権利は自律の概念の重要な構成要素である。言いかえると、自律は、もっとも苦しい結果すらともなうような間違った決定をする権利とその結果にたいして責任を負う権利を含んでいる。あなたの最大の利益を心から望んでいるあなたよりも賢明な誰か——たとえば、あなたの父または母——によってあなたの人生がパターナリスティックに管理されるならば、結婚相手の選択などに際してあなたの間違いがより少なくなるだろうということは、まったくありうることである。しかしほかの誰かがあなたにかわって決定をするならば、これはあなたの自律を決定的にそこなうだろうし、あなたを未成年者の地位に引き下ろすことになるだろう。たとえあなたを愛する親があなたに屈辱を与える意図をもたなかったとしても、これは屈辱を与える可能性がある。

個人をとり巻く状況は以上のようなものであるが、自律の問題は包括的集団にも大体においてあてはまる。したがって、たとえばどこかの国における植民地支配が、現地の人びとが自力でおこなう場合よりもこの国の生産高をはるかに高くするように生産を組織していたことが判明するかもしれない。そのうえ、植民地支配が覆されたときに、ほとんどの植民地の生産は大きく減少した。それにもかかわらず、植民地体制はその支配下にある社会の自律をそこなったのであり、したがって間接的に社会のメンバーの自律もそこなったのだと言いたくなるだろう。私たちは、これらの国が植民地体制によって搾取されたと言いたいのだろうか。このことは部分的には、植民地体制がこれらの国のかけがえのない天然資源を搾取したかどうかといった問いによって決まる。織機が私のものである場合に私が得るであろう額よりも多くを私が現に稼いでいるケースに関して私が言いたいことを、植民地支配に適用することはまったくありうることである。ここには搾取はない。だが、そうした支配のもとにある現地人はその自律がそこなわれているので、屈辱はあるかもしれない。

重要な問題がまだ答えられずに残されている。搾取と屈辱のあいだには内在的な関係があるだろうか。私の答えはノーである。強制ではない強迫感にもとづいた搾取は必ずしも屈辱を与えるものではない。搾取は正義にもとるものであって公正なものでもないが、必ずしも品位の欠如を含意するわけではない。搾取の副次的影響として屈辱を与えることになりがちであるが、搾取の行為それ自体は屈辱を構成しない。搾取は人類からの拒絶としての屈辱の感覚に合致せず、個人の自律にたいする致命的打撃——彼または彼女が基本的なコントロールを奪われる——という感覚にも合致しない。あなたのものであるはずの道具を使って商品を生産することは、それ自体としては屈辱的なことではない。生産手段があなたから明白に盗まれたものであり、あなたがそれを使って仕事をするように強制される場合にかぎり、被害にさらに屈辱がつけ加わったと言うことができる。これは強制によって生じる屈辱であり、保護者に姿を変えた泥棒を前にしてなす術がないことから生じる屈辱である。マフィアが、レストランの所有者であるあなたにたいして見かじめ料を払うよう強制しているが、この見かじめ料を差し引いてもなおあなたの所得を増やすほどの大勢の客をマフィアがあなたに保障している場合、あなたは脅迫的かつ強制的に見かじめ料が徴収される状況下にあるのだから、〔依然として〕屈辱を与えられているのである。あなたは搾取されてはいないが、屈辱を受けている。搾取と屈辱の関係は概念的なものというよりも因果的なものである。したがって、搾取的ではあるが品位のある社会というものが存在するかもしれないのである。

第16章　刑罰

刑罰は品位ある社会の試金石である。社会が刑罰政策と刑罰処分をおこなう方法はその社会が品位ある社会かどうかを試すテストとなる。犯罪者たちに認めなければならない尊重は基本的な人間としての尊重である。彼らには社会的名誉を認めてはならないのは明白だからである。したがって刑罰を検討することは、社会に品位があって人間を人間として扱っているかどうかを調べるための良い方法である。典型的な刑罰は投獄であり、そのためこれが私たちの議論の主な焦点となる。

社会が犯罪者たち――最悪の犯罪者でさえも――に屈辱を与えることなく罰する場合には、その社会は品位ある社会であると主張する簡単な公式がある。結局のところ犯罪者も人間である。すべての人間は犯罪者でさえも、彼らが人間であるという理由で人間に与えられる尊重を受ける権利がある。人間の尊厳を侵害するものは屈辱であるから、犯罪者でさえ屈辱を与えられない権利がある。品位ある社会は、犯罪者たちが刑罰によって自分たちの社会的名誉がそこなわれたと考えるもっともな理由を得たとしても、彼らが自分たちの尊厳がそこなわれたと考えるに十分な理由を与えてはならない（とはいえ、おそらく常習犯たちについて言えば、彼らの〔態度や行動に影響を与える〕準拠集団は刑務所の塀の内側に存在しており、その場合に彼らが社会的名誉を得られるのはまさに塀のなかなのだけれども）。

この節の重要な問題は、効果的だが屈辱を与えない刑罰は可能であるのかということである。この場合の効果とは、社会が刑罰による――すなわち抑止力による――秩序の維持に成功するかどうかで決まる。あるいは、品位ある社会にたいして囚人たちに屈辱を与えないようにもとめることは、その存在を危うくするユートピア的な要求であるのか、ということである。

フーコーは前近代社会における刑罰の儀式的な特質を強調した。[1] そこでは手の込んだ儀式のかたちで極度の身体的苦痛が与えられた。それらの儀式において犯罪者は無数の残酷な方法でじわじわと死に追いやられた。加えられる苦痛の量は慎重に計算されていたが、そこでは刑罰を犯罪に見合うようにする原則が、「歯には目を」とでも呼べるような不相応な刑罰にゆがめられることが多かった。刑罰は公共的で劇場的な性格を有しており、車裂きの刑、火刑、絞首刑、そして縛りつけられた犠牲者を市中引き回しにする刑などが用いられた――これらはすべて、死刑囚にたいして実際に彼を殺す前に地獄の苦痛を与えることを目的としていた。

この刑罰形式の非常な残酷さは、犠牲者に屈辱を与えることも目的としていた。もちろん、この種の拷問で罰せられていた人は自分の人間的尊厳の喪失をほとんど気にかけなかった。だがこの儀式はその見物人を対象としたものであり、このように品位を貶めることの意図はしばしば見物人には逆の影響をおよぼした。見物人はしばしば犠牲者と自分を重ね合わせ、拷問をおこない屈辱を与える体制にたいする怒りによってこれら見世物の刑罰に反応することが多かった。[2] 屈辱は、その見物人のまなざしにおいては、犠牲者の位置を高める焦点になった。それはまるで拷問によって犠牲者の罪が清められたかのようであった。

儀式的な刑罰は、〔実際の〕責め苦だけでなく象徴的な身振りも含んでいる。刑罰における象徴の役割は重要なものであるが、それを身体的な虐待がはたした主要な役割ととり違えてはならない。手の切断のように犯罪者の肉体を不具にすることは屈辱を与える行為であるが、それはまず第一に身体的に痛みをともなう有害な行為である。ダビデ王がレカブとバアナの手足を切断したとき（『サムエル記』（下）四：一二）、そしてアドニ・ベゼクが七〇人の王の手足の親指を切断して、彼の食卓の下で食べかすを拾わせたとき（『士師記』一：七）、彼らは自分の敵に死ぬほど屈辱を与えるつもりであった。しかし私たちは身体的な虐待が屈辱にまさるということを忘れてはならない。肉体にたいする責め苦は魂にたいするそれよりも激しい痛みを引き起こす。品位ある社会は屈辱を除去する原則にもとづいているが、それは身体的な虐待がすでに根絶されていることを前提としている。

ジョージ・バーナード・ショー〔アイルランド出身のイギリスの劇作家、評論家〕は、近代の刑罰よりも旧式の刑罰のほうが屈辱的ではないと考えたが、その理由は、旧式の刑罰が犠牲者の苦痛を隠すよりはむしろそれを公衆の面前で見せたからであった。近代の刑罰はそれと対照的に犯罪者を世間の目から隠し、そうして他者が彼らの苦痛を共有するのを妨げる。人びとの苦しみへの無関心は、彼らを人間社会から拒絶することを意味する。したがって、虐待と屈辱を区別することは重要である。旧式の刑罰で中心となる要因がその残酷さにあったのにたいして、私たちの関心は刑罰の屈辱的な側面にあるのだから。

　刑罰にたいする品位ある社会の態度という論点については、あらかじめ言っておくべきこと——これもフーコーにより提起された点だが——がもうひとつある。それを警告として心に留めておく必要がある。それは、刑罰における人道性の要求が、歴史的に考えると、人間の苦しみにたいする新たに獲得した感受性以上のものによって動機づけられてきたという事実である。犯罪者への人道的な処遇という要求にもとづく刑罰改革は、刑罰の経済的《エコノミクス》側面における変化から起こってきた。旧体制は一方では特に死刑囚にたいして暴力的かつ野蛮な振る舞いをみせたが、他方で違法行為にたいしてはかなり寛容であった。この寛容は貴族の特権だけでなく、下層階級の側の違法行為に関する寛大な処置にも関連しており、その処置は彼らの犯罪性にたいする道徳とは無関係な態度から生じていた。ブルジョワジーの出現と彼らのビジネス上の要求によって、財産と商売を効果的に保護するための懲罰処置をとる必要が生じた。ここから、法律違反者を広範かつ画一的に罰することが必要になったのである。

　かくして一方で野蛮な種類の刑罰を制限する要求があり、他方で法律違反が罰せられる範囲を拡張する要求があった。刑罰にたいする人びとの態度を変えたのは道徳的な感受性の変化だけでなかった。経済と社会のニーズにたいする反応も、あるいはこの反応こそが主として、刑罰にたいする人びとの態度を変えたのであった。これらの変化がしばしば「人道的な」態度という想定によって隠されていたのはたしかであるが、人道的な刑罰という歴史的な観念をたんなるイデオロギーとみなすことには慎重であらねばならない。だが、たとえフーコーが正しく、「人道的な」刑罰の動機がそれほど高貴なものではなかったとしても、そのことが私たちの要求に影響を与えるべきではない。私たちが要求しているのは、品位ある社会は、必ずしも品位あるとは言えないたんに品行方正な社会の利益を守ることによってではなく、むしろ人間の尊厳をひとつの中心的な価値として訴えることによってみずからの正当性を示すべきである、ということである。言いかえると、品位ある社会の刑罰政策への私たちの特別な関心は、これらの政策が人間の尊厳の尊重によって慎重に抑制されるべきであるという考えにもとづいている。

刑罰と屈辱

医療と苦痛を与えることのあいだに内的関係は存在しない。ほとんどの薬は苦いかもしれないが、薬がワインよりも甘いはずがないという理由は原則的にはない。病気が胆汁と同じほど苦いならば、治療も同じくらい苦いものでなければならないという観念は魔術的な観念であって、医療の観念ではない。これにたいして刑罰と苦しみを与えることのあいだには内的関係が存在するのであり、この苦しみには精神的苦痛も含まれる。たしかに、寒い冬の日に温かいスープを飲むために刑務所に入れられようとして、ありとあらゆることをした男を描いたO・ヘンリー〔アメリカの作家〕の物語〔『警官と賛美歌』〕のようなものもある。だがこのような事例は、刑罰と苦しみのあいだに内的関係があるという主張を退けるものではない。なぜならこの場合、刑務所に入ることは刑罰ではなくて救済だったからである。

苦しみを与える体系的な政策の実施それ自体は屈辱の証拠ではない。多くの軍隊には、戦闘部隊の新兵の強化を意図して苦しみを与えるようなやり方があるが、そこには必ずしも屈辱を与える意図があるわけではない。新兵は囚人のように自由を奪われる。新兵に与えられる命令は刑務所の犯罪者に与えられるものよりも厳しいことが多い。しかし、新兵は囚人の処遇に存在するような不名誉をこうむることはない。囚人を罰することは彼らに不名誉を感じさせること、すなわち彼らを恥じ入らせて面目を失わせることを目的としている。ここでの強調点はまだ社会的名誉のほうにある。しかしながら不名誉がゆきすぎた場合、それは人間の尊厳を傷つける可能性がある。すなわち屈辱である。これは新兵の標準的な処遇にはあてはまらない。法は不名誉をともなう刑罰とそうでない刑罰を区別するが、ここで私たちが関心をもつ刑罰の種類は不名誉をともなう種類のものである。新兵は指揮官による屈辱的な処遇にしたがうことが多いけれども、この屈辱は基礎訓練の制度に組み込まれた要素ではない。

したがって私たちの問いは、屈辱を与える要素が囚人の刑罰から除去されることが可能かどうかである。一方では、本質的に苦しみと不名誉をともなう刑罰はすべて必ず屈辱を与えているという主張がある。屈辱を与える要素は軽減されるかもしれないが、もし投獄になんらかの目的があるならば、その目的は囚人を人間社会から隔絶することにかかわる苦しみと屈辱なしで達成されることはありえない。他方では、〈罰せられる人間は罰することができる人間――つまり道徳的主体――であり、それゆえ尊重に値する存在である〉と私たちに認識させるのは、まさしく刑罰とそれにともなうあらゆる苦痛のおかげである、という主張がある。しかしながら、もし誰かが処罰可能な存在というカテゴリーからはずされて、――たとえば精神に異常があるために自分の行動にたいする責任能力を欠いているなどの理由で――患者のカテゴリーでくくられるならば、彼女はその振る舞いによって不名誉を与えられることはないが、しかし道徳的主体として尊重に値する人びとからは除外されることになる。〈罰することができるという名誉〉というのは撞着語法であるように思える。その一方でヘーゲルは、刑罰は犯罪者の刑罰を受ける権利にもとづいているとして賞賛した〔ヘーゲル『法の哲学』一〇〇節〕が、それには非常に気味の悪い響きがある。

だがここで、自分が生まれたことを呪っている訓練キャンプの新兵たちについて考えてみよう。これらの新兵は自分たちの任務をたんなるやっかいな義務と考えるのではなく、むしろ名誉と特権だと考えている――そして軍隊の目的に共鳴する外部の観察者たちも確実にそう考える――、と言うことにはなんの皮肉《アイロニー》もないのである。
それゆえ私たちは相反する主張に直面している。第一の主張によれば、刑罰は本質的に屈辱を与えるものである。第二の主張によれば、犯罪者が罰せられるというまさにその事実が、彼らが人間であることが真剣に受けとめられていることを示している。この事実は彼らが基本的に尊重されていることを証明するものであり、それが皮肉ではないのは、軍隊の新兵がエリートの軍務にそなえて訓練されているというまさにその事実によって尊重されているという主張が皮肉でないのと同じである。

私たちはこの二本の角のあいだのジレンマに捕らわれたままでいるわけにはいかない。屈辱と内在的なつながりをもたない刑罰について考えることは可能である。すなわち、屈辱を与えない刑罰のモデルとなるものは、その最善のかたちにおける基礎訓練のモデルでなければならない、と考えるのである。新兵も囚人もそれぞれ軍隊と社会における社会的序列の底辺にいる。基礎訓練も投獄もプライバシーの欠如、不断の監督、そして自律の完全な欠如をともなう不愉快な状況である――言いかえると、それらは屈辱を与えられる可能性がある状況である。そして、社会は新兵に屈辱を与えることに関心を抱いておらず、むしろ屈辱の不在という観点から新兵を見ているのだから、私たちは刑罰を受ける囚人をこれと同様に扱わなければならない。もちろん実際には、新兵も囚人も屈辱を与えられることが多い。新兵は、基礎訓練という加入儀礼を経験するなかで、社会の境界線上の存在《リミナル・ソーシャル・ビーイングズ》という役割のもとで屈辱を与えられる。これとは対照的に、囚人は周縁的な存在《マージナル・ビーイングズ》という役割のもとで屈辱を与えられる――つまり、彼らは人間社会から拒絶されるのである。

両方の状況――基礎訓練および投獄――に共通する恐ろしい要素は、新兵も仲間の新兵または収監者によって屈辱を与えられることが多いという事実である。軍隊も刑務所も全体的な制度であるので、同僚あるいは同房者による屈辱はその制度の責任のもとで生じる。それゆえ同僚あるいは同房者による屈辱は制度的な屈辱と考えられる。

新兵にたいする社会の態度が囚人にたいする品位ある社会の態度のモデルであるというのは、問題のある考え方である。刑罰とは、犯罪が不名誉と結びついているというメッセージを社会と犯罪者双方に伝えることを目的としたコミュニケーション行為でもある。新兵に関してはこれに対応するコミュニケーション行為が存在しない。新兵に伝えられるメッセージはその反対である。すなわち、〈たとえ自分がおかれている状況が苛酷だとしても、否、おそらくはそれが特に苛酷であるがゆえに、新兵はその状況を誇りに思う権利がある〉というものである。コミュニケーション行為はこれらふたつの状況で異なっているので、投獄という刑罰は不名誉をともなうものとして正しく解釈されるが、その一方でこれは基礎訓練の意義にたいする受け入れ難い解釈である。刑罰がコミュニケーション行為であるという主張は事実を述べているのであって、刑罰の目的に関する特定の見解――刑罰を抑止手段とみなすか、更生の一種、正義がなされていることの確認、さらには復讐とみなすか、いずれかを問わない――を支持するものと解釈されるべきではない。刑罰のこうした正当化のすべては犯罪が不名誉をともなうという考えを伝達することを必要とする。問題は、刑罰に内在する不名誉という考えを、個人の屈辱をともなわずに社会的名誉の喪失だけを含むような概念へと変える方法である。言いかえると、私たちはどのようにして囚人を、市民〔生活〕における「新兵」――これは囚人を人間社会から拒絶しないことを意味するだろう――へと変えることができるのだろうか。

これは現実的には難しい問題であるが、概念的に難しいわけではない。品位ある社会はその社会の囚人の尊厳を大切にするのである。

結論

この本の最初の三部では、品位ある社会を構成するものは何かという問題を検討した。第四部では、品位ある社会という考え方を雇用や刑罰などの生活のさまざまな分野に適用する方法について検討した。以下の結論的考察はこれまでの議論の要約ではなく、品位ある社会を正義にかなう社会《ジャスト・ソサエティ》と比較するという重要な作業を試みる。この比較は内容と方法の両方にかかわる。

最初に、正義にかなう社会が何であるかについて、ジョン・ロールズの有名な正義の理論を踏まえて理解してみよう。品位ある社会ではないが正義にかなう社会というものは可能だろうか。言いかえると、正義にもとづいているけれども屈辱を与える制度を含むような社会は可能だろうか。ロールズが定義したような正義にかなう社会が品位ある社会でないことはありうるだろうか。ロールズの正義にかなう社会の概念に関心を払うからといって、私は、品位ある社会との比較に値するほかの正義概念の存在をうやむやにするつもりはない。ここで私がロールズの正義の観念だけを参照する目的は限定的なものである——つまり、正義にかなう社会が品位ある社会でもなければならないことは明らかであるように思われるけれども、両者の関係は、見た目ほどには明白ではないことを示すためである。別の言い方をすれば、正義にかなう社会が品位ある社会でなければならないと述べることは正しいが、しかしその正しさは十分に明白なものとは言えない。それどころか、ロールズの正義概念に関する私の議論は、ふたつのタイプの社会の関係が明白なものではないことを立証することを意図している。つまり、ロールズの理論のような、人間の尊厳に関して「カント的な」感性にもとづく理論が、正義にかなう社会と品位ある社会との調和をめぐって困難に直面する可能性があるとすれば、その場合には、ふたつのタイプの社会の関係は見た目ほど明瞭ではないということである。

ロールズによれば、正義にかなう社会は以下の正義の二原理にもとづいている。

A　各人は、平等な基本的諸自由のもっとも広範な制度的枠組みにたいする平等な権利を保持すべきである。

B　社会的・経済的な不平等は、次の二条件をみたすように編成されなければならない――

（1）そうした不平等がもっとも不遇な人びとの便益を最大に高めること、

（2）公正かつ平等な機会という条件のもとで全員に開かれている職務や地位に付帯すること[1]。

それゆえ問題は、ロールズの正義の原理にもとづいた社会が屈辱を与える制度の存在と論理的に両立可能なものかどうかである。自由原理と正当化された格差の原理にもとづく正義にかなう社会が、その精神において品位にもとる社会と根本から対立することは間違いない。しかしながら、その精神だけでなく、ロールズ流の正義にかなう社会が屈辱を与える制度を含む社会と文字どおり対立するかどうかを問うこともなお可能である。

ロールズの正義にかなう社会は基本財の正義にかなう分配に関心を抱く。こうした財は、すべての理性的な個人が、ほかになにを欲するかにかかわりなく、欲することが期待されている財である――彼らはこうした財を自分自身のために欲する。こうした基本財には言論および良心の自由、移動および職業選択の自由のような基本的な諸自由に加えて、所得と資産が含まれる。これらすべてに先立ってある基本財が自尊心である。ロールズの見解では、自尊心にはふたつの側面がある。つまり、人びとが自分自身の価値にもとづいてみずからにたいして抱くところの感覚と、〔もうひとつは〕自分の人生計画が実現するに値するという感覚に、自分がそれを実行する能力があり、その実現が自分次第であるという確信がともなうことである。

なぜ自尊心がもっとも基本的な基本財なのだろうか。その理由は自尊心がなければなにをするにもまったく意味がないからである。自尊心がなければ、人は価値の感覚や人生に意味があるという感覚をもてない。つまり、「なんというむなしさ、すべてはむなしい」〔『コレヘトの言葉』一：二〕である。正義にかなう社会の確立を欲する理性的な人びとは、屈辱を与える制度あるいは社会条件の創出を回避するためにできることはなんでもするだろう。なぜなら、それらは自尊心というもっとも基本的な基本財を減少させるだろうからである。さらに、ロールズの格差原理は物質的な富から成り立つ基本財の平等な分配からの逸脱がどのような条件のもとで受け入れられるのかを決定する一方で、自尊心の分配における不平等が存在する余地を認めない。

ロールズの自尊心の概念が私の考えるそれと同じでないことはここでは重要ではない。正義にかなう社会の精神がその社会の基本的な制度による体系的な屈辱を許容できないのは明らかである。これが特に真実であるのは、人びとが自尊心をもつことができる社会条件というかたちで分配されるこの財が、正義にかなう社会の優先順位のリストの一番上位にあるためである。もし屈辱が人びとの自尊心をそこなうことを意味するならば、正義にかなう社会に必要な条件が〈その社会はメンバーに屈辱を与えない社会であるべきだ〉というものであることは明らかである。

しかし、その社会のメンバーにとっては正義にかなっているが、それ以外の人びとにはそうではない社会において、制度的な屈辱の可能性とはどのようなものだろうか。イスラエルのキブツ〔農業共同体の一形態。全財産の共同所有、徹底した共同生活、子どもの共同育成などを特色とする〕の社会はその最盛期において、共同体のメンバーにとって正義にかなう社会を構築すべく奮闘した顕著な事例ではあるが、他方でキブツの外部から雇われた労働者など部外者にたいしてはいつも鈍感であった。キブツ社会はロールズ的な社会ではないかもしれない。しかしこの社会は、当該メンバーにとっては正義にかなっているが、そこに従属する非メンバーにとっては正義にもとるような社会に含まれる問題を示すのに役立つ。ロールズにとっての正義にかなう社会はその社会のメンバー間での契約にもとづいており、それが契約の当事者のための正義にかなう制度を保証する。正義にかなう社会ではもっとも低い立場にある人びとさえ、なお当該社会のメンバーであると考えられている。しかし、現代世界における屈辱の最悪の問題はしばしば、自分が生活している社会のメンバーではない人びと――そこに所属していない人びと――の問題である(2)。現代の合衆国においてもっとも不遇な人びとはおそらくメキシコからの不法移民であり、就労資格をもたないために、彼らは貶められた奴隷とまではいかなくても、彼らを雇ってかくまう雇用者のもとで半奴隷的な状態におかれる。こうしたメキシコ人は社会のメンバーではない。彼らはアメリカ市民ではない。そしてアメリカ社会でもっとも不遇な者は誰かということを考える際には、彼らは考慮の外におかれるのである。

キブツの例が示唆しているのは、メンバーのあいだで正義へのコミットメントがあってもそれが品位ある社会を保証するわけではないということである。キブツの社会はその最良の時期において、メンバーにたいして公正であろうとする社会に（私の知るかぎり）もっとも近かったのだが、それは品位ある社会ではなかった。キブツと関係をもたねばならなかったがそこに所属しなかった多くの人びとは、しばしばキブツによって屈辱を与えられたと感じたのだが、それは当然のことであった。ロールズの正義にかなう社会が品位ある社会でもあるかどうかを見きわめるためには、したがって、メンバーではないにもかかわらず当該社会の諸制度に従属する人びと、すなわち先進国において市民であることなく汚れ仕事をする外国人労働者《ガストアルバイター》のような人びとが、そこで受ける扱いにもとづいて当該社会を判断しなければならない。私たちはそれゆえ、品位があることがロールズの正義にかなう社会の必要条件であるという主張を評価するために、人が社会に帰属することに関する基準をロールズがどう定めているのかを明らかにしなければならない。私たちは特に、正義にかなう社会における非メンバーの地位を明らかにする必要がある。私が確信しているのは、ロールズの見解では、正義にかなう社会はその精神においては、メンバーと非メンバー双方にとって品位ある社会であるべきだということである。しかし私には、その文言がどれほどその精神に忠実であるのかがわからない。

社会への帰属という問題に加えて、ロールズの正義にかなう社会が必然的に品位ある社会でもあるか否かを確定する前に明らかにすべき別の問題がある。ロールズの正義にかなう社会は、社会の基本的な制度に関するルールを確立することにかかわる。ロールズが基本的でない制度と考えられるものの例を（議論するつもりのないものとして）挙げるとき、彼は宗教的儀式を引き合いに出している。しかし品位ある社会について考える場合には、儀式は実際にとても重要である。たとえばさまざまな宗教が、また一部の宗教の内部におけるさまざまな宗派が、宗教的儀式への対等で積極的な参加から女性を排除している。女性は祭式を執りおこなうことや祭式の中心に参加することから排除される。一部の宗教団体は儀式への女性の対等で完全な参加を要求しはじめている。女性を宗教的儀式から排除することは、彼女らの生活にとって非常に重要な包括的集団のなかで完全なメンバーシップの地位を女性に与えないことを意味する。それは女性を人間でないものとして拒絶することを意味しないが、しかしそれは成人の人間としての彼女らの地位を否定することをまさに意味するのである。もしハラハー——ユダヤ教の律法——が、男たちが居合わせる集会で女性にトーラーの巻物を読むことを許さない理由が「集会の名誉を守るため」であるならば、［そこにおいて］女性の人間としての名誉が男性と同じではないことは明らかである。

しかしながら、一定の宗教的祭式から女性が排除されることが実際には何を意味しているのかを——すなわち彼女らの地位がどのように理解されるのかについて——明確にしておくことが重要である。除外する行為がすべて拒絶の行為であるとはかぎらない。ユダヤ教の儀式では祭司の祝福のような祭式があり、そこでは祭司階層の子孫とみなされる男性だけが祝福をすることを許される。この階層のメンバーではない普通のユダヤ教徒は、ハラハーによって祭司の祝福をすることが許される男性のグループに自分が所属していないという事実だけを理由として、自分が屈辱を与えられたり、侮辱されたり、ばつの悪い思いをさせられたなどとは考えない。その理由は単純なものである。すなわち、祭司階層のメンバーであることは今日のユダヤ教徒の共同体生活においては重要でないのである。これとは対照的に、宗教的祭式ないしその一部の側面から女性を排除することは共同体の生活において非常に重大なことである。この点はたとえば、この共同体では男性だけがトーラーを学ぶ義務があり、そして重要な意味において男性だけが規則的に祈る義務があるという事実にあらわれている。この男性と女性の分業というのはつまり、女性が戒律と儀式の義務を十分にはたすことを完全に共有せず、それゆえ女性が社会の完全なメンバーではないことを意味している。

ここでの問題は、女性の儀式への参加許可をめぐって品位ある社会が正義にかなう社会とは異なる振る舞いをするのかどうかではない。問題は、ロールズの正義にかなう社会の概念は社会制度としての宗教的儀式となんらかの関係があるのか、それともこの〔宗教的社会〕制度は、正義にかなう社会の評価に際して考慮されるべき十分に基本的な制度とはみなされないのか、ということである。品位ある社会は宗教的儀式のような制度によってもある程度判断される。制度に関する私たちの議論は、ロールズによる原理にもとづいた議論よりも全体的に抽象の度合いが低い。したがって、宗教的儀式における女性への差別をどうすべきかが問題なのではない。目下の問いは、宗教的儀式が制度――正義にかなうか否かの評価とは区別されるかたちで、ある社会を品位あるものとして総体的に評価する際に、判断され評価されるべき対象――のうちに含まれるかどうかである。ここにおいて、ロールズの正義にかなう社会の場合の議論の適用範囲と、私たちが論じる品位ある社会の場合の議論の適用範囲には違いがあることに気がつくだろう。

品位ある社会の概念に関する私たちの説明におけるひとつの重要な要素が、その社会内部の包括的集団の地位にかかわっている。包括的集団に帰属することは、人びとが自分の人生に意味を与えるひとつの方法である。したがって、正当な包括的集団からの拒絶――そして宗教的な集団に帰属することは一般に正当な行為である――は、屈辱を与える行為になりやすい。本書において私は、社会の諸制度が包括的集団に与える屈辱に焦点を合わせてきた。帰属する包括的集団の内部における人びとの屈辱については、私はほとんど議論しなかった。包括的集団は個人と社会全体を媒介する要素である。こうした集団は個人を支え向上させるのが目的であるけれども、それらは実際には抑圧的で屈辱を与えるものであるかもしれない。私は包括的集団を正当なものに限定したが、個々の包括的集団が正当であるか否かを決定づける制約については詳述しなかった。たとえば、包括的集団の諸制度がそこから逸脱したメンバーに屈辱を与える権利を有するかどうかについては明らかではない。

ある社会の内部にある包括的集団に帰属することは、ひとつの集団に自発的に参加することにすぎない、と主張する人がいるかもしれない。どんな個人でも、自分を屈辱的なやり方で――たとえばその集団の規範から逸脱すれば追放される、といった——罰するかもしれない包括的集団への帰属を欲するかどうか決めなければならないことがあるかもしれない。もしそうであれば、当該社会を品位ある社会とみなすために、こうした任意の包括的集団にたいして制限を加える必要はまったくない。それは、そこに関係している個人が同意した成人であるかぎり、たとえその関係が最悪の種類のもの、たとえばサディストとマゾヒストのあいだのものであっても、屈辱的な処遇を禁じる必要がないのと同じことである。

宗教や民族《ナショナリティ》といった、ある個人の人生にとって重要性をもつ包括的集団への帰属を、あたかもそれがほかの同意した成人たちとの自由な契約上のつながりであるかのように言いあらわすのはひどく非現実的であろう。包括的集団が個人の人生においてそのような力をもつ理由はまさに、それらの集団が、「加わるか離れるか《テイク・イット・オア・リーブ・イット》」の態度をとることができるような、市場経済における会社のようなものではないことにある。この重要な事実がもとで、包括的集団はそのメンバーにたいして専制的にふるまうようになるかもしれない——メンバーはその集団におおいに依存しているのである。社会の諸制度が屈辱を与えるものかどうかを判断するためにそれらの振る舞いを評価するとき、私たちは社会内部に存在する包括的諸集団の制度と組織の振る舞いもそこに含めなければならない。こうした組織の自発的な性格が疑わしく、ほかの重要な包括的集団に受け入れられることも難しいということがわかれば、これらの制度に起因する屈辱を与える振る舞いは社会全体に悪影響をおよぼす。このような場合、品位ある社会はその内部にあるすべての包括的集団にたいして望ましい代案として提示されなくてはならない。それは、個人が品位ある社会〔の理念〕に共鳴し、より大きな社会の内部で満足のゆく生活を築くことができるためにである。いずれにせよ品位ある社会は、その諸制度が包括的集団を屈辱的なやり方で扱うか否かだけでなく、包括的集団の諸制度がそのメンバーをどのように扱うのかも判断の材料にしなければならない。ここで議論すべき論点は包括的集団の正統性にほかならないが、この正統性はそれら包括的集団がメンバーを屈辱的でないやり方で扱うことにある面で依拠している。

アルバート・ハーシュマン〔ドイツ出身のアメリカの経済学者〕にしたがって、私たちは包括的集団の評価のふたつの側面を区別することができる[3]。第一は「発言」の側面――集団内部の個人がその制度とメンバーを批判するために払う代償――である。第二の側面は「離脱」――個人がその集団を去るために払う代償――である。包括的集団が抑圧的であるのは両方の代償が高い場合である。「発言」あるいは「離脱」の代償が屈辱であるような場合がこれにあたる。

品位ある社会と正義にかなう社会との関係に話をもどそう。ロールズは経済的なパイを切り分けることに含まれるふたつの側面を区別する。一方の側面は正義にかなう分配のパターン――たとえば、全員にたいする平等な分け前――である。もう一方の側面は正義にかなう分配を得るために用いられる手続き――たとえば、パイを切り分ける人は最後に自分の分け前をとる――である。このように私たちは、パイを等分に切り分けることが自分のためになることをたしかめることができる。

ロールズは完全な手続き的正義を、分配の手続きの外部にあるなんらかの基準にしたがった正義にかなう分配のパターンがある場合と定義する。手続きが完全に正義にかなっているのは、正義にかなう分配のパターンにしたがった正義にかなう分配を、そうした手続きが効率的に生じさせる場合である。ロールズはこれを不完全な手続き的正義から区別する。彼は不完全な手続き的正義を、分配の手続きから正義にかなう分配のパターンが生じる高い蓋然性があるが確実性が欠けている状況と定義する。ロールズは、現実世界においては不完全な手続き的正義だけが存在しうると主張している。

だが、分配者の行為のあり方も同時に検討されるべきである。たとえ最終的には財が可能なかぎり最良に分配されたとしても、財を分配する人びとは屈辱的なやり方でそれをおこなうかもしれない。それゆえに私はたとえば、慈善社会が福祉社会と同様の財の分配をおこなったとしても、一方で慈善社会では受領者にたいする憐れみの態度をともなって財が分配され、他方で福祉社会ではその受領者の権利の承認にもとづいて財が分配されるならば、両者のあいだにはなお決定的な違いがあるだろうと主張してきた。たとえば私たちは、エチオピアの飢餓の犠牲者に食糧を分配する人びとが、まるでその受領者が犬ででもあるかのようにトラックから食糧を放る様子を目にするかもしれないが、他方で私たちは、それでもなおすべての受領者が正当なとり分を効率的な仕方で得ていると確信しているかもしれない。私たちはここで、効率性は正義にかなう分配のパターンを達成する見込みだけにかかわり、分配における人間味ある作法《マナー》を含んでいないことに思いを致す。この分配は効率的かつ正義にかなうかもしれないが、依然として屈辱的かもしれないのである。

正義にかなう社会にもマナーの悪さがあるかもしれないという主張は、とるに足らない——倫理学の主要問題をエチケットのささいな問題と混同している——ように思われるかもしれない。だがこれはささいなことではない。それは正義が思いやりというものを欠いているかもしれず、さらには悪意の表現でさえあるかもしれないという古くからある懸念を反映している。正義にかなう社会は、何が正義にかなうかの厳密な計算にとらわれて、素朴な人間関係における優しさと人間味ある配慮を押しのけてしまうのではないかという疑いがある。正義にかなう社会は品位ある社会でもあるべきだという要求は、財が正しく効率的に分配されるだけでは十分ではない——財の分配のスタイルも考慮されなければならない——ということを意味する。

これまで私は、（ロールズ流の）正義にかなう社会は必然的に品位ある社会でもあるという主張にたいするいくつかの批判に言及してきた。第一の批判は品位ある社会のメンバーシップの問題と関係があり、第二の批判は正義にかなうか否かの判断の対象となる諸制度の範囲と関係があり、そして第三の批判は、分配が本質的に正義にかなっているにもかかわらず手続きのうえで屈辱的である可能性に関係があることを私たちは見てきた。こうした批判はいずれも、ロールズが定義するような正義にかなう社会がその精神においてはたしかに品位ある社会であるという基本的事実を疑うものではない。問われているのは、ロールズの正義にかなう社会がその文言から——すなわち、ロールズの実際の定式化にしたがうと——必然的に品位ある社会でもあるのかどうかという点にすぎない。ここで上記三つの批判を踏まえた応答をするとすれば次のようになる。すなわち、この問いへの答えは最善の場合でも不確かなものでしかなく、最悪の場合はロールズの正義にかなう社会が品位ある社会ではない可能性があり、それは正義にかなう社会にとって許容できる結果ではないというものである。

理想と戦略

品位ある社会は正義にかなう社会の実現に必要な寄り道なのだろうか。それは正義にかなう社会という最高の社会的理想の実現の途上にある一時的な理想なのだろうか。品位ある社会とロールズの正義にかなう社会の関係がいかなるものであれ、品位があることは正義にかなう社会がみたさねばならない基準のひとつであるように思われる。これとは別の問題として、品位ある社会は正義にかなう社会を打ち立てる途上で、実際に——真に政治的な意味で——樹立されねばならないかどうかという問題がある。品位ある社会が正義にかなう社会を樹立するための一時しのぎの代用品となる危険性はあるのだろうか。正義にかなう社会がもとめる要求水準の高い目標を、品位ある社会のより要求水準の低い目標におき換えることは、人びとの熱意をより低い水準にとどめることによって、彼らの懸命な努力をそこなうことになるだろうか。

本節において私は、品位ある社会と正義にかなう社会の観念を〔ふたつの〕社会的理想として論じることを意図している。言いかえると、私はこれらふたつの観念を評価概念よりもむしろ統制的理念ととらえたうえで、両者の関係をこの観点から検討したい。

社会的かつ個人的な理想を達成するための有力な政治的・教育的戦略は、理想主義的な戦略である。その戦略はひとつの理想像の提示にもとづいている。すなわち、私たちができるかぎり見習って近づくように期待される完全な社会ないし完全な人という理想像の提示である。社会的な教説と教育的な教説は、それぞれが信奉する理想という点では対極に位置するのであるが、しばしばこの理想主義的な戦略を共有している。ここで「理想主義的な戦略」という用語は、「理想主義」という言葉の通常の、日常的な用語法にしたがっている。すなわち、理想に達するために――途中のもろもろの障害を考慮することなく――決然と努力するという意味である。この戦略は、「接近の想定《アプロキシメーション・アサンプション》」を暗に受け入れることにもとづいている。接近の想定とは、あなたが理想に向かって努力している途上でなんらかの障害に直面した場合に、もしその障害を無視して努力すれば理想を達成しないとしても、それでも可能なかぎりそれに近いところには達するだろうという考えである。この想定は、頂上を理想とする山のイメージにもとづいている。あなたが頂上に達するのを妨げるなにかがある場合には、あなたはできるだけ頂上に近づこうと努力するべきである。(4)

だが、この接近の想定が常に批判に耐えうるとはかぎらない。このことは、いわゆる次善の策《セカンド・ベスト》の理論を展開した経済学者たちによって強調された。彼らは、最善の(最適の)状況の達成を妨げる障害がある場合に用いるべき適切な戦略は、必ずしもその障害を無視する理想主義的な戦略ではないということに気づいた。経済理論の分野ではこの考えは正確に定式化されているが、ほかの分野においても同様のことを認めるのは容易である。(5)非常に簡単にその考えを説明するために、登山のイメージを別の空間モデルとおき換えてみよう。あなたがアマチュアのパイロットであり、ハワイで休暇を数日過ごすのが理想だけれども、あなたの飛行機のタンクにはハワイに到着するだけの十分な燃料がないと想像してみてほしい。この場合、できるだけハワイに近づこうと努力することはあまり良い考えではないだろう。なぜならあなたの飛行は太平洋のどこかで終わってしまうだろうから。あなたはできるだけハワイの近くに到着するだろうけれども、あなたが着く場所は休暇を過ごす理想の場所からはほど遠いものだろう。これにかわる戦略は、どこか別の――そこに到着するだけの十分な燃料がある――場所に飛ぶことである。マイアミ・ビーチはいかがだろうか。

聖パウロは、男性にふさわしい人間的理想は独身生活であると信じた。しかし、もし強い欲望をもっているのなら、独身のままでいないほうがよい。すなわち、できるだけ姦淫を犯さないように努力し、そうしてけっして理想に達することができなくてもできるだけ理想に近づく、などということはしないほうがよい。彼は結婚したほうがよいだろう。結婚が禁欲にたいしての次善の策であるのは、結婚が純潔の生活においてのみ可能な神の崇拝への絶対的献身——それは最善の生活である——の可能性を断念することを意味するからである。それにもかかわらず、結婚は姦淫を犯す独身生活よりもまだ望ましいのである。

品位ある社会が、正義にかなう社会という高峰へと向かう際に、誰もが登らねばならない尾根上にある低い峰であるのかは疑問である。たとえ正義にかなう社会が必然的に品位ある社会だとしても、品位ある社会を実現するための政治的戦略が、正義にかなう社会を達成することを意図した戦略と非常に異なる可能性はおおいにある。品位ある社会は実現されるだけの価値がある理想である。品位ある社会の実現は、それが正義にかなう社会の実現にいたる必要な段階であるからという主張によって正当化される必要はない。なぜなら、特にこの最後の主張が正しいのかどうか疑わしいからである。品位ある社会と正義にかなう社会という理想はいずれも、現在の状況よりも良い状況を描いている点では楽観的な理想である。ある理想が有するもろもろの良い特徴に関して楽観的な見解を抱くことは、必ずしもその社会的理想を実現する見込みについて楽観的であることを含意しない。政治的保守主義とは、楽観的な理想を採用すべきでないのはその理想の実現を楽観視できる理由が存在しないからだという見解（あるいは誤謬）である。これが理想を信用しない理由として十分であるとは思えない。したがって、私は正義にかなう社会という楽観的な理想を手離さない。しかし私は、正義にかなう社会を実現する見込みよりも品位ある社会を樹立する見込みに関してより楽観的である。

正義にかなう社会の理論と品位ある社会の物語

私は品位ある社会に関する私の議論を「理論」のラベルのもとで提示することを避けてきた。「理論」という語はあいまいな概念である。特に（ロールズ流の意味での）「正義の理論」という表現に関連して、私はこの語の使用についていくつか意見を述べたい。その目的は、品位ある社会に関する私の説明について、私自身がどのような位置づけをしているかを強調することにある。

理論として役立てられることを目的としたシステムの根底にはふたつの数学モデルがある。そのひとつはヒルベルトのモデルであり、もうひとつはゲーデルのモデルである。説明しよう。ヒルベルトの数学モデルは、数学をふたつの部分に分けることができるという考えにもとづいている。ひとつはよく知られており直観的に理解される。それは有限の自然数を含む部分である。もうひとつは形式的で統語的な意味のなかでのみ、すなわちその部分が導き出されるところの直観的な部分との論理的関係をつうじて理解される。これは論理実証主義者たちによって、特にライヘンバハとカルナップによって、科学理論に関する彼らの説明を構築するために使用されたモデルである。したがって、科学理論の名に値するどの理論にもふたつの構成要素がある。一方は観察にもとづく構成要素であり、それは完全にそして直接的に理解される。もう一方の理論にもとづく構成要素は、それと観察にもとづく構成要素とを結びつける規則をつうじて理解される。

ロールズの正義の理論の基礎にあるゲーデルのモデルは、ゲーデルの有名な不完全性定理にもとづいている。この定理の証明に際して、私たちは自分たちが、完全かつ理論から独立した、算術の真の言明すべてのリストをもっていると仮定する。これと並んで、そこから算術の定理が得られるところの（算術と論理の）公理系がある。決定的な問いは、既定の公理から論理的に導かれる定理の集合が、私たちが最初に存在すると仮定した真の言明のリストと同一であるかどうかである。ゲーデルの有名な答えはそのリストが一致しないということである（彼は公理から導くことができない真の文を示した）。

チョムスキーはこのゲーデルの構造を、経験的であることを意図した理論を創造するために用いた。チョムスキーは一方で、私たちが文法的に正しいと判断する私たちの言語のすべての文の完全なリストを、理論に依存せずに生成できると仮定する。他方で私たちは、文法的に正しい文を得るために規則を用いるところの文法を手にしている。次に私たちは文法から得られた文をリストにある文と比較する。この文法から得られたもろもろの文と、私たちが直観的に文法的に正しいと判断したリスト上のもろもろの文とのあいだの重複の範囲にもとづいて、私たちはこの文法が私たちの言語に関する十分な理論であるか否かを決定する。原則として、文法は直観的な判断のリストに適合するように変えられることになっている。しかし適合の方向性を時々変えることはまったく理にかなっている。すなわち、私たちの直観的な判断が私たちのほかの直観的な判断と整合的でない場合には、理論はときには直観的な判断のほうを変えるようにうながすのである。

ロールズも公正な社会としての正義にかなう社会に関する判断を説明する際にゲーデルのモデルを採用した。一方で私たちは、基本財を分配するさまざまなとり決めの公正さについて直観的な判断をする。他方で私たちは、正義にかなう分配のとり決めが得られることになっている一組の原理（「理論」）をもっている。精緻な経験的理論では、理論から独立したリストにもとづく判断はもっとも重要な地位にあるので、理論はこうした判断に適合しなければならない。これらの判断は理論が説明すべきところのデータである。しかしながらロールズの理論では、理論から得られた判断と理論から独立して達せられた判断とのあいだに相互調整の余地が残されている。ある人の直観はその人の理論によって誘導されるかもしれない。ロールズはこの相互調整の状況を「反照的均衡」と名づけた。

ロールズは自分の理論のゲーデル的な構造にひとつの新しい考えを追加した。つまり、彼の理論および理論から導かれるもろもろの判断は、ゲーム理論的な状況――すなわち合理的なプレイヤー全員が同意できる正義にかなう社会のための憲法制定を、彼らがとり決めている状況――におけるもろもろの措置を正当化する論拠として用いることができるのである。憲法を制定するこの「ゲーム」の制約は、憲法を正当化するための論証に際して、プレイヤーたちの社会的地位に関する具体的な情報を含むような前提を用いることは許されない、というものである。

（これはロールズの「無知のヴェール」を、隠喩を用いずに説明したものである。）この制約は、プレイヤーたちがいま決定しようとしているさまざまな社会的とり決めのなかで自分たちがおかれうる立場を、彼らが心理学的に無視しなければならないということを意味するのではなくて、むしろ審理の過程で採用できない証言を聞く裁判官のように行為することが彼らに期待されていることを意味している。裁判官は判決に達するうえでこの証言を使用してはいけない。同様に、ロールズは憲法制定の参加者に彼らの個人的地位にかかわる情報を利用することを認めない。言いかえると、参加者の具体的な特徴に関する情報に依拠している論拠によって憲法を正当化することは禁じられているのである。

私たちが考察すべき第三の、理論のための重要な形式《フォーマット》がまだ残っている。これは現在の議論に直接関連するものである。それはフランクフルト学派によって定式化されたような批判理論のモデルである。このモデルのもっとも顕著な例はマルクスとフロイトの理論である。こうした理論には人びとを解放するという「贖罪的な」目標がある——それらは、かなりの程度みずからが招いた抑圧から人びとを解放することを目標にしている。批判理論は実際に判断に関する理論でもある。すなわち、批判理論は現在の判断を批判するが、この理論は現在の判断が抑圧の状況下で形成された判断であるとみなす。そして現在の判断のかわりに、自由な人びとがおこなうであろう判断を提示するのである。批判理論は、その理論自体が解放することを想定した人びととの判断に関する理論である。それは理論自体をその理論の主題として扱う再帰的な理論である。この理論は、解放された人びとがその理論を受け入れる意欲をもつか否かによってテストされる。ゲーデルのモデルにおいては理論から独立したリストにもとづく判断が理論の真理性に関する最終的な裁定者であり、ロールズの理論ではそこに相互調整の余地が存在するのであるが、批判理論の場合、理論のほうから判断にたいして適合がおこなわれるのではなくて、その逆である。判断は理論によって決定され、それらの判断は、自分たちの真の利益のもとで自由に行為できる人びとの独立した判断となる。

品位ある社会の説明には批判理論が必要であると思われるかもしれない。しかし本書で私が提示しているものは、批判理論はおろかほかのどんな種類の理論でもないと私は思っている。私はなんの理論ももっていない。私は、尊重と屈辱に関する意味領域から生じる諸概念の分析に部分的にもとづいた品位ある社会のあり方を提示している。私はこうした評価的な概念を分析するうえで、私たちの言語におけるこうした語のもっとも一般的な用法に限定することはしなかった。それゆえ私は、たとえば「屈辱」という言葉のもっとも一般的な用法は、人類という家族から人びとが拒絶されることではなく、むしろ人びとの社会的地位を「より劣った」地位へと引き下げることを描写するものであることは十分に承知している。軍務上での非行を理由とする兵士の公然たる降格は、ドレフュスの場合のように、「屈辱」という言葉が使用される典型的な例である。「屈辱」のほかの一般的な使用法は、たとえば選挙で完敗した候補者が、自分は有権者に拒絶されたと思うような場合など、人の社会的野心の価値引き下げに関するものである――それでもその候補者は、自分が人間として拒絶されたとはまず考えないだろう。

私が本書で用いたような「屈辱」という語の意味――すなわち人類という家族からの拒絶――もまた、私の見るところでは実際に存在する。それはすでに社会階層の最底辺にある人びとの「降格」にかかわるケースでしばしば用いられるのだが、その場合には彼らを「降格させる」ための「より低い」立場というものが存在しない。例としては囚人への屈辱、軍隊の新兵への屈辱、体の不自由な人への屈辱、失業者への屈辱、そして貧困者への屈辱などである。私が本書で提示している意味領域は、たしかにそうした語の主要なあるいはもっとも一般的な用法にもとづくものではないのだが、特定の語に特定の意味をもたせるためのたんなる恣意的な決定ではない。私がここで述べているのは歴史的な重要性よりもむしろ説明的な重要性に関することがらである。ある語の使用が別の語の使用よりも重要性をもつのは、前者が後者の説明のために用いられる場合であって、その逆ではない。

私がここで提示しているのは理論ではなく、むしろ品位ある社会についての物語――その主人公《ヒーロー》がもろもろの概念である物語――である。それは名誉や屈辱が擬人化され主人公にされている中世風の寓話《アレゴリー》ではなく、概念が概念のままである物語であり、そこから得られるイメージは現実を批判するためのユートピアのそれである。

本書で使用された諸概念には危険がひとつ潜んでいる。それらの概念は、崇高さを目指すレトリック――道徳的・政治的言説で用いられる――から採られたものである。名誉や屈辱といった概念がもつ情念を喚起する作用は、品位ある社会の議論を数多のくだらぬ話に――すなわち、真理にたいしてなんの配慮もなく、熱気を帯びて高揚した雰囲気をつくり出すことだけに関心をもった議論に――変えてしまいがちである。(6) もうひとつは、議論が説教という厄介な泥沼に、すなわち必ずしも真理に無関心ではないが、論証や区別をつけることに興味をもたないある種の言説に陥る危険である。しかしながら私は、必ずしも理論的ではないけれども、厄介な説教やくだらぬ話とは一線を画した知的な種類の言説がありうると信じている。

尊重や屈辱などといった、品位ある社会についての私の研究における基礎的な諸概念は、それらの意味の分析に限定されない分析を必要とする概念である。これに加えて必要なのは感受性の説明である。ウィリアム・ジェイムズ〔アメリカの哲学者、心理学者〕は、「あるいは」という概念の意味を説明しようとしたとき、それはあなたが分かれ道を前にして左へ行くか右へ行くかを決めなければならないときに抱く感情であると述べた。この「あるいは」は、岐路を前にしてあなたが感じるためらいである。私の考えでは、ある概念の論理的な理解に際して、私たちはなにかを感じるように要求されるわけではない。「あるいは」について言えば、私たちがまったくなにも感じないことはほとんど確実である。だが、もし私たちが「生きるべきか死ぬべきか」を論理的なトートロジーとしてではなく重要な実存の問題として説明したいのならば、シェイクスピアの表現において「あるいは」と結びつく情動や気分《ムード》は、それを理解するためにきわめて重要である。この場合、「あるいは」を論理的に理解するだけでは不十分であり、私たちはそれを感受性《センシビリティ》という観点から、つまり意味《センス》と感性《センシティヴィティ》の体系的な結びつきを伝える表現として理解することを目指す。本書における中心的な諸概念はいずれも感受性にかかわる言葉である。このような概念は理論を構成するために使用することが特に難しい。それらを理解するためには仮説よりもむしろ描写を必要とする。道徳的な概念が総じて情動的な言葉であるわけではないが、しかしそれらは感受性の言葉である。私は感受性の言葉を中心にして品位ある社会の概念の意味領域の輪郭を描いてきた。私たちは、それらの言葉もまた意味をなすことに注意すべきである。

[注]

序章

（1）Karl Popper, *The Open Society and its Enemies*, vol. 1, *Plato*, 5th ed.（London: Routledge, 1966）, pp. 284-285〔内田詔夫・小河原誠訳『開かれた社会とその敵　第一部　プラトンの呪文』未來社、一九八〇年、三一八—三一九頁〕.

（2）Jon Elster, “States That Are Essentially By-Products,” in Elster, *Sour Grapes*（Cambridge: Cambridge University Press, 1983）, pp. 43-101.

第一部

第1章

（1）R. Michels, *Political Parties*（New York: Free Press, 1915）, p. 13〔森博・樋口晟子訳『現代民主主義における政党の社会学——集団活動の寡頭制的傾向についての研究』木鐸社、一九九〇年、二八頁〕. ここでのアナーキストの議論はミヘルスの著作に影響を受けたものであるが、この議論自体は彼のものではない。

（2）William Morris, *Editions, Selections, Letters: The Collected Works of William Morris*, intro. Morry Morris, 24 vols.（1910-1915）; William Morris, *News from Nowhere*, ed. James Redmond（London: Routledge, Chapman & Hall, 1970）〔川端康雄訳『ユートピアだより』岩波文庫、二〇一三年〕.

（3）Max Stirner, *Der Einzige und sein Eigentum*（Berlin, 1845）, English version, *The Ego and His Own*, trans. Steven T. Byington（London, 1907）〔片岡啓治訳『唯一者とその所有（上・下）』現代思潮新社、一九六七—一九六八年〕.

（4）David Friedman, *The Machinery of Freedom*（New York: Harper & Row, 1973）〔森村進・高津融男・関良徳・橋本祐子訳『自由のためのメカニズム——アナルコ・キャピタリズムへの道案内』勁草書房、二〇〇三年〕.

（5）Friedrich Nietzsche, *On the Genealogy of Morals*, trans. Walter Kaufmann and R. J. Hollingdale（New York: Vintage Books, 1969）, First Essay, Section 10, p. 36〔木場深定訳『道徳の系譜』岩波文庫、一九六四年、第一論文・第一〇節、三七頁〕.

（6）Ibid., p. 39〔同右、三七—三八頁〕.

第2章

（1）たとえば Thomas E. Hill, “Servility and Self-Respect,” *Monist* 57（1973）: 87-104 を見よ。

(2) Joel Feinberg, "The Nature and Value of Rights," *Journal of Value Inquiry* 4 (1970): 243-257. このテーマに関する追加の参照事項については、Meyer J. Michael, "Dignity, Rights and Self-Control," *Ethics* (1984): 520-535を見よ。

第3章

(1) D. Sacks, "How to Distinguish Self-Respect from Self-Esteem," *Philosophy & Public Affairs* (1981): 346-360.

第二部

第4章

(1) Immanuel Kant, *Groundwork of Metaphysics of Morals*, trans. H. J. Paton, 2nd ed. (New York: Liberal Arts, 1953), esp. p. 77〔坂部恵・平田俊博・伊古田理訳『カント全集7　実践理性批判・人倫の形而上学の基礎づけ』岩波書店、二〇〇〇年、三六―三七頁〕; Kant, *The Doctrine of Virtue*, trans. May J. Gregor (New York: Harper Torchbooks, 1964), esp. p. 434〔樽井正義・池尾恭一訳『カント全集11　人倫の形而上学』岩波書店、二〇〇二年、三一〇―三一一頁〕; Lewis W. Beck, *A Commentary on Kant's "Critique of Practical Reason"* (Chicago: University of Chicago Press, 1960), esp. p. 226〔藤田昇吾訳『カント『実践理性批判』の注解』新地書房、一九八五年、二七四―二七六頁〕; Victor J. Seidler, *Kant, Respect, and Injustice* (London: Routledge, Chapman & Hall, 1986).

(2) Bernard Williams, "The Idea of Equality," in Joel Feinberg, ed., *Moral Concepts* (London: Oxford University Press, 1969), esp. pp. 159ff.

第5章

(1) Walt Whitman, "Song of Myself," *Leaves of Grass*, 32〔酒本雅之訳『草の葉（上）』岩波書店、一九九八年、一七九頁〕.

第6章

(1) Nelson Goodman, *The Languages of Art* (Indianapolis: Hackett, 1976)〔戸澤義夫・松永伸司訳『芸術の言語』慶應大学出版会、二〇一七年〕.

(2) Ludwig Wittgenstein, *Philosophical Investigations*, trans. G. E. M. Anscombe (Oxford: Basil Blackwell, 1958), pp. 193-219〔藤本隆志訳『哲学探究　ウィトゲンシュタイン全集8』大修館書店、一九七六年、三八三―四三九頁／黒崎宏訳『『哲学的探究』読解』産業図書、一九九七年、第Ⅱ部四二―九九頁〕.

(3) Stephen Mulhall, *On Being in the World* (London: Routledge, 1990).

(4) Moshe Halbertal and Avishai Margalit, *Idolatry* (Cambridge, Mass.: Harvard University Press, 1992)〔モッシェ・ハルバータ

ル／アヴィシャイ・マルガリート『偶像崇拝――その禁止のメカニズム』大平章訳、法政大学出版局、二〇〇七年〕.

（5）Oliver Sacks, *The Man Who Mistook His Wife for a Hat and Other Clinical Tales* (New York: Harper & Row, 1970)〔高見幸郎・金沢泰子訳『妻を帽子とまちがえた男』晶文社、一九九二年〕.

（6）Denis Silk, "Vanishing Trick," in Silk, *Catwalk and Overpass* (New York: Viking, 1990), p. 42.

（7）Erwin Goffman, *Stigma* (London: Penguin, 1968)〔『スティグマの社会学――烙印を押されたアイデンティティ』石黒毅訳、せりか書房、二〇〇一年〕.

（8）「人類という家族」という表現は、一九五〇年代の大規模な写真展のタイトルからとったものである。この写真展に続いて有名な同名の写真集が出版された。パリでは、この展示は「人類という大家族」と名づけられた。ロラン・バルトは彼の著書『神話学』のなかで次のように記している。〔英語のオリジナル〕タイトル〔*The Family of Man*〕の仏訳に「偉大な」という語を加えた〔*La Grande Famille des Hommes*〕ことにより、人間という種の一体性という中立的な概念は、ひとつの「動物学的」概念から、人間という種全体がひとつの巨大な家族のように生きるという、情緒的で道徳的な神話の観念に転換されてしまった。Roland Barthes, *Mythologies* (trans. Annette Larers, London: Jonathan Cape, 1972, pp. 100-102)〔下澤和義訳『現代社会の神話　1957（ロラン・バルト著作集3）』みすず書房、二〇〇五年、二八九―二九四頁〕。バルトが抗議したのは、あらゆる歴史的・文化的差異の根底にあるとされる、共通の「自然《ネイチャー》＝本性」を想定する人間主義的《ヒューマニスティック》な風潮である。この風潮は、人びとのあいだにあるもろもろの差異を表面的なものにしてしまう。

ここで私が用いた「人類という家族」という表現は、この「動物学的」用語の道徳的な意味《シニフィアン》を指示することを意図している。バルトは、たとえ私がこの表現に道徳的な意味を与えているというだけの理由であっても、人間主義的な情緒性を抱えたものとして私がこの表現を用いることを非難するであろう。私は、「人類という家族」という私の言葉づかいが、類似性が存在しないところに類似性をつくりだすとは思わないし、差異が存在するところでその差異をあいまいにするとも思わない。

（9）G. W. F. Hegel, *The Phenomenology of Mind*, trans. J. B. Baillie (New York: Harper & Row, 1967), pp. 229-240〔長谷川宏訳『精神現象学』作品社、一九九八年、二二九―二三八頁〕.

（10）Paul Veyne, "The Roman Empire, " in Veyne, ed., *A History of Private Life*, trans. Arthur Goldhammer (Cambridge, Mass.: Harvard University Press, 1987).

（11）Ibid., pp. 55ff.

第三部

第7章

（1）Jean-Paul Sartre, *Being and Nothingness*, trans. Hazel E. Barnes（London: Methuen, 1969）〔松浪信三郎訳『存在と無――現象学的存在論の試み』（全三巻）筑摩書房、二〇〇七年〕.

第8章

（1）Gabriele Taylor, *Pride, Shame, and Guilt*（Oxford: Oxford University Press, 1985）.

（2）Avishai Margalit and Joseph Raz, “National Self-Determination,” *Journal of Philosophy* 87（1990）: 439-461.

（3）Isaiah Berlin, “Two Concepts of Liberty,” in Berlin, *Four Essays on Liberty*（London: Oxford University Press, 1969）, pp. 156-162〔小川晃一・小池銈・福田歓一・生松敬三訳『自由論〔新装版〕』みすず書房、二〇〇〇年、「二つの自由概念」二九五―三九〇頁〕.

（4）Judith N. Shklar, “Putting Cruelty First,” in Shklar, *Ordinary Vices*（Cambridge, Mass.: Harvard University Press, 1984）.

第9章

（1）T. H. Marshall, *Class, Citizenship, and Social Development*（New York: Anchor, 1965）.

第10章

（1）Joseph Raz, “Free Expression and Personal Identification,” in Raz, *Ethics in the Public Domain*（Oxford: Clarendon, 1994）, pp. 131-154; Raz, “Multiculturalism: A Liberal Perspective,” ibid., pp. 155-176.

（2）Edna Ullmann-Margalit, “On Presumption,” *Journal of Philosophy* 3（1983）: 143-163; Ullmann-Margalit, “Some Presumptions,” in Leigh S. Cauman et al., eds., *How Many Questions? Essays in Honor of Sidney Morgenbesser*（Indianapolis: Hackett, 1983）.

第四部

第11章

（1）*Ordinary Vices* の“What Is Wrong with Snobbery?”の章におけるジュディス・シュクラールの洞察力ある説明を見よ。

（2）Norbert Elias, *Über den Prozess der Zivilisation*, 2 vol., 2nd ed.（Frankfurt: Suhrkamp, 1976）〔赤井慧爾・中村元保・吉田正勝訳『文明化の過程（上）――ヨーロッパ上流階層の風俗の変遷』法政大学出版局、一九七七年／波田節夫・溝辺敬一・羽田洋・藤平浩之訳『文明化の過程（下）――社会の変遷／文明化の理論のための見取図』法政大学出版局、一九七八年〕.

第12章

（1）Jean L. Briggs, *Never in Anger: Portrait of an Eskimo Family*（Cambridge, Mass.: Harvard University Press, 1970）; Barington Moore, Jr., *Privacy: Studies in Social and Cultural History*（New York: M. E. Sharpe, 1984）, pp. 4-14.

第13章

（1）Max Weber, "Bureaucracy," in Guenther Roth and Claus Wittich, eds., *Economy and Society*（New York: Bedminister Press, 1968）〔濱嶋朗訳『権力と支配』講談社学術文庫、二〇一二年、第二部「官僚制」二一九—三一五頁〕.

（2）Charles Taylor, "The Need for Recognition," in Taylor, *The Ethics of Authenticity*（Cambridge, Mass.: Harvard University Press, 1992）〔田中智彦訳『〈ほんもの〉という倫理——近代とその不安』産業図書、二〇〇四年、第五章「承認のニード」五九—七四頁〕; Berlin, "Two Concepts of Liberty"〔前掲『自由論〔新装版〕』「二つの自由概念」二九五—三九〇頁〕.

第14章

（1）Maurice Bruce, *The Coming of the Welfare State*（London: B. T. Batsford, 1961）〔秋田成就訳『福祉国家への歩み——イギリスの辿った途』法政大学出版局、一九八四年〕; A. William Robson, *Welfare State and Welfare Society: Illusion and Reality*（London: George Allen & Unwin, 1971）〔辻清明・星野信也訳『福祉国家と福祉社会——幻想と現実』東京大学出版会、一九八〇年〕; Harold L. Wilensky, *The Welfare State and Equality*（Berkeley: University of California Press, 1975）〔下平好博訳『福祉国家と平等——公共支出の構造的・イデオロギー的起源』木鐸社、一九八四年〕; Richard M. Titmuss, *Essays on the Welfare State*（London: Unwin University Books, 1950）〔谷昌恒訳『福祉国家の理想と現実』東京大学出版会、一九八三年〕.

（2）Bruce, *The Coming of the Welfare State*, p. 109〔前掲『福祉国家への歩み——イギリスの辿った途』、一五八頁〕.

（3）Ibid., p. 51〔同右、六三頁〕.

（4）Nietzsche, *On the Genealogy of Morals*, Preface〔前掲『道徳の系譜』「序言」七—一八頁〕.

（5）Benedict Spinoza, *Ethics*, in Edwin Curley, ed., *The Collected Works of Spinoza*（Princeton : Princeton University Press, 1985）〔畠中尚志訳『エチカ——倫理学（上・下）』岩波文庫、一九五一年〕.

（6）Ludwig von Mises, *Human Action: A Treatise on Economics*, 3rd rev. ed.（Chicago: Henry Regency, 1966）, p. 238〔村田稔雄訳『ヒューマン・アクション——人間行為の経済学〔増補新版〕』春秋社、二〇〇八年、八八五頁〕.

（7）Titmuss, *Essays on the Welfare State*〔前掲『福祉国家の理想と現実』〕.

第15章

（1）Maurice Cranston, *What Are Human Rights?*（London: Bodley Head, 1973）, pp.91-92（Appendix A）.

（2）P. Samuelson, "The Normative and Positivistic Inferiority of Marx's Value Paradigm," *Southern Economic Journal* 49（1982）:

11-18.

（3）〔ここでの私の〕搾取に関する議論は主に次のものに依拠している。G. A. Cohen, *Karl Marx's Theory of History: A Defence*（Oxford: Oxford University Press, 1978）; J. Roemer, *A General Theory of Exploitation and Class*（Cambridge, Mass.: Harvard University Press, 1982）; Jon Elster, *Making Sense of Marx*（Cambridge, Mass.: Harvard University Press, 1985）, chap. 4.

第16章

（1）Michel Foucault, *Discipline and Punish: The Birth of Prison*, trans. Alan Sheridan（London: Allen Lane, 1977）〔田村俶訳『監獄の誕生――監視と処罰』新潮社、一九七七年〕.

（2）Ibid., chap. 2〔同右、「第一部「身体刑」第二章「身体刑の華々しさ」三七―七四頁〕.

結論

（1）John Rawls, *A Theory of Justice*（Cambridge, Mass.: Harvard University Press, 1971）〔川本隆史・福間聡・神島裕子訳『正義論〔改訂版〕』紀伊國屋書店、二〇一〇年〕.

（2）Michael Walzer, *Spheres of Justice: A Defence of Pluralism and Equality*（Oxford: Blackwell, 1983）〔山口晃訳『正義の領分――多元性と平等の擁護』而立書房、一九九九年〕.

（3）Albert O. Hirschman, *Exit, Voice, and Loyalty: Responses to Decline in Firms, Organizations, and States*（Cambridge, Mass.: Harvard University Press, 1970）〔矢野修一訳『離脱・発言・忠誠――企業・組織・国家における衰退への反応』ミネルヴァ書房、二〇〇五年〕.

（4）Avishai Margalit, "Ideals and Second-Bests," in Seymour Fox, ed., *Philosophy for Education*（Jerusalem: Van-Leer Foundation, 1983）, pp. 77-90.

（5）R. Lipsey and K. Lancaster, "The General Theory of Second-Best," *Review of Economic Studies*（1957）.

（6）Harry G. Frankfurt, "On Bullshit," in Frankfurt, *The Importance of What We Care About*（Cambridge: Cambridge University Press, 1988）, pp. 117-134〔山形浩生訳『ウンコな議論』ちくま学芸文庫、二〇一六年〕.

訳者あとがき

本書は、Avishai Margalit, translated by Naomi Goldblum, *The Decent Society*, Harvard University Press, 1996の全訳である（英語版は、ヘブライ語からの翻訳である）。アヴィシャイ・マルガリートの著作では、イアン・ブルマとの共著『反西洋思想』とモッシェ・ハルバータルとの共著『偶像崇拝――その禁止のメカニズム』の邦訳があるが、一般にはあまり知られていない思想家なので、簡単に経歴と著作を紹介しておきたい。

マルガリートは、一九三九年、イギリス委任統治下のアフラ（現在イスラエル）に生まれた。イェルサレムで育ち、イスラエル国防軍の準組織で軍務と開墾を任務とするナハル（Nahal）の空挺部隊に所属後ヘブライ大学に進み、哲学と経済学を専攻した。修士号を取得後はマルクスの労働理論を研究しつつ、イスラエルに大量に移住した移民子女の教育に携わる。ブリティッシュ・カウンシルの奨学金をえて、一九六八年から七〇年をオックスフォード大学のクィーンズ・コレッジで研究。ヘブライ大学で博士号を取得した。博士論文のテーマは、「メタファーの認知状態」。ヘブライ大学の哲学部で助手として採用され、二〇〇六年にヘブライ大学名誉教授として退職するまで勤務した。二〇〇六年からプリンストン大学高等研究所のジョージ・ケナン・プロフェッサーを務めるとともに、ヘブライ大学合理性研究センターのメンバーでもある。この間、マルガリートは、ハーバード大学、オックスフォード大学ウルフソン・コレッジ、ベルリン自由大学の客員教授、マックス・プランク研究所、オックスフォード大学セント・アンソニー・コレッジ、プリンストン大学人間価値センターの研究員などを務めている。

マルガリートは、モケド（Moked: 一九七三に設立され、一九七七年まで存続したイスラエルの左翼政党。弱小で一議席しか保有しなかった）の設立メンバーであり、その綱領の執筆に加わっている。一九七五年には、「イスラエル人－パレスチナ人和平のためのイスラエル会議」の設立に参加し、一九七八年に設立された「ピース・ナウ」（イスラエル最大規模の平和ＮＧＯ）のメンバーであった。また一九九〇年代には、ベツェレム（B'Tselem:「占領地域における人権情報センター」、イスラエルの暴力・人権侵害を監視・告発するＮＧＯ）の委員であった。

彼の研究の出発点は、主に言語哲学および論理と合理性をめぐる問題であったが、一九八〇年代以後は次第に倫理学と政治哲学をめぐる問題へと移行している。

著書・編著書としては以下のものがある。

1. *Meaning and Use*, D. Reidel Publishing Company, 1979.
2. *Isaiah Berlin: A Celebration* (Jointly with Edna Ullmann-Margalit), The Hogarth Press, 1991.
3. *Idolatry* (jointly with Moshe Halbertal), Harvard University Press, 1992〔大平章訳『偶像崇拝――その禁止のメカニズム』法政大学出版局、二〇〇七年〕.
4. *The Decent Society*, Harvard University Press, 1996〔本書〕.
5. *Amnestie: Oder Die Politik der Erinnerung in der Demokratie* (jointly with Gary Smith), Suhrkamp Verlag, 1998.
6. *Views in Review: Politics and Culture in the State of the Jews*, Farrar Straus & Giroux, 1998.
7. *The Ethics of Memory*, Harvard University Press, 2002.
8. *Occidentalism: The West in the Eyes of Its Enemies* (with Ian Buruma), New York: The Penguin Press, 2004〔堀田江理訳『反西洋思想』新潮社、二〇〇六年〕.

9. *On Compromise and Rotten Compromises*, Princeton University Press, 2009.
10. *On Betrayal*, Harvard University Press, 2017.

ジョン・ロールズの『正義論』刊行以来五〇年近くにわたって、社会正義に関するロールズのアプローチは強力で圧倒的な影響力を、とりわけリベラリズムの政治哲学研究におよぼしてきた。いまなお政治哲学の中心問題のひとつは自由と社会的基本財の公正な分配をめぐるものであり、この問題をめぐって多面的で精緻な論考が積み上げられてきている。ロールズは、その後の多くの政治哲学研究が多かれ少なかれ出発点として依拠しなければならない古典となるような「ひとつの理論」を提出したのである。

本書『品位ある社会』もまた、その執筆の端緒となったのは『正義論』である。しかし、マルガリートは、ロールズが示した方向とは逆の方向に探求を進めることになる。シドニー・モーゲンベッサー（一九二一―二〇〇四。ロバート・ノージックやデレク・パーフィット等を教えたアメリカの哲学者）がもらした「喫緊の課題は、正義にかなう社会ではなく品位ある社会である」という言葉に触発されて、マルガリートは品位の問題にとり組むことになる。しかもそのアプローチもロールズのものとは異なる。ロールズは、ゲーム理論と経済学から借用したツールを使って、正義にかなった社会の基本原理の見取り図を描いた。それにたいしてマルガリートは、分析哲学の手法を土台にしながら、人間の社会生活における品位の重要性について、彼の言葉をつかえば「ひとつの物語」を提出する。「品位ある社会とは、その制度が人びとに屈辱を与えない社会である」という定義から出発して、彼は屈辱の概念を明確にするために、人間の尊厳、尊敬、自己尊重、名誉、評価などの道徳的問題にかかわる諸概念の意味を探究する。それによって、道徳的対立が生じている現場で、私たちが本当に語ろうとしているものは何かを明確にしようとするのである（このようなアプローチは、近年の政治理論における、いわゆるリアリズムとも共通点が多い。*On Compromise and Rotten Compromise*, 2009 では、正義と平和の緊張関係が強調されている）。

また彼の考察では、聖書、古今の哲学、文学作品などとともに、ホロコーストや東欧革命、インティファーダなどの歴史的事件や、現代社会で私たちがしばしば遭遇する日常的な出来事などが事例としてとり上げられ、そこからさまざまな含意が引きだされる。マルガリートのアプローチは、「品位ある社会」についての「ひとつの理論」を体系的に提示することよりも、むしろ日常的現実のなかで生じるさまざまな出来事の手触りを残したままで、品位とそれに関連する諸概念の「ひとつの物語」を提示しつつ、品位ある社会の構想を示すことである。

マルガリートの議論の対照項となっているのがロールズであるとすれば、参照項となっているのは、ジュディス・シュクラールとアイザイア・バーリンである（マルガリートには、妻のエドナ・ウルマン-マルガリート（一九四六―二〇一〇）との共編著で、G・A・コーエン、マイケル・イグナティエフ、ロナルド・ドウォーキン等の論考を集めた『アイザイア・バーリンを讃えて』という著作がある）。マルガリートの「屈辱を与えない」という主張が、シュクラールの「残酷さの回避を第一に」（putting cruelty first）という主張と通底していることは明らかであろう。残酷さとは立場の弱い者あるいは集団に意図的にくわえられる苦痛、抑圧という恐怖であり、恐怖そのものについての恐怖である。マルガリートは、残酷さを肉体的残酷さと精神的残酷さに区別したうえで、前者を回避する社会を「抑制のある社会」とし、後者を回避する社会を「品位ある社会」であるとする。そして、肉体的残酷さを回避する「抑制のある社会」が第一に実現されるべきではあるが、そのうえで精神的残酷さを回避する「品位ある社会」が実現されるべきであると主張するのである。一方で、バーリンは「最低限の品位をそなえた社会を実現する」ことの重要性について語りながら、「品位」について明確な定義を避け、「品位のあるとは、品位のあるということです――それが何かは、誰でも知っています」と述べるにとどまる（R・ジャハンベグロー『ある思想史家の回想――アイザィア・バーリンとの対話』河合秀和訳、みすず書房、一九九三年、七六頁、一七一頁）。したがってマルガリートが、バーリンの品位の概念に直接的に負うところはないように思える。とはいえ、バーリンが「最小限の道徳的目標」を、「奴隷制や儀式としての殺人、ナチ流のガス室、人間にたいする拷問」といった「道徳的に耐えがたいような選択を避けること」であると述べたことはよく知られている（『理想の追求　バーリン選集4』福田歓一他訳、岩波書店、一九九二年、二四一頁）。マルガリートが品位ある社会を「その制度が人びとに屈辱を与えない社会」として消極的に定義するとき、バーリンの道徳的ミニマリズムの精神を受け継いでいるのは明らかである。あるいは、マルガリートの目的は、希薄なリベラリズムをさらに希薄化することであり、それによってミニマルな社会的共存の原理を提示することであるとも言えるだろう。その意味で、「品位ある社会」の構想は、コミュニタリアンが考えるような、人びとが共有する善の共同的実現を目指す「善き社会」とは対極にある。

　では「品位ある社会は屈辱のない社会である」と定義する場合の「屈辱」とは何か。マルガリートはそれを三つの概念によって意味づける。人間を人間でないものであるかのように――獣として、機械として、普通の人間以下の存在として――扱うこと、基本的なセルフ・コントロールを喪失させるような行為、あるいはそれにつながるような行為、そして、ある人間（集団）を「人類という家族」から拒絶することである。人間は「人間として」尊重されなければならない。しかし、マルガリートは、人間の尊重が正当化されるのは、人間は尊重すべきなんらかの特徴を共有していると考える（「積極的正当化」）からでも、そのような特徴はないが、人間にたいする尊重の態度が現に存在しているのだから（「懐疑的正当化」）でもないと主張する。屈辱を与えないやり方で人間を尊重するということは、屈辱は一種の残酷さであり、いかなる種類の残酷さも誤りであるからという「消極的正当化」に結びついている。

　品位ある社会とはどのような社会だろうか。「正義にかなった社会」の原理は、自由と権利、収入と富の正義にかなった分配である。しかし品位ある社会でもっとも重要なことは、人びとに自己尊重を保障することである（もっともロールズも自己尊重を、平等に分配されるべき、不可欠な基本財としている）。屈辱は、人びとが自己尊重を奪われるときに生じるからである。品位ある社会はすべての人びとに平等なシティズンシップを認める社会である。言語のような象徴的シティズンシップが、その社会のマイノリティ集団を拒絶するために敵対的に用いられてはならない。また品位ある社会は、社会を構成する包括的諸集団（民族や宗教、人種、ジェンダーなどの特徴にもとづいた共通の生活と文化をもつ集団）の文化や生活様式にたいして寛容である。人間は個人として屈辱を与えられるだけではなく、ある集団のメンバーとしても屈辱を与えられる。人間は個人としても尊重されるが、ユダヤ人としても、同性愛者としても、アフリカ系アメリカ人としても、アイルランド系カトリックとしても尊重される。品位ある社会は道徳的に正統な包括的諸集団を拒絶しない社会である。競合する多様な包括的諸集団のあいだでは、何が屈辱にあたるかについては「弱い立場にあるマイノリティ」の解釈が優先されつつも、相互批判が可能でなければならない。まっとうな批判は許されるが、屈辱を与えることは認められない。品位ある社会における制度は、個人のプライバシーを侵害しない。私的なものにとどめておかれるべきことがらを公的場所でさらすことは、その人からセルフ・コントロールを奪い、自律性を破壊することによって屈辱を与えるからである。貧困は人間の尊厳を奪い、屈辱を与える。しかし、貧困を克服しようとしてつくられた福祉国家は介入主義的であると同時に、人びとをたんなる数字として扱うような能率的だが非人間的な官僚制度によって担われており、しばしば人びとに屈辱を与えることがある。品位ある社会は、スティグマを与えないようなやり方で福祉を提供すべきである。また、障碍のある人に適切な援助を与えることによってその自立を援助すべきである。そうでなければ、彼らから自己尊重を奪うことになるからである。品位ある社会は、人びとに所得を保障するだけでなく、「理にかなった有意義な職業」を見つけるための機会を提供する。刑罰の目的は犯罪者に屈辱を与えることではない。屈辱を与えることは彼らから自己尊重を奪い、彼らが人生をやり直す機会を奪うからである。刑罰は法に則ったものであるかぎり正義であるが、それが品位を欠いたものであるとしたら受け入れられない。

しかし、ロールズ流の正義にかなった社会は、すでにして品位ある社会でもあるのではないか。マルガリートは、基本財の正義にかなった分配がなされても、それだけでは十分ではないと言う。たとえば、不法移民のような社会のメンバーではない人びとにとって、正義にかなった社会は品位ある社会でもあるだろうか。あるいは、正義にかなった社会は、その社会を構成する包括的集団に帰属する人びとも、屈辱を与えられないことを保証しているだろうか。また、その正義が具体的にどのようなやり方で実現されているか、という問題も残る。飢餓の犠牲者にたいして「まるでその受領者が犬でもあるかのように」トラックから食糧を放るとき、そこには「分配における人間味ある作法《マナー》」が欠けており、たとえ正義にかなっているとしても、屈辱を与えるものであるかもしれないのである。

マルガリートは、品位ある社会を正義にかなう社会と必ずしも対立するものとしてとらえているわけではない。品位ある社会は正義にかなう社会がみたさねばならないひとつの基準となりうるかもしれない。しかし、正義にかなう社会が品位ある社会の条件をかならずしもそなえているわけではない。したがって、品位ある社会の実現に向けての政治的戦略が、正義にかなう社会の実現に向けてのそれとは異なる可能性はおおいにありうる。品位ある社会と正義にかなう社会はいずれも、現在よりもより望ましい社会の実現を目指す楽観的理想である。しかし、マルガリートは、品位ある社会を樹立する見込みのほうが高いと主張するのである。

品位ある社会に欠点を指摘することもできるだろう。そのひとつは、マルガリートが「品位ある社会」を「その制度が人びとに屈辱を与えない社会」であると定式化していることにかかわる。ここでいう「制度」とは社会の公的機関であり、その主体は事務職員、警察官、兵士、看守、教師、ソーシャルワーカー、判事、そのほかの当局者である。この定式にしたがうかぎり、制度ではなく個人、つまりなんの公的権限ももたない一般市民が、ほかの市民に屈辱を与えることは品位を貶めることにはならない。マルガリートは、制度ではなく一般市民がほかの市民に屈辱をあたえない社会を「礼節ある社会」として「品位ある社会」とは区別する。そのうえで、個人の自己表現や集合的表象の使用における屈辱的ないし侮辱的なやり方に制約を加えることには「きわめて慎重であることが重要である」と述べるのである。したがって、もっとも完成された品位ある社会であっても、個人的屈辱の問題は依然として残るだろう。そしておそらく、私たちにとっては「礼節ある社会」の追求が喫緊の課題であるということもできるだろう。急速に進行する社会の分断化と新しいメディアの登場によって、匿名・記名を問わず個人がほかの個人や集団にたいして、礼節をわきまえた市民にはとても許容しがたいほどの恐ろしい侮辱や屈辱を加えており、さらにそれが現実世界にまで広がって私たちの社会的共存を脅かしている。これは、私たちの社会がすでに「品位ある社会」をほぼ実現したので、次には礼節ある社会の実現にとり組まなければならないということではけっしてない。私たちの社会では、いまだに制度が、あるいは公的地位にある人間が、人びとに屈辱をさまざまなかたちで与えている。生活困窮者の支援を担うべき公務員が、その弱い立場にある人びとに露骨な屈辱を与えるという事例は、いまなおあちこちで見られる。政治家が、私たちの社会で暮らしている集団について差別的な発言を意図的にすることもある。むしろ、「品位ある社会」とともに「礼節ある社会」の実現もまた私たちにとって喫緊の課題だということであり、おそらくそれについてはマルガリートも異論がないと私たちは信じる。

マルガリートは、自分の政治・社会哲学を「リベラルか保守か」という枠組みで語られることを拒否しており、あえて名づけるとすれば「オーウェルの社会主義」である、と述べている。オーウェルの社会主義とは、旧ソ連の社会主義を風刺した『動物農場』で描かれた抑圧体制としての「オーウェル流社会主義」とはまったく異なる。オーウェルは社会主義を奉じたが、革命後のソ連社会主義が人民を抑圧するスターリンの独裁支配を正当化するものにすぎないことを、いちはやく見抜いていた。社会主義について、彼が独自の理論（あるいは政治思想と呼びうるようなもの）をもっていたかどうかは疑わしい。ただオーウェルの社会主義への共鳴の基底にあったのは、普通の人びとのあいだには「自然な道徳的品位がある」という、彼が生涯抱きつづけた強い信念である（バーナード・クリック『ジョージ・オーウェル――ひとつの生き方』（下）、河合秀和訳、岩波書店、二〇〇〇年、三四四頁）。しかし、苛酷な境遇や生活条件によって、そしてプライバシーの侵害、強制労働、収容所、検閲、思考と情報の管理、憎悪と恐怖を煽り立てる感情操作などの制度によって、人びとのもつ品位が根こそぎにされる可能性は常にある。オーウェルが『一九八四年』で描いたディストピアは、品位ある社会の対極にある、品位の欠片《かけら》もない社会の姿なのである。

本書の翻訳に私たちを導いたのは、マイケル・イグナティエフの『ニーズ・オブ・ストレンジャーズ』（添谷育志・金田耕一訳、風行社、一九九八年）である。同書には次のような一節がある。「今日、行政当局が示す善意とは、人格としての個人の品位を貶めておきながら、個人の権利は尊重することであるらしい」「どんな社会であれおよそ品位ある社会というものがなぜ人格としての人間がもつニーズについてなお公的言説を要請するかと言えば、それは、尊敬の念を示す人間の身振りを金で買うことはできないし、権利はそうした身振りを権原として保証することもできないからだ」「私が言っているのは、品位ある人間らしい社会というものは善についての言語の共有を要請するということだ」（邦訳、二一一―二一二頁）。同書を翻訳して以来、つねに「品位ある社会」というテーマが頭から離れなかった。あらゆるニーズは市場をつうじて金で買うことができる、逆に基礎的ニーズは権利として国家によって提供とされる、そんなふうに私たちは考えがちである。しかし、「友愛、愛情、帰属感、尊厳、そして尊敬の念」のように金では買えないし、権利のひとつとして算え入れられないものもある。品位ある社会（あるいは礼節ある社会）とは、見知らぬ人びとのもつそうした人間的ニーズにたいする道徳的感受性と想像力を失うことのない社会である、と言えるかもしれない（イグナティエフのニーズ論とマルガリートの議論については、添谷育志「『見知らぬ人びと』の必要――M・イグナティエフの問題提起をめぐって」（明治学院大学『法学研究』第九七号、二〇一四年）および『近現代英国思想研究、およびその他のエッセイ』（風行社、二〇一五年）を参照されたい）。「品位ある社会」というテーマをめぐる議論に、多くの方々に参加していただけたらと考える。

本書の翻訳作業は、「はじめに」「序章」「第一部」を金田、「第二部」「第三部」を森、「第四部」「結論」を鈴木が分担し、訳文を相互に交換してチェックしたうえで、最終的に全体の調整をおこなった。共同作業につきまとう訳語の確定や表記の統一などに手間どったことに加えて、マルガリートの表現にさまざまな疑問が生じたことで、大幅に作業が遅れた。訳文は日本語としての読みやすさに配慮したつもりではあるが、誤訳や不適切な表現は当然ありうる。読者の皆さんからのご指摘をいただければ幸いである。また、引用文献のうち翻訳のあるものについてはおおいに参考にさせていただいたが、表記や訳語の選択については一部翻訳にしたがっていない部分もある。訳者諸氏のご海容をたまわりたい。

本書の翻訳出版にあたっては、いつものことながら翻訳作業の大幅な遅れをはじめとして、風行社の犬塚満氏には多大のご迷惑をおかけした。図書出版、とりわけ本書のような学術的図書の出版がきわめて困難な折に、優れた書籍を次々と世に送りだしている犬塚氏の志と熱意によって、本書を日本の読者に届けることができた。心から感謝の念を表するとともに、本書が氏の孤軍奮闘にささやかな力添えになることを願いたい。

本書を、今年三月に逝去された飯島昇藏早稲田大学教授に捧げる。飯島教授は私たちの指導教授あるいは先輩として、私たちの研究を暖かく、また厳しく見守って下さった。飯島先生は、日本におけるレオ・シュトラウス研究において指導的役割をはたし、数多くの後進を育成してこられた。先生の真摯な学問的態度と寛容な精神に、私たちは多大の影響を受けてきた。先生は、翻訳にはシュトラウス流のきわめて緻密な読解をもとめ、訳文と訳語の選択に細心の注意をはらうよう厳しく戒められた。おそらく飯島先生は私たちの訳業に眉をしかめられることだろう。お叱りを受けることは十分に覚悟している。その一方で、飯島先生は後進の仕事に常に敬意を払われ、励ましてくださった。優しいお人柄の先生は、この仕事にも苦笑しつつ、労をねぎらってくださると思う。拙い本書が飯島先生のご恩に報いることになることを祈るばかりである。

訳者一同

〈ソキエタス叢書〉発刊に際して

本叢書は政治理論における名著の発掘を目的とする翻訳書のシリーズである。本叢書に収録する原著の選定に際しては、以下の二点を考慮する。

第一に原著は、一九世紀末における「ニュー・リベラリズム」の登場から二〇世紀末における「アイデンティティ・ポリティクス」の登場までのおよそ一〇〇年間に発行されたものを対象とする。一九世紀末までは、政治的言説を構成する語彙はプラトンやアリストテレスなどの古典的政治理論上の語彙の再解釈に終始したと言っても過言ではない。ところが一九世紀末におけるいわゆる「社会問題」の発生により、政治社会のあり方を論ずる際の語彙や概念は更新を迫られることになった。たとえばホブハウスに端を発する「福祉国家」の理念や「全体主義」の経験は、それまでとは異なる説明の言語を必要とした。そしてそこで鋳造された言語は、現代世界の諸問題――格差、貧困、差別、民族や宗教をめぐる同化と統合、等々――を論ずる際にも適切さを失ってはいないのである。

第二に原著は、現実政治上の政策や処方箋に直結するものには限定しないということである。一九七〇年代に復活した規範的・指令的な政治理論は、「積極的格差是正措置」などの政策の実現に大きな貢献を果たした。だがそれと並行して、政治理論の伝統が暗示するものの探求や、分析哲学と規範的・指令的な政治理論とを結合する試みは着実に成果を上げてきたのである。そのような成果は確実に、私たちの政治社会のあり方を理解する上で大きな貢献を果たしたのである。

最後に本叢書を「ソキエタス」と命名した所以について、一言しておきたい。それは、オークショットが『人間営為論』において「ウニヴェルシタス」と対比した人間的結社の一様態に因んでいる。そこでは人々がある単一の実質的目標実現という条件の下に結合するのではなく、多種多様な目標を実現する際の形式的ルールを承認するという条件の下に結合する。本叢書がそうした目標の多様性を歓迎する気質と、その目標に関する自由闊達な議論におけるルールを形成する契機となることを念願して止まない。

監修者＝添谷育志・金田耕一

ソキエタス叢書〔第一期全６巻〕◉続巻

２　B・バリー『**政治的議論**』　山岡龍一訳

索　引

[あ行]

[か行]

［さ行］

[た行]

[な行]

[は行]

[ま行]

［や行］

［ら行］

［わ行］

［訳者紹介］

森　達也（もり　たつや）

1974年生まれ。早稲田大学政治経済学部ほか非常勤講師。博士（政治学）。近著に「アイザイア・バーリンのパレスティナ――リベラル・シオニストの肖像」（『政治哲学』第17号、2014年）、『多元主義と多文化主義の間』（共著、早稲田大学出版部、2013年）など。

鈴木将頼（すずき　まさより）

1984年生まれ。早稲田大学大学院政治学研究科修士課程修了（政治学）。早稲田大学大学院政治学研究科研究生（政治思想史）。

金田耕一（かなだ　こういち）

1957年生まれ。日本大学経済学部教授。博士（政治学）。訳書にロメオ・ダレール『なぜ、世界はルワンダを救えなかったのか――PKO司令官の手記』（風行社、2012年）など。

［ソキエタス叢書　3］

品位ある社会――〈正義の理論〉から〈尊重の物語〉へ

2017年12月20日　初版第1刷発行

著　者　アヴィシャイ・マルガリート

訳　者　森達也・鈴木将頼・金田耕一

発行者　犬塚　満

発行所　株式会社 風行社

〒101-0052　東京都千代田区神田小川町3－26－20

Tel. & Fax.　03-6672-4001

振替　00190-1-537252

印刷・製本　中央精版印刷株式会社

装　丁　安藤剛史

ISBN978-4-86258-031-3